富家益

富家益股市新手系列

U0680037

103 个K线买入形态

关俊强◎编著

技术特征——准确把握买点形态

买点出击——及时捕捉买入时机

经典案例——轻松掌握实战技巧

实战提高——深入理解买卖要点

中国财富出版社有限公司

图书在版编目（CIP）数据

103个K线买入形态 / 关俊强编著 . — 北京：中国财富出版社有限公司，2024.2

（富家益股市新手系列）

ISBN 978-7-5047-8125-3

Ⅰ.①1… Ⅱ.①关… Ⅲ.①股票投资—基本知识 Ⅳ.①F830.91

中国国家版本馆CIP数据核字（2024）第047840号

策划编辑	杜　亮	**责任编辑**	杜　亮	**版权编辑**	李　洋
责任印制	尚立业	**责任校对**	卓闪闪	**责任发行**	董　倩

出版发行	中国财富出版社有限公司			
社　　址	北京市丰台区南四环西路188号5区20楼		**邮政编码**	100070
电　　话	010-52227588 转 2098（发行部）		010-52227588 转 321（总编室）	
	010-52227566（24小时读者服务）		010-52227588 转 305（质检部）	
网　　址	http：//www.cfpress.com.cn	**排　　版**	宝蕾元	
经　　销	新华书店	**印　　刷**	宝蕾元仁浩（天津）印刷有限公司	
书　　号	ISBN 978-7-5047-8125-3 / F·3753			
开　　本	710mm×1000mm　1/16	**版　　次**	2025年1月第1版	
印　　张	21.75	**印　　次**	2025年1月第1次印刷	
字　　数	322千字	**定　　价**	55.00元	

前　言

炒股赚钱的一个重要前提，就是"多算者胜"。

《孙子兵法·计篇》中有一句名言："多算胜，少算不胜，而况于无算乎？"意思是说，在打仗之前，思虑周详的一方往往会取胜，而少于计算的，自然容易落败，更别说那些根本就不去计算的。股市如战场，在股市中想要赚钱，也是同样的道理。

在现实生活中，大家都知道在从事某项工作之前，首先需要好好学习相关的知识。如要当医生就要学习医药知识，要当律师就要学习法律知识，想开车，就要先在驾校好好学习，即使拿到了驾照，在开车上路时也是小心翼翼的，知道自己还是个新手，要非常谨慎。可在股市中，大家却忘记了这个常识。很多投资者在一无所知的情况下，莽撞地冲进股市，迫不及待地想要赚到钱。就好比一个不会开枪的士兵，直接闯入了激烈交锋的战场，他的生存概率有多大呢？

初入股市的投资者首先需要"武装"的，不是自己的资金账户，而是自己的头脑。

为此，我们推出"富家益股市新手系列"图书，以帮助新入市的投资者轻松掌握炒股知识，尽快精进炒股技能，建立正确的投资心态，最终不仅能"多算"，还能"会算"，从而实现稳定的盈利。

《103个 K 线买入形态》正是"富家益股市新手系列"中的一本。

技术指标分析是指通过对过去股价走势、成交量数据进行统计，得出各种曲线、柱线、点状线等形态。通过分析技术指标形成的各种形态，投资者可以从不同方面对股价走势有更直观的认识。因此，对于投资者来说，技术指标分析是必须掌握的技能。

通过技术指标分析股价未来走势，通常有以下几个优势。

第一，直观认识股价走向。通过分析各种技术指标，投资者可以对股价走向有更加直观的认识。例如当股价加速上涨时，投资者仅观察股价走势图很难判断上涨的"加速度"有多大，也很难看出两拨加速上涨行情哪个更强势。而借助 MACD 指标中的柱线，投资者就能很直观地得出结论。

第二，买卖点明确。技术指标中的各种曲线会形成交叉、支撑、背离等形态。通过这些形态变化，投资者可以明确知道应该何时买入、何时卖出。以 MACD 指标为例，当该指标中的 DIFF 线突破 DEA 线时，形成金叉形态，一旦交叉完成，就是十分明确的买点。

第三，多种技术指标配合，综合研判。不同技术指标可以从不同的方面显示股价走向。投资者可以选择几种技术指标配合使用，从不同角度考察当前股价走向，从而更准确地预判未来股价走向。例如，移动平均线指标统计当期股价的运行趋势，MACD 指标统计的则是股价涨跌速度快慢及推动股价涨跌的动能大小，投资者将移动平均线指标和 MACD 指标配合使用，可以从不同角度综合判断市场行情。

利用技术指标判断股价走向是技术分析的基础方法。为了帮助投资者更加快速、简便地掌握这种分析方法，熟悉各种技术指标形态、买卖点和使用技巧，在本书中我们针对每个技术指标的买点，从以下4个方面进行阐述。

1.技术特征

要想捕捉技术指标的买点，首先应该知道该买点出现时的市场环境和技术指标的形态特征。在这个部分，我们详细介绍技术形态的细节、走势特征，并用图例加以说明，以方便投资者迅速掌握该形态的技术要点。

2. 买点出击

每个技术形态出现时，都有一个最佳的买入时机。在这部分内容里，我们明确给出了这个买入时机。通过阅读本书，投资者可以快速掌握该形态的买点所在，进而更好地应用于实战。

3. 经典案例

对于每个买点，我们都选取最近两三年内出现的实际经典案例，进一步对形态特点、买入时机加以解说。通过这些案例，投资者可以更好地理解各个形态的应用，做到理论联系实际，快速地提高自己的实战水平。

4. 实战提高

在这个部分中，我们针对每个买点在实战中需要格外注意的地方，加以重点强调。通过这些内容，投资者可以更深入、更全面地掌握每个形态的实战要点。

如果您从来没有接触过技术指标分析，那么通过本书，您将从理论到实际、从形态到买卖点，对技术指标分析建立起一个完整的认识。如果您对技术指标分析已经有了一定的认识，那么本书可以作为一本速查手册，在实战中为您提供切实有效的帮助。

股道漫漫，只有那些不断上下求索的投资者，才有可能笑到最后，收获丰硕的果实和成功的喜悦。相信本书能够为广大新手投资者的股市求索，提供实实在在的帮助。

目　录

第 1 章

K 线的买点

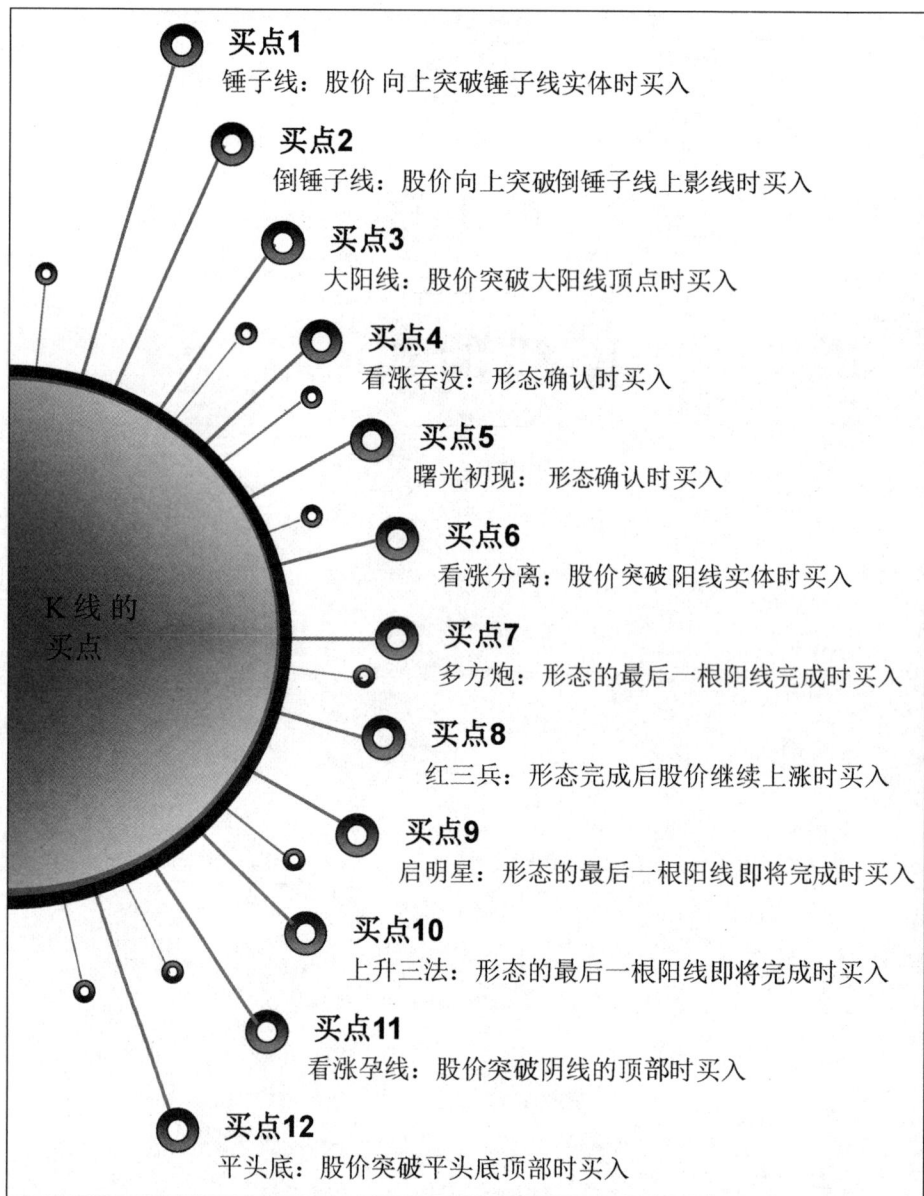

买点1

锤子线：股价向上突破锤子线实体时买入

买点2

倒锤子线：股价向上突破倒锤子线上影线时买入

买点3

大阳线：股价突破大阳线顶点时买入

买点4

看涨吞没：形态确认时买入

买点5

曙光初现：形态确认时买入

买点6

看涨分离：股价突破阳线实体时买入

买点7

多方炮：形态的最后一根阳线完成时买入

买点8

红三兵：形态完成后股价继续上涨时买入

买点9

启明星：形态的最后一根阳线即将完成时买入

买点10

上升三法：形态的最后一根阳线即将完成时买入

买点11

看涨孕线：股价突破阴线的顶部时买入

买点12

平头底：股价突破平头底顶部时买入

K 线的
买点

指标概览

K 线图，也称蜡烛图，是目前股市中使用最广泛的价格表现形式，也是多数投资者最为关注的技术图形。

如图 1-1 所示，一根 K 线，可分为中间的实体，以及实体上方的上影线和下方的下影线。实体的上下两端代表当天的开盘价和收盘价。如果当天的收盘价高于开盘价，那么就称为"阳线"；如果当天的收盘价低于开盘价，那么就称为"阴线"。

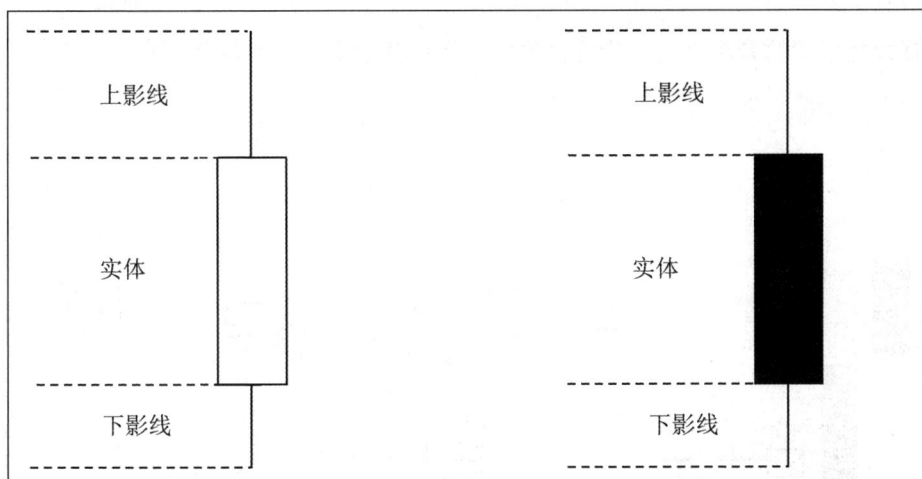

上影线　　　　　　　　　　　　上影线

实体　　　　　　　　　　　　　实体

下影线　　　　　　　　　　　　下影线

图 1-1　K 线

单根 K 线或者 K 线组合所发出的信号，更多的属于短期买卖信号。

因为在临近收盘时股价可能会大幅波动，所以只有收盘后当天的 K 线形态才能最终确定。如果投资者希望赶在收盘前交易，可以结合大盘走势和 60 分钟 K 线的形态做出综合判断。

买点 1 锤子线：股价向上突破锤子线实体时买入

● 技术特征

1. 锤子线的实体部分可以是阳线，也可以是阴线，而且实体部分位于全天价格的顶端位置。

2. 锤子线的下影线较长，其长度是实体部分的两倍或两倍以上。

3. 锤子线没有上影线，即使有也非常短。

4. 锤子线往往出现在一段下跌行情后。股价在低位出现锤子线，表示股价在下跌过程中，空方力量逐渐衰竭，而多方开始发动反击，至收盘时多方强力将股价拉升至接近股价开盘价位，行情开始出现反转迹象。

锤子线如图 1-2 所示。

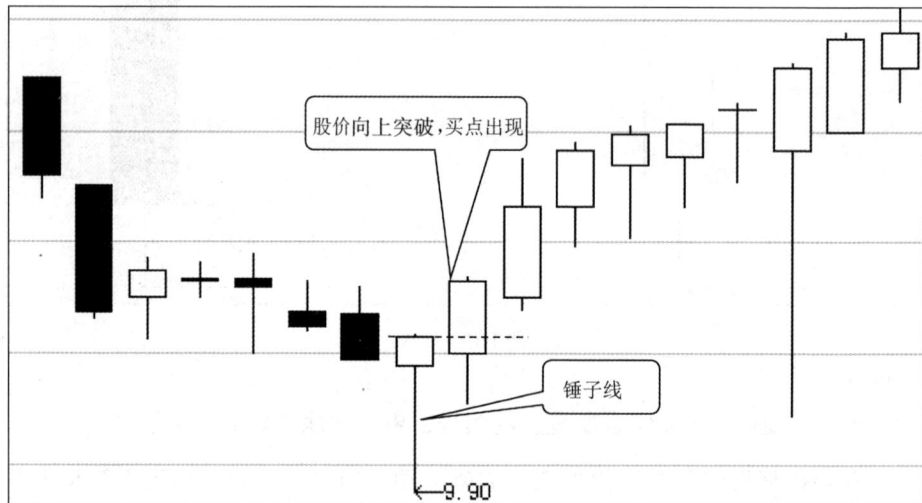

图 1-2 锤子线

● 买点出击

在锤子线出现后，股价往往会突破锤子线实体的顶端，此时买点出现。

● 经典案例

如图1-3所示，上海梅林（600073）的股价经过一波下跌后，于2023年6月27日，在其日K线图上收出一根阳锤子线，这表明多方力量已经开始发起反攻，发出看涨信号。

6月28日，上海梅林的股价继续上涨，并突破了锤子线实体的顶部，此时买点出现，投资者可以积极买入股票。

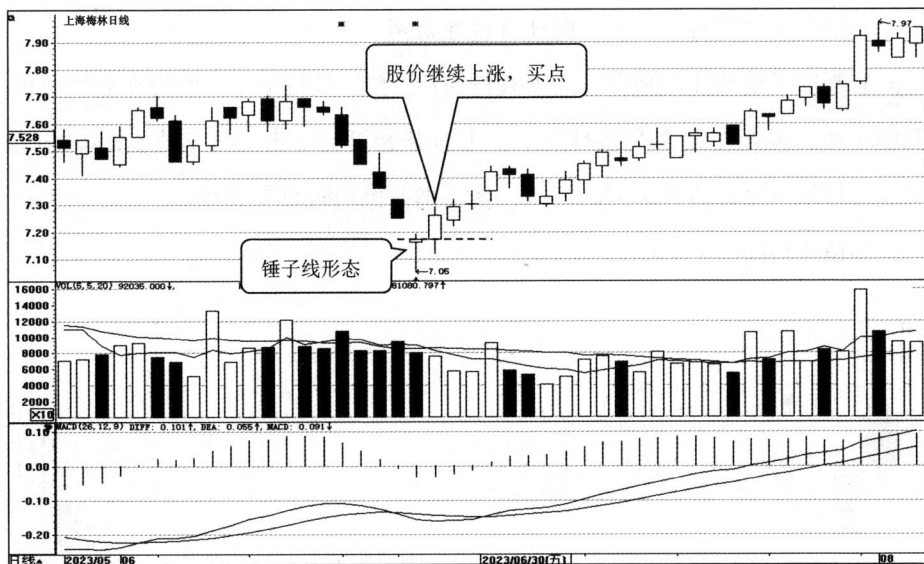

图1-3　上海梅林日K线

🍀 实 战 提 高

1. 锤子线的下影线越长，则看涨信号越强烈。

2. 有时在锤子线出现后，股价会再次回落。若股价不跌破锤子线的低点，就说明股价探底成功。当股价向上突破锤子线实体时，买点出现。

3. 投资者买入后可以将锤子线的最低点设为止损位。

买点2　倒锤子线：股价向上突破倒锤子线上影线时买入

● **技术特征**

　　1.倒锤子线的实体部分可以是阳线，也可以是阴线，而且实体部分位于全天价格的底端位置。

　　2.倒锤子线的上影线较长，其长度是实体部分的两倍或两倍以上。

　　3.倒锤子线没有下影线，即使有也非常短。

　　4.倒锤子线往往出现在一段下跌行情后。在下跌行情中，股价在低位出现倒锤子线，说明在这个交易时段中，多方开始发动反击，虽然收盘时空方又将股价打压下来，但是多方的反击，使行情开始出现反转迹象。

　　倒锤子线如图1-4所示。

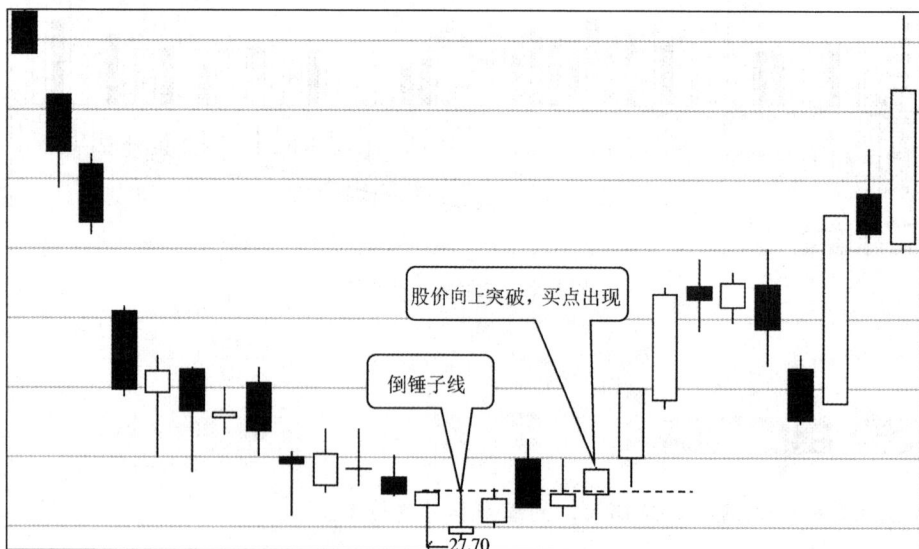

图1-4　倒锤子线

● 买点出击

倒锤子线出现后的几个交易日内，如果股价能够向上突破倒锤子线的上影线的顶点，则构成买点。

● 经典案例

如图 1-5 所示，东睦股份（600114）的股价经过一波下跌后，于 2022 年 10 月 10 日收出一根倒锤子线。这表明在股价的低位，空方力量衰竭，多方力量开始反攻，在上探上方压力后，发出看涨信号。

10 月 13 日，东睦股份的股价继续上涨，向上突破了倒锤子线上影线的顶部，此时买点出现，投资者可以积极买入股票。

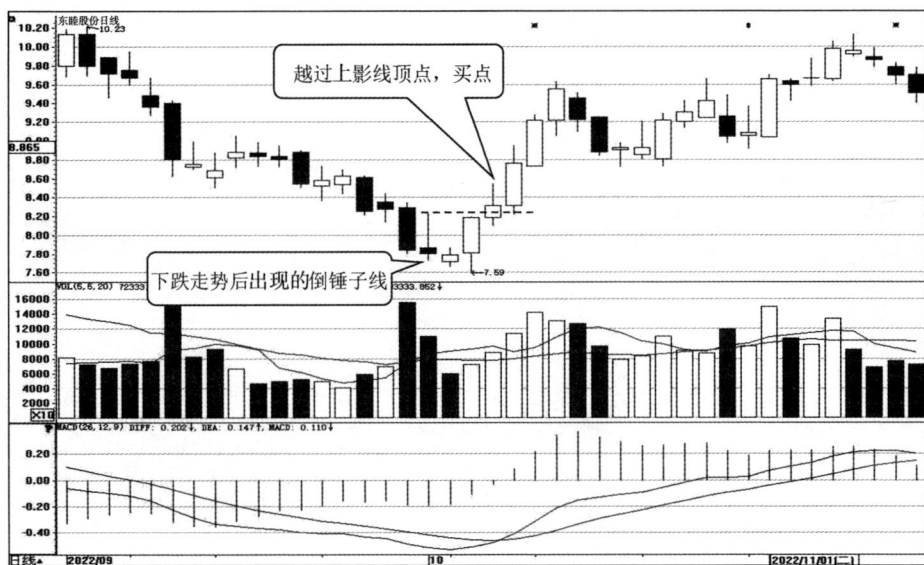

图 1-5　东睦股份日 K 线

🍀 实战提高

1. 倒锤子线的上影线越长，说明多方推动股价上涨的能量越强，该形态的看涨信号也就越强烈。

2．在倒锤子线形成的同时如果成交量放大，则该买点的可靠性就会更高。

3．投资者可以将倒锤子线出现当日的最低价作为止损位。如果倒锤子线出现后股价跌破止损位，说明下跌趋势还在继续，这时投资者应该将手中的股票卖出。

买点 3　大阳线：股价突破大阳线顶点时买入

● 技术特征

1. 大阳线的实体部分较长。

2. 大阳线一般没有上下影线，或者只有很短的上下影线。

3. 大阳线可能出现在任何行情中。如果在股价刚刚出现上涨势头时就出现大阳线，表示股价后市可能有一波加速上涨。如果在股价持续下跌的过程中出现大阳线，则表示股价有见底回升的势头。如果大阳线出现在震荡行情中，则多为主力诱多动作，难见涨幅。

大阳线如图 1-6 所示。

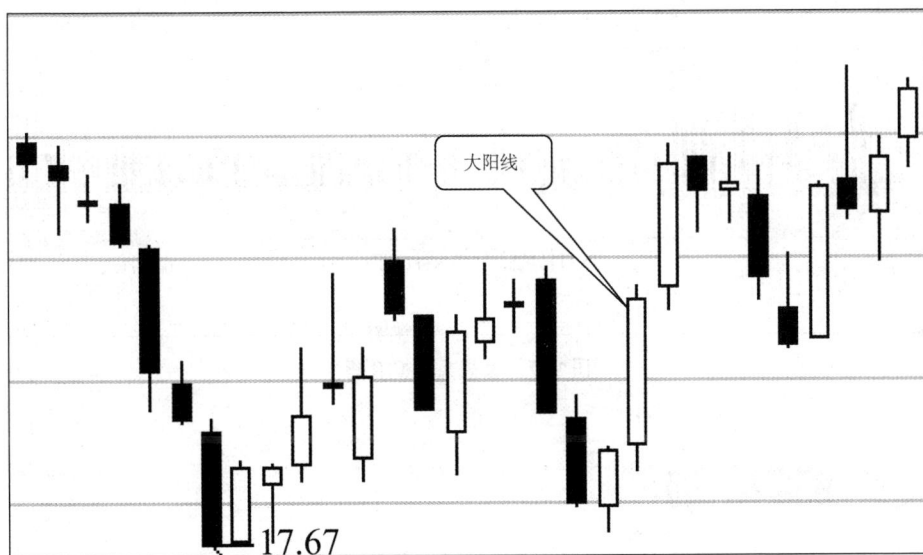

图 1-6　大阳线

● 买点出击

一般而言，在上涨行情初期或者上涨行情中，大阳线出现后的几个交易日内，当股价向上突破大阳线的顶点时，买点出现。

● 经典案例

如图 1-7 所示，太极集团（600129）的股价经过一波下跌后，于 2022 年 12 月 29 日收出一根高开高走的大阳线，这表明在股价低位，空方力量持续减弱，多方力量开始强势拉升股价上涨，由此发出看涨信号。

2023 年 1 月 3 日，该股继续上涨，其股价向上突破了大阳线的顶点，此时买点出现，投资者可以积极买入股票。

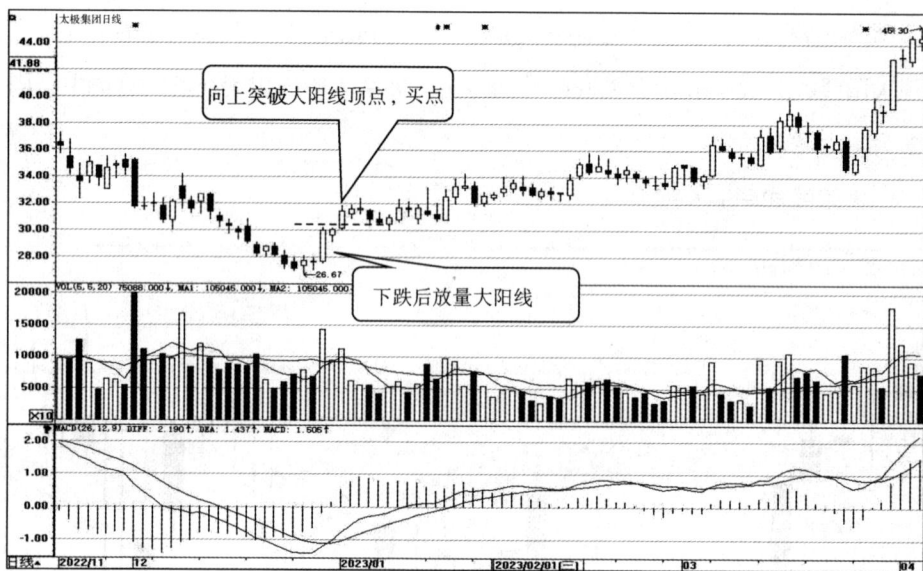

图 1-7　太极集团日 K 线

🍀 实战提高

1．大阳线的实体部分越长，表示多方力量越强势，该形态的看涨信号也就越强烈。

2．如果出现大阳线后的一两个交易日，股价不能突破大阳线高点，则表示多方力量不足。这时大阳线的看涨信号大大变弱，投资者应该谨慎操作。希望买入股票的投资者可以先少量买入股票观望。

买点4　看涨吞没：形态确认时买入

● 技术特征

1. 看涨吞没由前后两根相邻的K线组成，第二根K线的实体要将第一根K线的实体完全"包住"。

2. 两根K线的实体颜色是不同的，具体来说是"前阴后阳"。

3. 看涨吞没往往出现在下跌行情中。在一段下跌走势中，空方持续占据优势，并在某天的开盘时继续进攻，但在盘中，形势突然发生了变化。多方奋起反击，并把收盘价推升到前一根阴线开盘价的上方。阳线的实体将前一根阴线的实体完全吞没，说明多空力量对比发生了极大的转变，多方力量已经开始压倒空方力量。

如图1-8所示，这种在下跌走势中出现由前阴后阳的K线所组成的反转形态，即为看涨吞没。

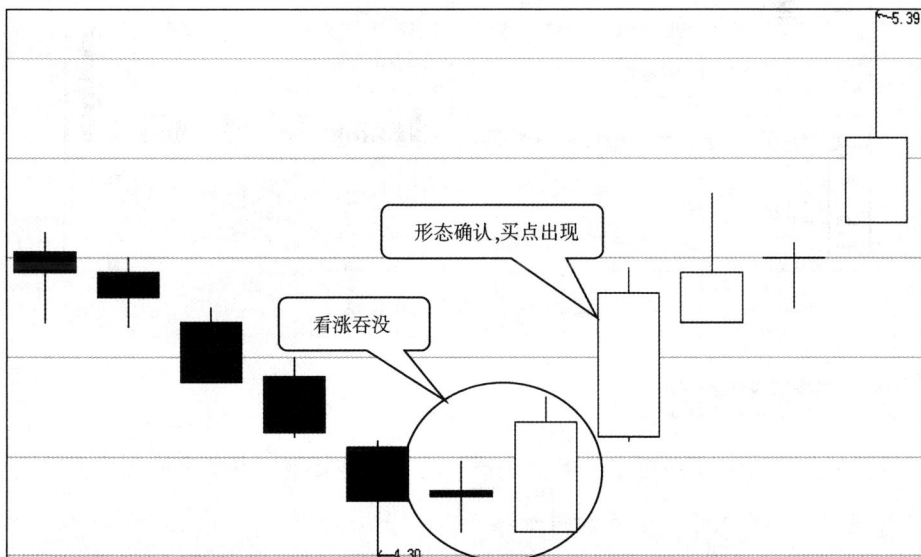

图1-8　看涨吞没

● **买点出击**

看涨吞没形态出现后，若股价在下一个交易日不跌破前根K线低点，则买点出现。

● **经典案例**

如图1-9所示，仁东控股（002647）的股价经过一波下跌后，于2023年6月26日至27日出现了看涨吞没形态，这表明在股价低位，多空双方力量在达到平衡后，多方力量稍占优势，拉升股价上涨，由此发出看涨信号。

6月28日，仁东控股小幅震荡，但没有跌破前根K线低点，确认看涨吞没形态的成立。此时买点出现，投资者可以积极买入股票。

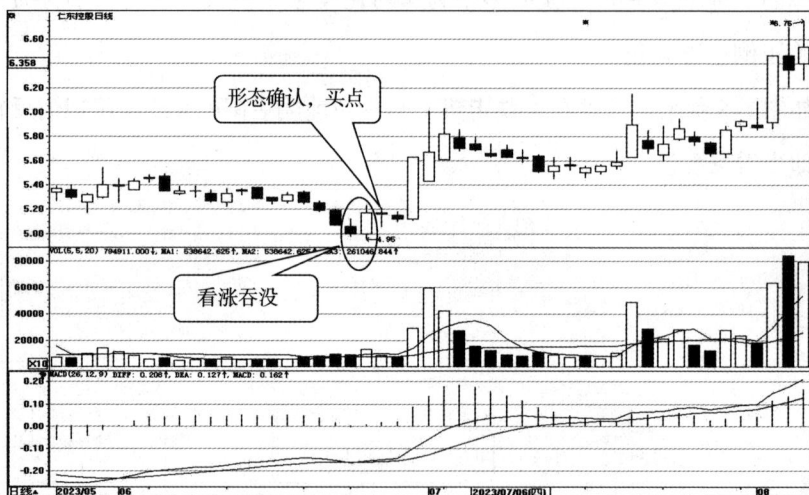

图1-9 仁东控股日K线

🍀 **实战提高**

1. 在看涨吞没形态中，若后一根K线的实体将前一根K线的上下影线完全吞没，则其看涨信号会更加强烈。

2. 按照看涨吞没形态买入股票后，投资者可以将止损位设定在后一根阳线的开盘价位置。一旦股价跌破这个位置，投资者应果断卖出。

买点5　曙光初现：形态确认时买入

● 技术特征

1. 曙光初现由一阴一阳两根K线组成，其中阴线为中阴线或大阴线。

2. 接着阴线，出现一根跳空低开的中阳线或大阳线。阳线虽然低开，但开盘后持续上涨，最终收盘价深入到阴线实体的1/2处以上。

3. 曙光初现出现在持续下跌过程中。该形态表示行情结束下跌，多方力量开始反攻。这也预示着股价即将见底回升，是看涨信号。

曙光初现形态如图1-10所示。

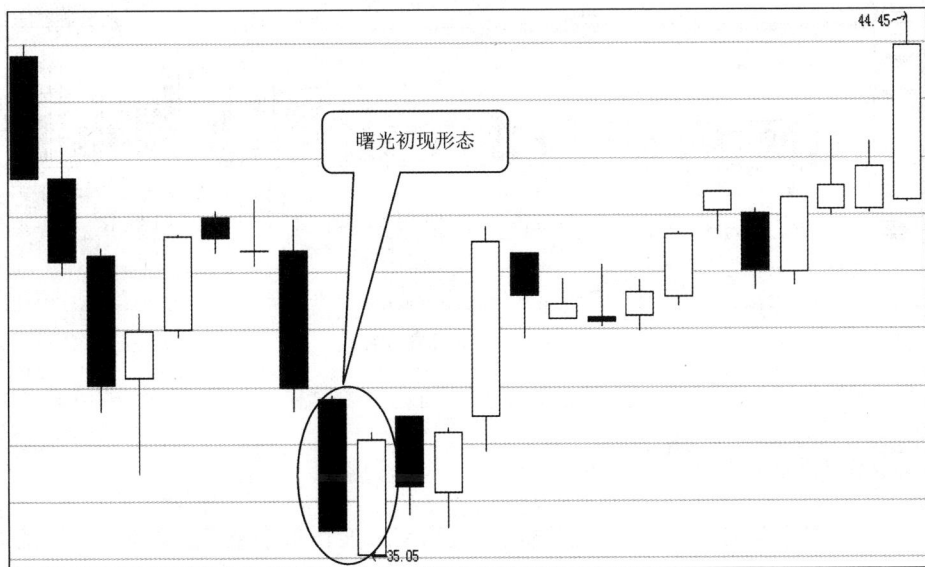

图1-10　曙光初现

● 买点出击

曙光初现形态的出现表明股价即将进入上涨行情。下一个交易日，只要股价不跌破前根K线低点，说明形态确认，投资者即可积极买入股票。

● 经典案例

如图1-11所示，洪都航空（600316）的股价经过一波大幅下跌后，于2022年4月26日至27日出现了曙光初现形态，这表明市场由空方主导的下跌行情转化为多方主导的上涨行情。次日，股价继续上涨，买点出现，投资者可以积极买入股票。

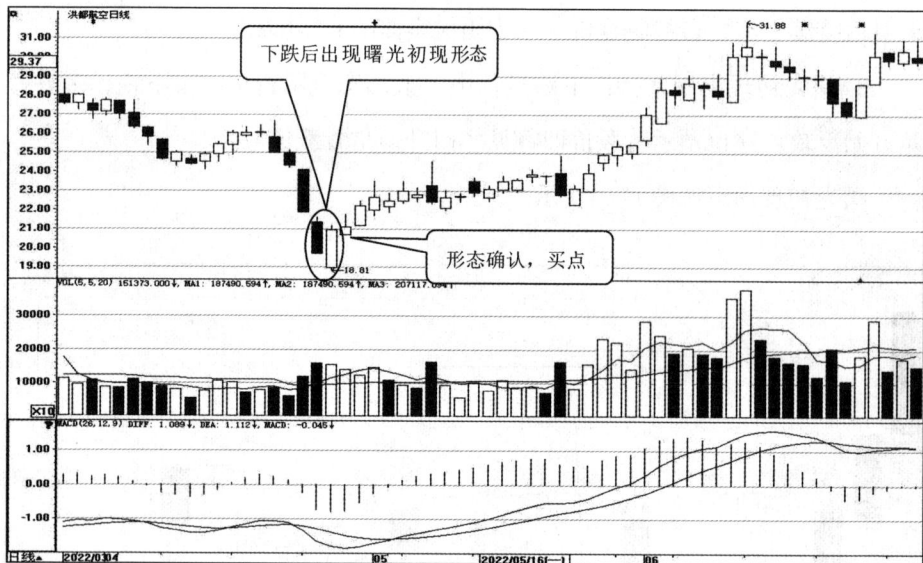

图1-11　洪都航空日K线

实战提高

1. 在曙光初现形态中，阳线实体进入阴线实体部分越多，则其后市看涨信号就越强烈。

2. 在后一根阳线出现的同时，如果成交量放大，则该形态的看涨信号会更加可靠。

3. 按照曙光初现形态买入股票后，投资者可以将止损位设定在后一根阳线的开盘价附近。如果股价在近几个交易日内跌破这个价位，投资者就应该卖出股票止损。

买点 6　看涨分离：股价突破阳线实体时买入

● 技术特征

1. 看涨分离由一阴一阳两根 K 线组成。

2. 接着阴线，出现一根高开高走的阳线。阴线跟阳线的开盘价几乎相同，但收盘价渐行渐远，如同"分离"一样。

3. 看涨分离多出现在上涨过程的回调中。该形态表示市场抛盘压力释放后，多方动能再次增强，强力拉升股价进入新的上涨行情。看涨分离是一个强看涨信号。

看涨分离形态如图 1-12 所示。

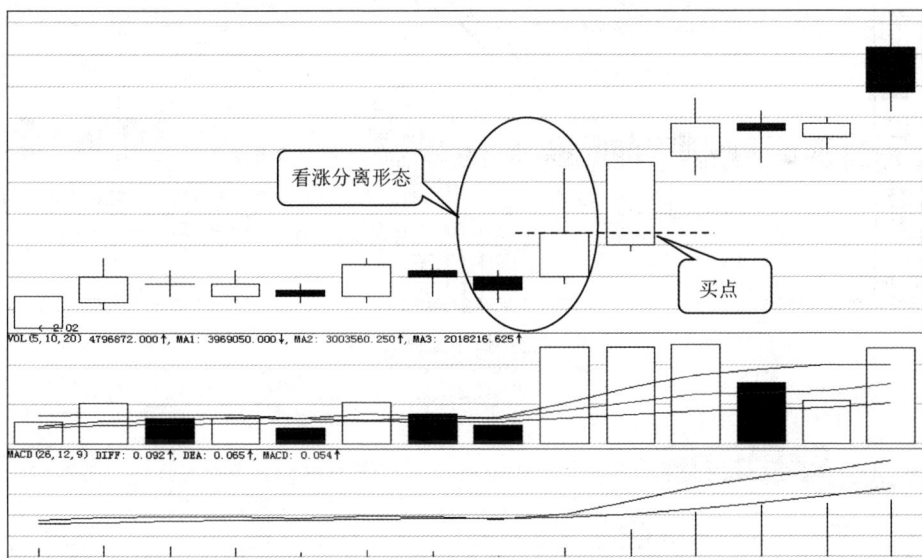

图 1-12　看涨分离

● 买点出击

看涨分离预示着股价即将进入新的上涨行情，因此，当股价突破后一根阳线实体时，买点出现，投资者可以在此时买入股票。

● 经典案例

如图1-13所示，恒丰纸业（600356）的股价经过一波回调走势后，于2022年12月29日至30日出现了看涨分离形态，这表明多方开始发力拉升股价，并发出看涨信号。

2023年1月3日，恒丰纸业的股价继续上涨，突破了前根K线的实体，买点出现，这时投资者可以积极买入股票。

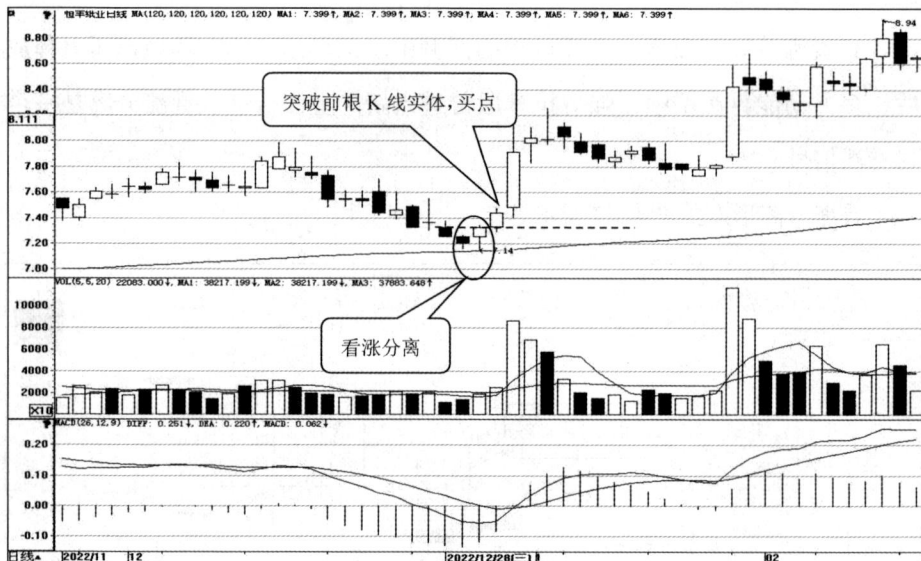

图1-13 恒丰纸业日K线

🍀 实战提高

1. 在看涨分离形态中，其阴线和阳线的实体部分越长，该形态的看涨信号越强烈。

2. 看涨分离形态出现前最好能确认上升趋势，只要确认了上升趋势，在此之后出现该形态可靠性大增。

3. 投资者可将看涨分离的止损位设在前一根阴线的低点，一旦股价跌破这个低点，投资者应当卖出股票。

买点7　多方炮：形态的最后一根阳线完成时买入

● 技术特征

1. 多方炮一般由两阳一阴三根K线组成。

2. 首先出现一根大阳线或中阳线，紧接着出现一根小阴线或中阴线，阴线的实体部分完全处于前一根阳线的实体内，最后出现的大阳线的实体也将阴线实体完全包裹。

3. 多方炮往往出现在下跌行情末期或者上涨行情中。该形态表示抛盘压力短时间内得到释放，但主力并不想让更多的投资者在低位吸筹，因此，吸筹完毕后再次拉升股价进入新的上涨行情。

多方炮形态如图1-14所示。

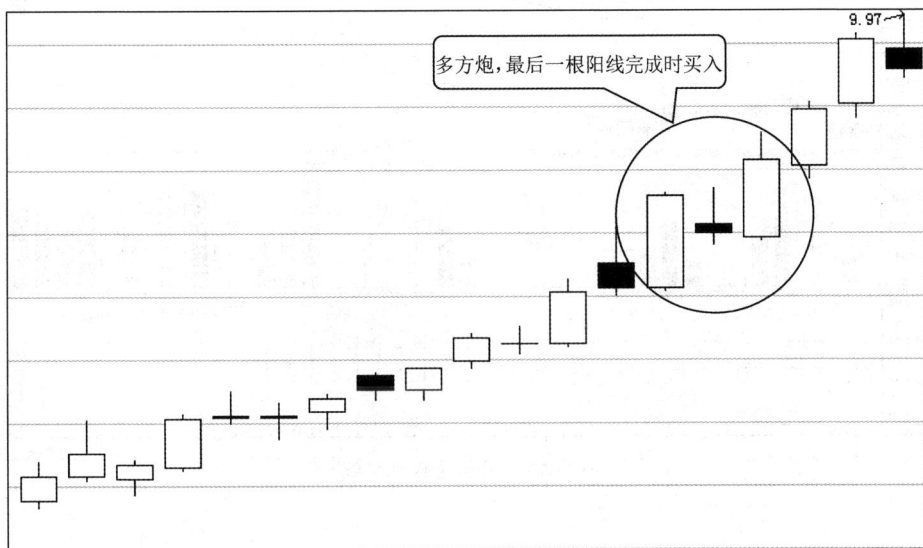

图1-14　多方炮

● 买点出击

多方炮形态是一个较强的看涨信号。在多方炮的最后一根阳线完成时，买点出现，此时投资者可以买入股票。

● 经典案例

如图1-15所示，国药现代（600420）的股价经过一波大幅度的上涨后，于2023年4月6日至11日出现了多方炮形态，这表明股价因连续上涨，累积的抛盘压力得以释放，随后多方再次发力拉升股价进入新的上涨行情，也由此发出看涨信号。

4月11日，国药现代的多方炮形态的最后一根阳线完成时，投资者可以积极买入股票。

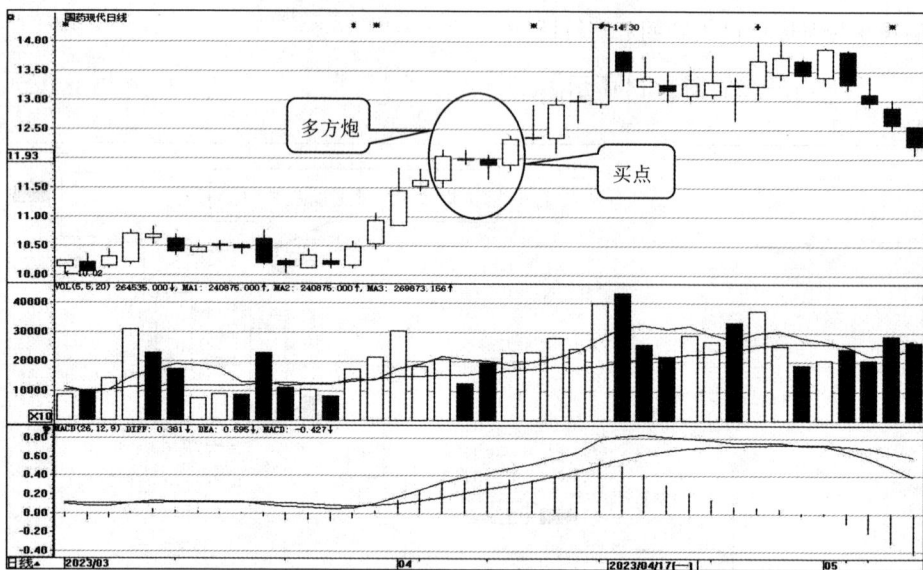

图1-15　国药现代日K线

实战提高

1. 在多方炮形态中，如果阴线的成交量萎缩，说明可能是主力洗盘，后市看涨的信号就更加强烈。

2．如果在多方炮出现之前股价已经上涨一段时间，则该形态只能算是短线看涨信号，长期走势难以判断，投资者应该短线进出。这种行情并不适合中长线投资者参考，只有那种处于底部区域的多方炮才适合中长线投资者逢低买入。

3．多方炮的止损位可以设定在第一根阳线的低点，一旦股价跌破止损位，投资者应及时卖出股票。

4．多方炮形态中的阴线可以有多根。

买点8　红三兵：形态完成后股价继续上涨时买入

● 技术特征

1. 红三兵由三根小阳线或中阳线组成。

2. 红三兵形态中后两根阳线的开盘价均处于前一根阳线的实体内，或者相距不远，三根阳线的收盘价呈现依次上升的态势。

3. 这三根阳线可以有上下影线，也可以没有。

4. 红三兵形态通常出现在上涨行情初期。该形态表示在上涨行情中，多方主力采取步步为营的策略，来消磨部分投资者的耐心，边吸筹边拉升股价，当主力筹码足够多时，主力再次拉升股价进入新的上涨行情。红三兵是一个看涨信号。

图1-16是带有上下影线的红三兵形态。

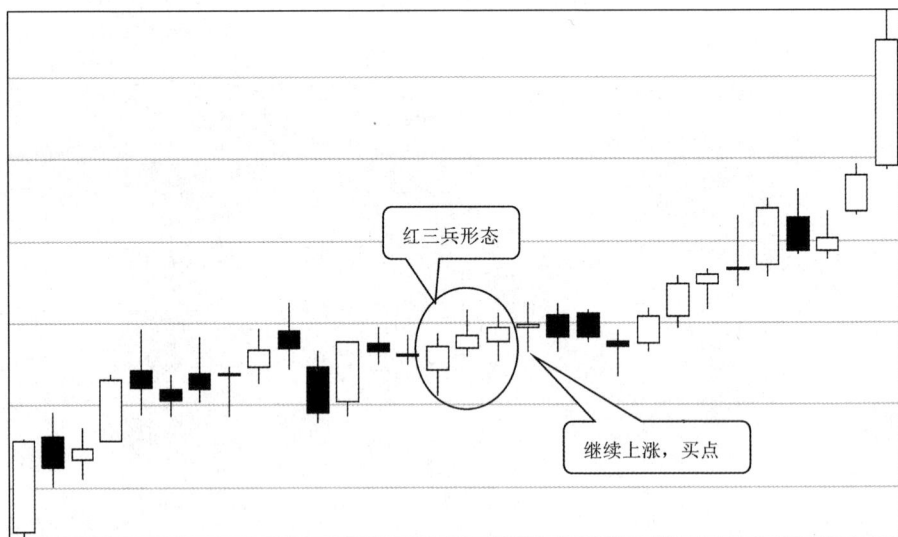

图1-16　红三兵

● 买点出击

红三兵形态出现后，股价如果继续上涨，投资者可买入股票。

● 经典案例

如图1-17所示，敏芯股份（688286）的股价经过一波上涨后，于2021年11月9日至11日出现了红三兵形态，这表明多方凝聚力量，暗示"盟友"合力拉升股价，发出看涨信号。

红三兵形态出现后，11月12日，股价继续上涨。此时投资者可以积极买入股票，预测后市还将有一波上涨行情。

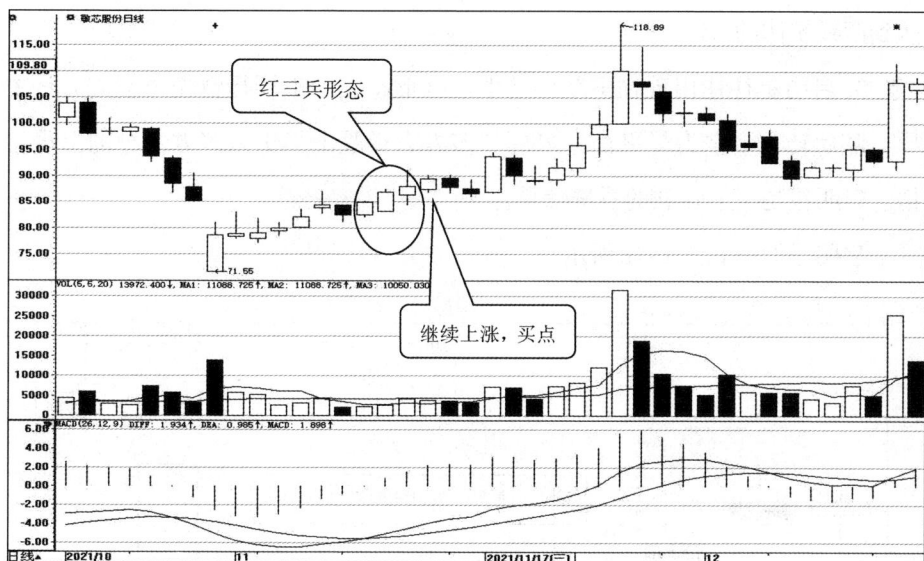

图1-17　敏芯股份日K线

🍀 实战提高

1. 红三兵的上影线越短，其发出的看涨信号就越强烈。

2. 红三兵形态中三根阳线的上涨幅度越大，其发出的看涨信号就越强烈。如果是跳空上涨，则该形态对上涨的指示作用会大大增强。

3. 投资者可将止损位设在红三兵形态的最低点，一旦股价跌破此止损位，投资者应尽快卖出股票。

买点9　启明星：形态的最后一根阳线即将完成时买入

● **技术特征**

1.启明星由一阴一阳两根K线及其中间的小星线组成。

2.首先出现一根大阴线，紧接着出现一根小星线，该星线可以是小阳线、小阴线或者十字星。在这之后，会出现一根大阳线，阳线实体深入阴线实体，达到阴线实体的1/2处以上。

3.启明星往往出现在下跌行情中。该形态表示市场行情先由空方力量主导，随后转入多空力量平衡，最后到多方力量胜出，进入多方主导的上涨行情。启明星是一个强烈的看涨信号。

启明星形态如图1-18所示。

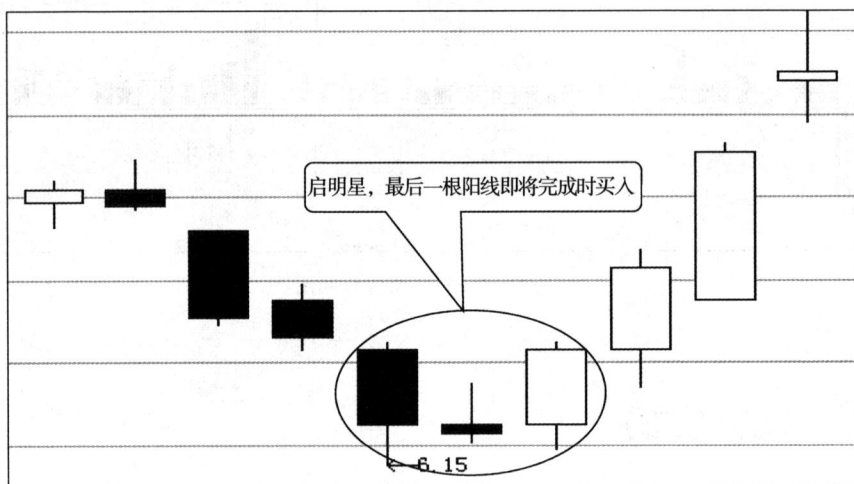

图1-18　启明星

● **买点出击**

启明星的出现，预示着股价已经进入多方主导的上涨行情。因此，当启明星的最后一根阳线即将完成时，买点出现，此时投资者应积极买入股票。

● **经典案例**

如图 1-19 所示，国电南自（600268）的股价经过一波下跌后，于 2022 年 10 月 28 日至 11 月 1 日出现了启明星形态，这表明多空双方经过充分的转换，市场逐渐走向了由多方主导的上涨行情。

11 月 1 日，启明星形态的最后一根阳线即将完成，买点出现，此时投资者应积极买入股票。

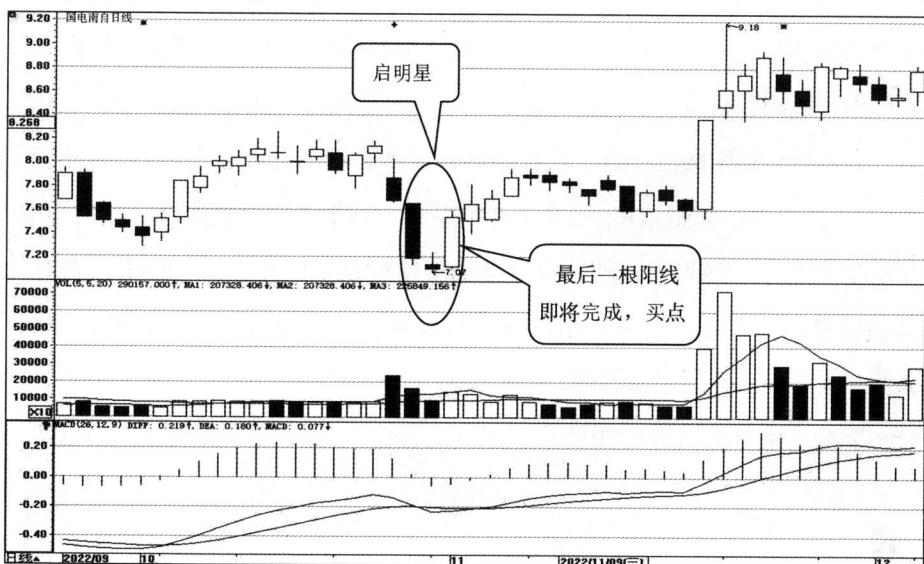

图 1-19　国电南自日 K 线

实战提高

1. 启明星形态中，如果星线是十字星，则其发出的看涨信号的强度要超过小阴线或小阳线。

2. 在实战中，启明星形态可能变形，阴线和阳线中间可能会夹杂多根星线。这种变形的启明星同样可以作为看涨信号，多根星线并不影响看涨信号强度。

3. 在启明星形态中，如果阳线实体将阴线包裹，则其发出的看涨信号更加强烈。

买点10 上升三法：形态的最后一根阳线即将完成时买入

● 技术特征

1.上升三法一般由两根大阳线和三根小阴线共五根K线组成。

2.首先出现一根大阳线，紧接着出现三根连续下跌的小阴线，但这三根小阴线的实体仍在大阳线的实体内。最后出现一根大阳线，其收盘价要高于第一根阳线的收盘价。

3.最后一根阳线的出现，往往伴随着成交量的放大。

4.上升三法形态往往出现在上涨行情中。该形态表示在股价上涨过程中，股价受到空方的强阻力，随后空方借势打压股价。但在整个过程中，多方力量仍旧强势，多方借空方打压股价之机洗盘，之后多方再次拉升股价上涨。因此，上升三法是一个看涨信号。

上升三法形态如图1-20所示。

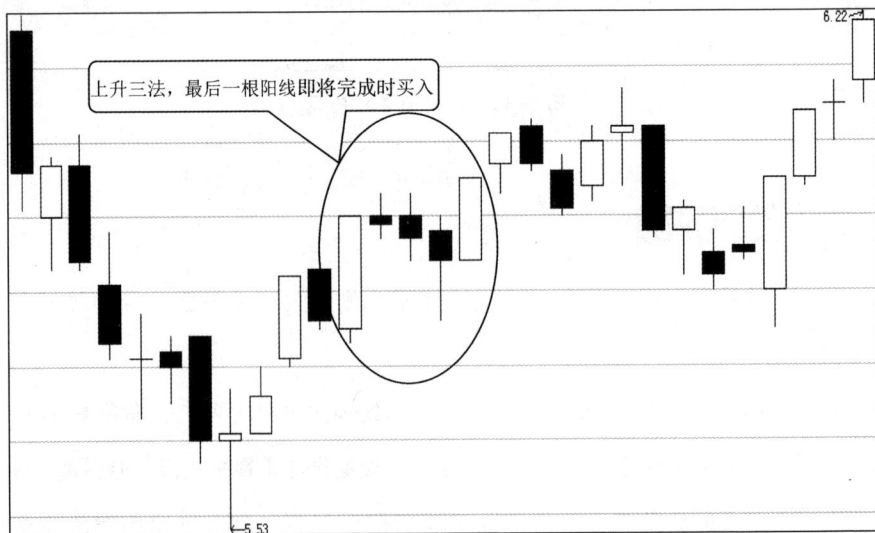

图1-20 上升三法

● **买点出击**

上升三法形态的出现，预示着股价已经进入多方主导的上涨行情。因此，当上升三法形态的最后一根阳线即将完成时，买点出现，此时投资者应积极买入股票。

● **经典案例**

如图 1-21 所示，国际实业（000159）的股价经过一波上涨走势，于 2022年 6 月 14 日至 24 日出现了上升三法形态。这表明在上涨过程中，抛盘压力释放完毕后，股价重新进入由多方主导的上涨行情。

6 月 24 日，国际实业股价放量上涨，即将完成上升三法形态，此时买点出现，投资者应积极买入股票。

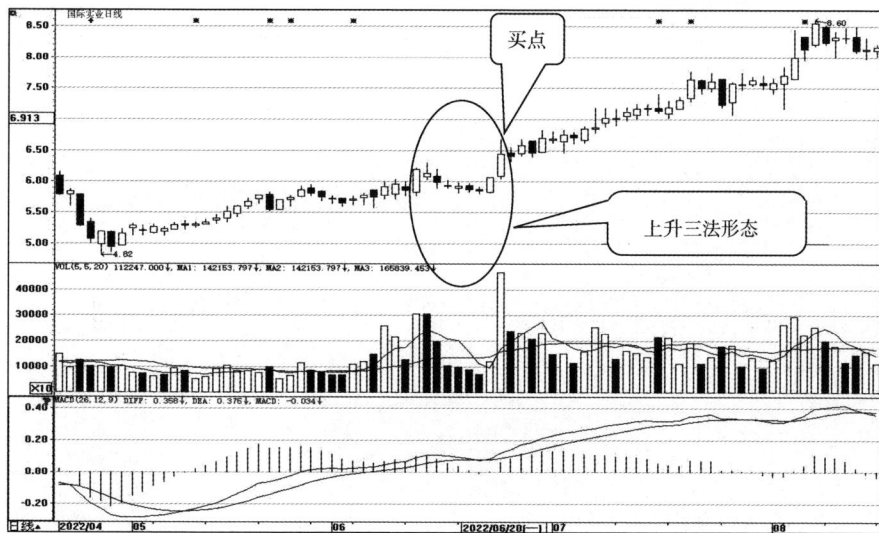

图 1-21　国际实业日 K 线

实战提高

1. 在上升三法形态中，最后一根阳线的实体越大，则其后市看涨的信号也就越强烈。

2．上升三法形态中，如果在两根大阳线出现时成交量放大，而小阴线出现时成交量萎缩，则该形态的看涨信号大大增强。

3．买入股票的投资者可将止损位设在上升三法形态的最低点，一旦股价跌破此止损位，投资者就应尽快卖出股票。

买点 11　看涨孕线：股价突破阴线的顶部时买入

● 技术特征

1. 看涨孕线是后一根 K 线完全"孕育"在前一根 K 线之内的 K 线组合。

2. 首先出现一根中阴线或大阴线，阴线之后出现一根小星线，该小星线也可以是小阳线、小阴线。

3. 看涨孕线往往出现在下跌行情的末期。该形态表示市场一开始由空方主导，股价处于下跌行情，随后市场进入多空僵持阶段。看涨孕线其实是一个股价见底的信号。

看涨孕线形态如图 1-22 所示。

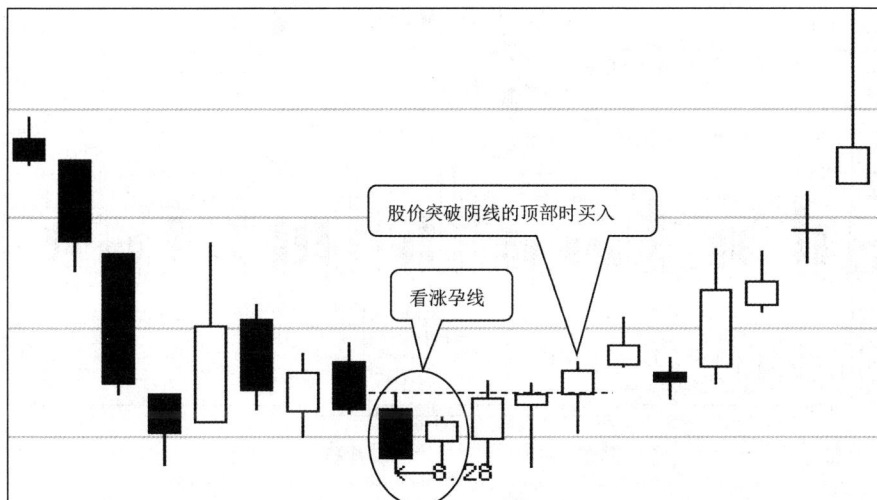

图 1-22　看涨孕线

● 买点出击

看涨孕线表明市场见底，但是此时投资者并不能贸然买入股票，可以先观察一段时间。如果未来股价突破阴线的顶部，则买点出现，投资者可以买入股票。

● 经典案例

如图1-23所示，新金路（000510）的股价经过一波下跌后，于2022年12月28日至29日出现了看涨孕线形态，这表明股价已经跌至底部，发出见底信号。如果后市股价能够上涨，则进入一波上涨行情。

12月30日，新金路的股价放量上涨，突破了12月28日阴线的顶部。此时买点出现，投资者可以积极买入股票。

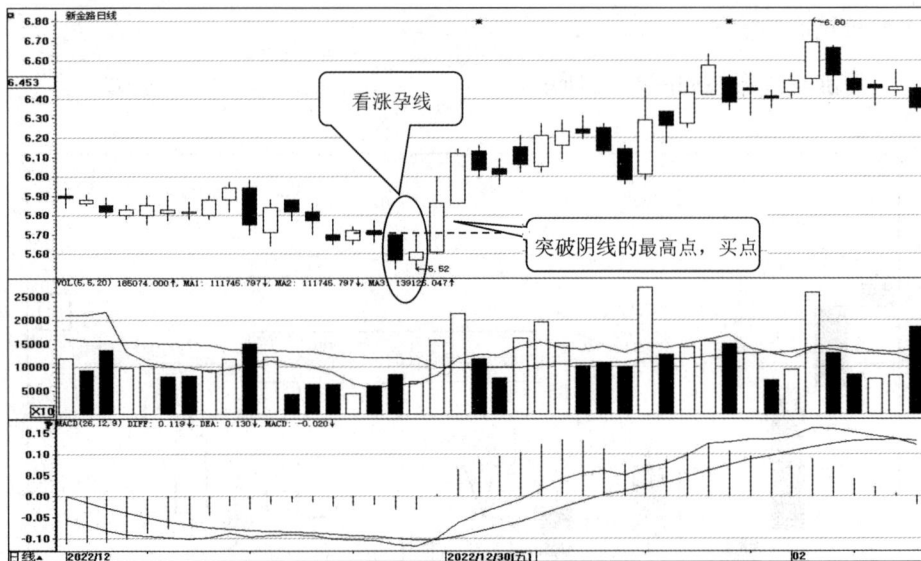

图1-23　新金路日K线

🎀 实战提高

1. 在看涨孕线形态中，后一根K线实体越小，说明当前市场上多空双方的分歧越严重，该形态的反转信号就越强。如果后一根K线实体部分过长，即使它被前一根K线"孕育"，也难以构成有效的反转信号。

2．在看涨孕线中，如果后一根K线为十字星线，这种形态称为"十字胎"。"十字胎"是反转信号最强烈的孕育形态。

3．买入股票的投资者可将止损位设在看涨孕线形态的最低点，一旦股价跌破此止损位，投资者就应尽快卖出股票。

买点12　平头底：股价突破平头底顶部时买入

● **技术特征**

1. 平头底由两根 K 线组成，两根 K 线的最低价基本相同。

2. 这两根 K 线可以都是阴线，也可以都是阳线，或者是一阴一阳。

3. 平头底形态往往出现在下跌行情尾端。该形态表示股价到了底部，当空方力量再向下打压股价时，在最低价位受到多方力量的强烈支撑，随后股价开始反弹。这是一个后市看涨信号，预示着股价随时都可能展开多方主导的上涨行情。

如图1-24所示，股价在下跌过程中，出现了两根最低价基本相同的 K 线，这两根 K 线形成平头底形态。

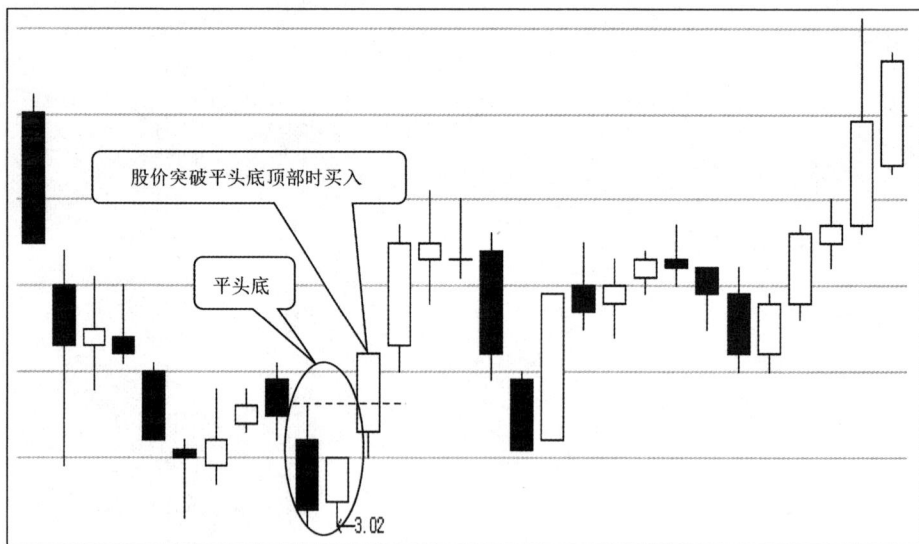

图1-24　平头底

● **买点出击**

平头底形态表明市场底部行情的确立。如若多方力量继续发力拉升股价上涨，在股价突破平头底顶部时，买点出现，此时投资者可以买入股票。

● 经典案例

如图 1-25 所示，深康佳 A（000016）的股价经过一波下跌走势后，于 2022 年 12 月 30 日至 2023 年 1 月 3 日出现了平头底形态。这表明股价短期底部已经确立，发出后市看涨信号。若多方力量能进一步发力，股价将进入上涨行情。

2023 年 1 月 4 日，深康佳 A 的股价继续上涨，突破了平头底的顶部。此时买点出现，投资者可以买入股票。

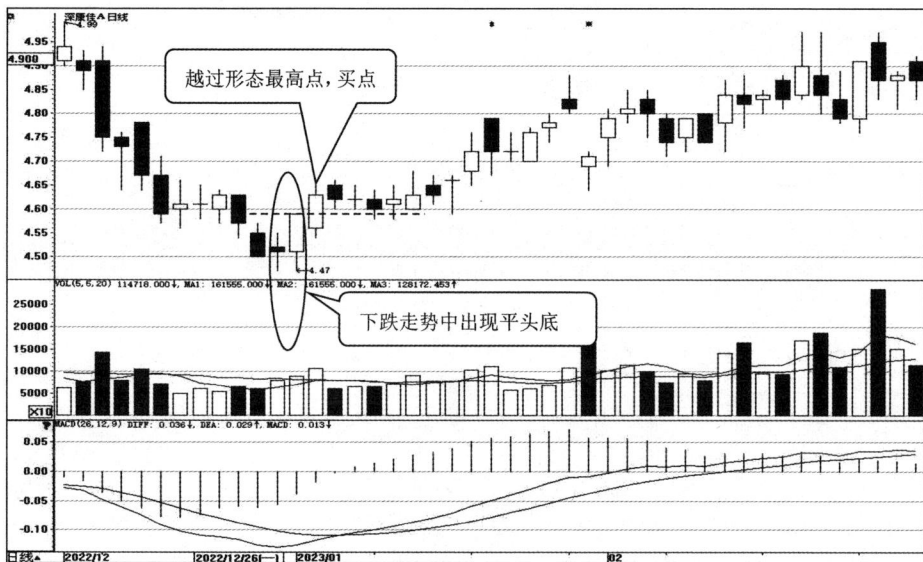

图 1-25　深康佳 A 日 K 线

实战提高

1. 在平头底形态中，两根 K 线的实体越长，其发出的后市看涨信号也就越强烈。

2．平头底并不是十分强烈的买入信号。当平头底形态出现时，如果这两个交易日的 K 线组成了曙光初现、低位孕育等其他看涨 K 线组合，则能够增强看涨信号的强度，这样的情况下投资者可以大胆买入股票。

3．买入股票的投资者可将止损位设在平头底形态的最低点，一旦股价跌破此止损位，投资者就应尽快卖出股票。

第 2 章

———

均线指标的买点

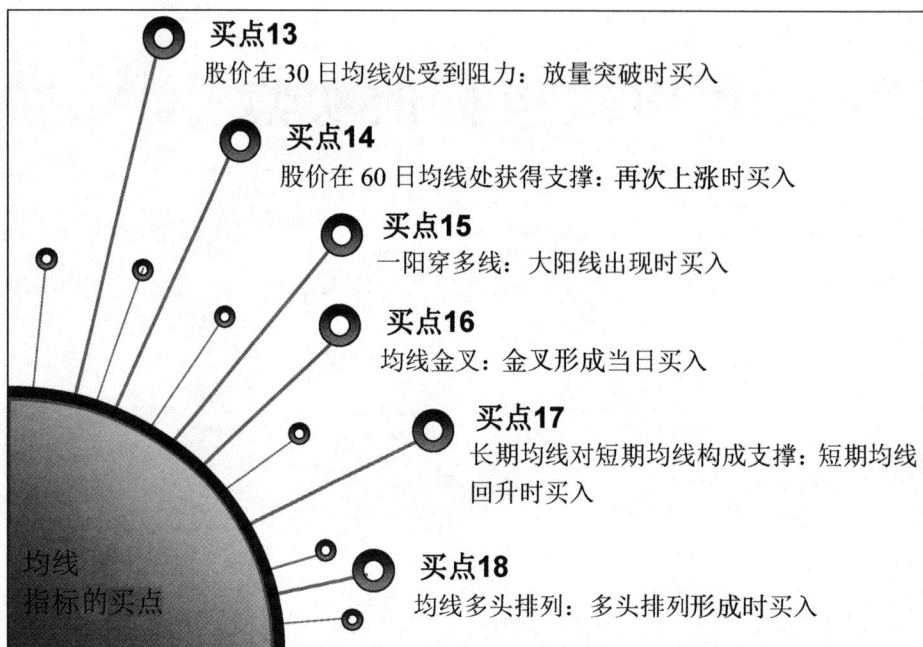

买点13
股价在 30 日均线处受到阻力：放量突破时买入

买点14
股价在 60 日均线处获得支撑：再次上涨时买入

买点15
一阳穿多线：大阳线出现时买入

买点16
均线金叉：金叉形成当日买入

买点17
长期均线对短期均线构成支撑：短期均线回升时买入

买点18
均线多头排列：多头排列形成时买入

均线指标的买点

指标概览

均线是移动平均线的简称，可简写为MA，它是一种趋向型技术指标（见图 2-1 ）。

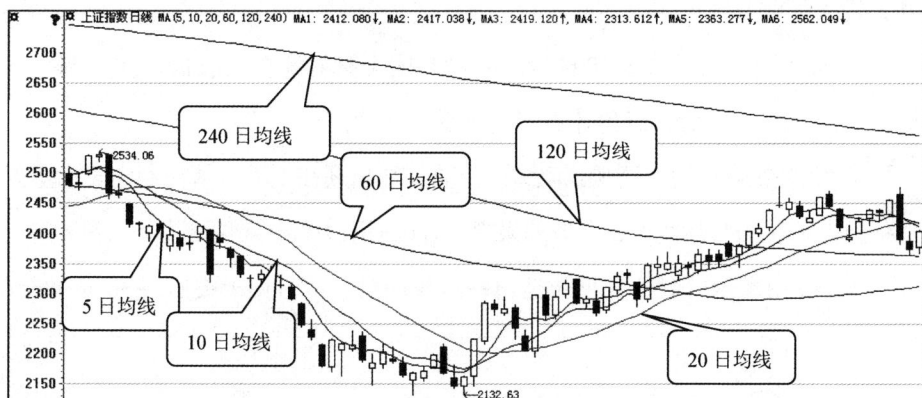

图 2-1　均线指标

按照周期的不同，投资者可以将均线分为短期均线、中期均线和长期均线。其中 30 日以内的均线为短期均线，60 日左右的均线为中期均线，120 日及更长周期的均线为长期均线。在实际使用中，投资者还可以根据实际情况或个人爱好，对均线日期参数进行调整，例如调整为 5 日、10 日等。

均线对股价起到助涨助跌的作用。均线的使用范围很广，一旦均线发出买卖信号，会反过来影响股价的涨跌。例如股价突破均线，形成看涨信号后，会有大量的买入推动股价的上涨。

均线的趋势运行所形成的高点或低点又分别具有阻挡或支撑作用，因此均线指标所在的点位往往是十分重要的支撑位或阻力位，这就为我们提供了买进或卖出时机的参考，均线指标的价值也正在于此。

买点13　股价在30日均线处受到阻力：放量突破时买入

● 技术特征

1. 当股价上涨至30日均线时，会受到均线的强阻力。随后股价会调头下跌，进入下跌行情。

2. 如果股价在上涨至30日均线时没有成交量的配合，股价往往会调头下跌。在成交量放大后，股价才有可能突破30日均线。

3. 股价在30日均线处受到阻力的走势往往出现在上涨行情初期，表示空方的强阻力位在30日均线处，多方如果想攻破该强阻力位，需要更多的力量才行。

如图2-2所示，股价在低位运行一段时间后，放量向上突破了30日均线。

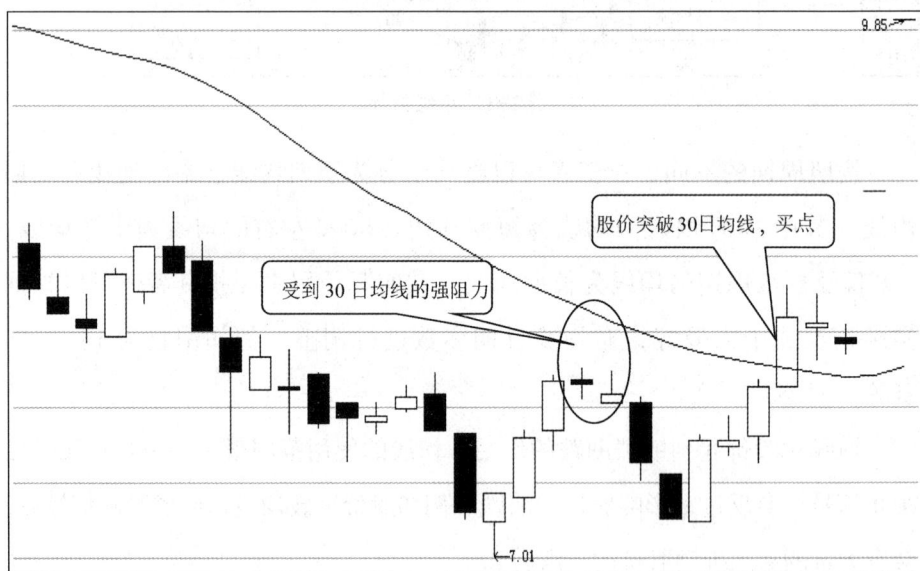

图2-2　放量突破30日均线

● 买点出击

当股价在30日均线处受到阻力后，如果放量突破30日均线，买点出现，投资者可以买入股票。

● 经典案例

如图 2-3 所示，2022 年 10 月 18 日，深深房 A（000029）的股价在下跌趋势中反弹向上，但受到 30 日均线的阻力作用，之后股价再次向下延续下跌趋势。在这个过程中，30 日均线的阻力作用表现得较为明显。

10 月 27 日，股价放量突破 30 日均线，发出买入信号，此时投资者可以积极买入股票。

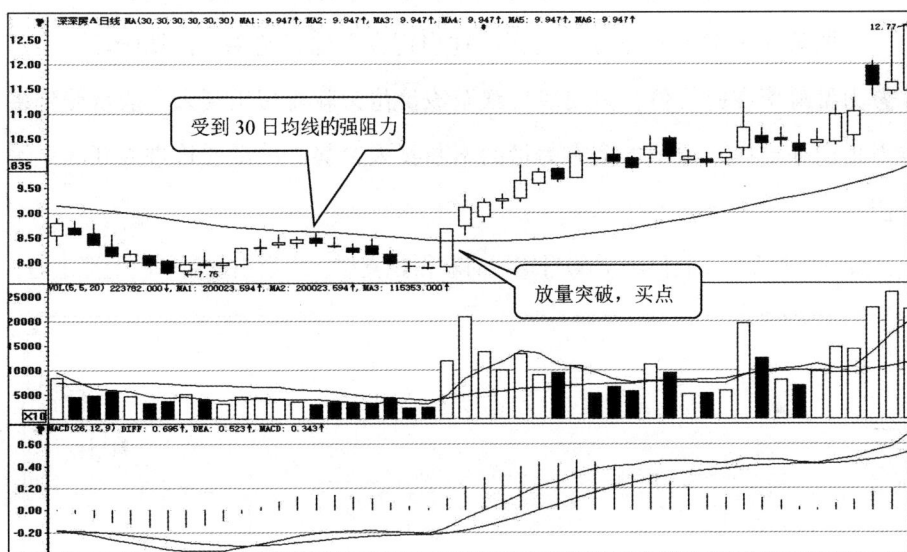

图 2-3 深深房 A 日 K 线

🍀 实战提高

1．一旦股价突破 30 日均线，这条均线就会由阻力线变成支撑线，未来股价下跌到这条均线位置时还有可能会见底反弹。

2．股价在均线处受阻的时间越短，成交量同步放大，该形态的看涨信号就会越强烈，在股价突破均线后的涨势也越凶猛。

3．除 30 日均线外，实战中投资者也可以使用其他周期的均线作为参考依据。

买点14 股价在60日均线处获得支撑：再次上涨时买入

● **技术特征**

1. 60日均线既是股价上涨的压力位，又是股价下跌的支撑位。

2. 如果股价下跌到60日均线位置止跌回稳，就表示股价在这个位置获得支撑。未来一旦股价脱离60日均线的支撑再次向上，就形成买入机会。

3. 股价在60日均线处获得支撑往往出现在上涨行情中的回调阶段，表示多方力量凝聚在此价位，只要股价跌至该价位，就有多头买入。股价受到多方力量的强支撑，预示着多方力量的不断买入，势必推动股价进入新的上涨行情。

如图2-4所示，股价跌至60日均线时获得强支撑，之后出现新一波上涨走势。

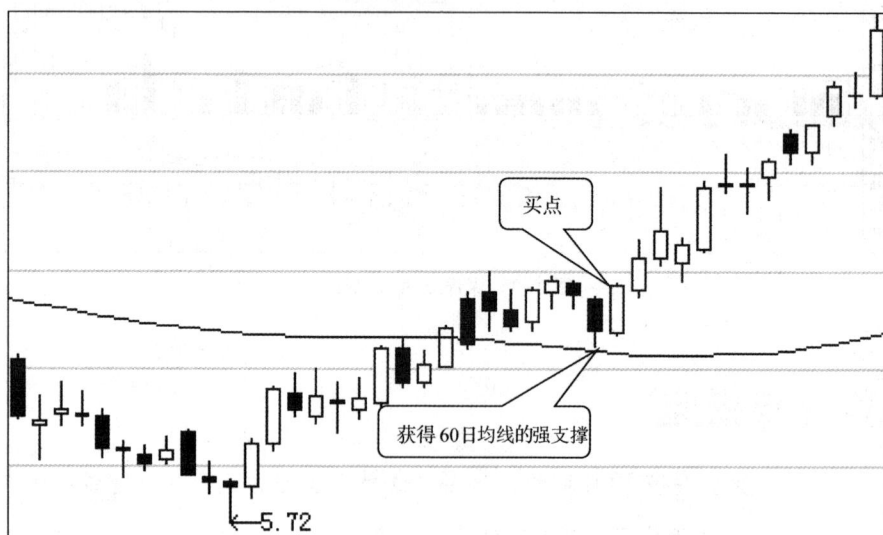

图2-4 股价在60日均线处获得支撑

● **买点出击**

当股价在60日均线处获得支撑时，如果股价在支撑位缩量企稳、再次向上，则买点出现，投资者可以买入股票。

● 经典案例

　　如图 2-5 所示，黄山旅游（600054）的股价经过一波下跌走势后，于 2022 年 11 月 23 日至 25 日出现了股价在 60 日均线处获得支撑、缩量企稳的走势。这表明多方依托均线支撑慢慢积聚力量，后市股价看涨。

　　11 月 28 日，黄山旅游股价低开高走，持续上涨，这是上涨行情启动的信号，买点出现。此时投资者可以买入股票。

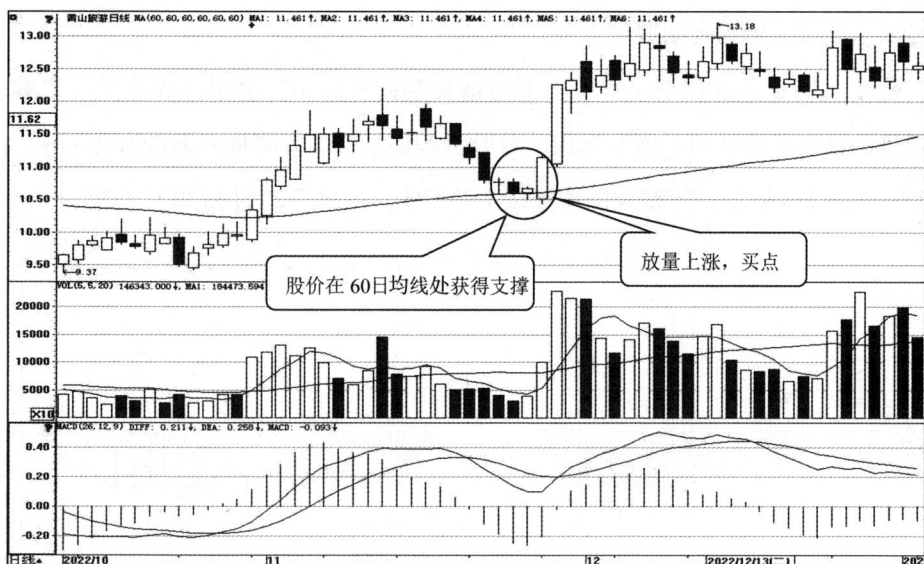

图 2-5　黄山旅游日 K 线

实战提高

　　1. 均线的周期越长，均线对股价的支撑力度也就越强。

　　2. 当股价跌至均线位置时，短线投资者可以在股价缩量企稳时买入，而稳健的投资者则可以等待股价开始回升时，再入市买入股票。

　　3. 买入股票的投资者，可将止损位设在偏离 60 日均线的 3% 价差处，一旦股价跌破此止损位，投资者就应尽快卖出股票。

买点15　一阳穿多线：大阳线出现时买入

● 技术特征

1. 一阳穿多线由一根阳K线和多条均线组成。该K线可以是小阳线、中阳线或者大阳线。

2. 在一阳穿多线形态中，阳线上穿均线，且均线呈现上涨走势，投资者可依据均线的周期判断股价上涨周期。

3. 一阳穿多线往往出现在上涨行情初期或者震荡行情中，表示多方力量强势，股价涨势强劲。该形态预示着股价调整结束，即将展开新的升势。

如图2-6所示，一根大阳线连续上穿5日、10日、20日和30日均线。

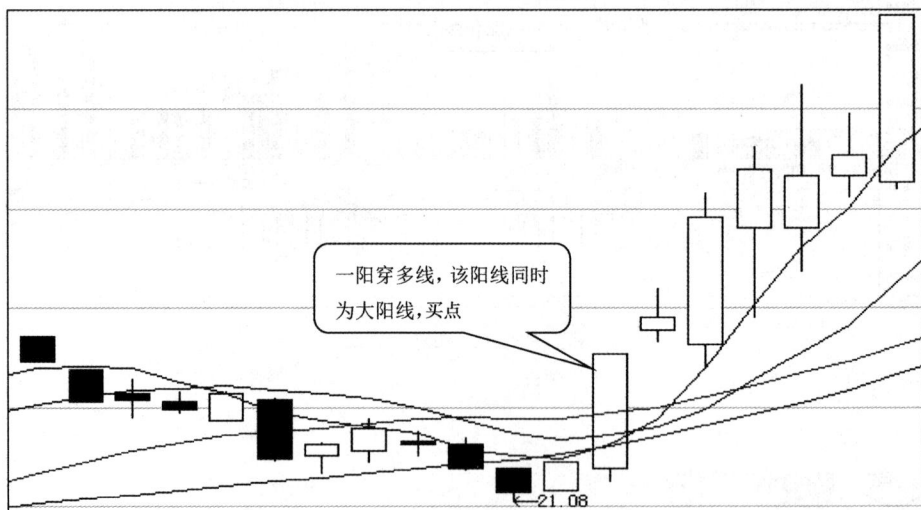

一阳穿多线，该阳线同时为大阳线，买点

←—21.08

图2-6　一阳穿多线

● 买点出击

当出现一阳穿多线形态时，如果该阳线为大阳线，买点出现。如果在一阳穿多线之后出现大阳线，买点出现。投资者可以买入股票。

● 经典案例

如图2-7所示，格尔软件（603232）的股价经过一段时间缓缓下跌后，于2022年10月13日出现了一阳穿多线的走势。当日股价高开高走，放量大涨，开盘一个多小时即涨停，形成一根大阳线，且前一交易日K线形成低位锤子线的看涨形态。这表明多方力量强势，股价涨势强劲，后市看涨意义明显，投资者可在10月13日当天积极买入。

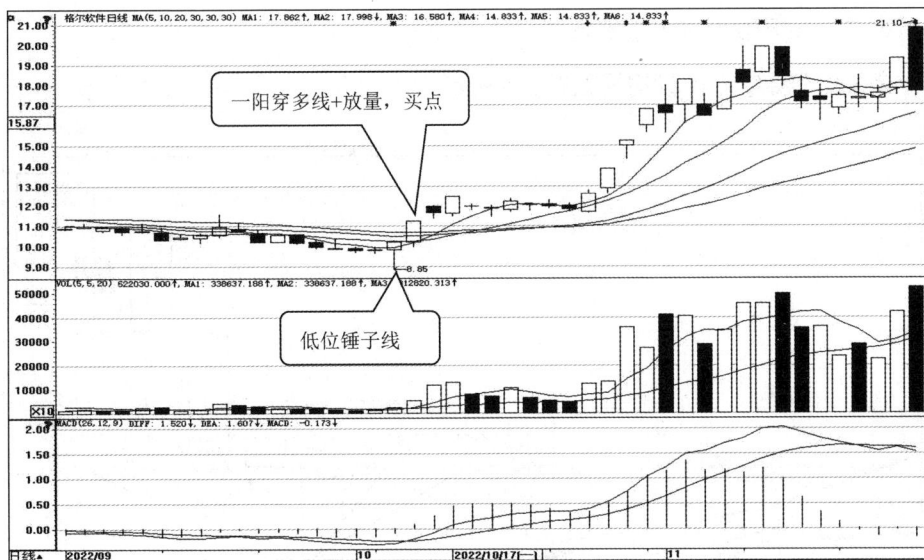

图2-7　格尔软件日K线

🎀 实战提高

1. 有时穿越多条均线的并非一根阳线，而是两到三根连续出现的阳线，此时买点依然有效。投资者可在股价穿越所有均线的时候积极追涨买入。

2. 在大阳线出现时，如果伴随着成交量的放大，则买点的可靠性更强。

3. 买入股票的投资者可将止损位设在长周期均线处，一旦股价跌破此止损位，投资者就应尽快卖出股票。

买点16 均线金叉：金叉形成当日买入

● 技术特征

1. 均线金叉是指5日均线上穿10日均线所形成的交叉形态。

2. 在金叉形态中，5日均线和10日均线都是上升的走势。

3. 均线金叉往往出现在上涨行情的初期或者上涨行情中期，表示多方力量强势，拉升股价进入上涨行情。

5日均线金叉10日均线如图2-8所示。

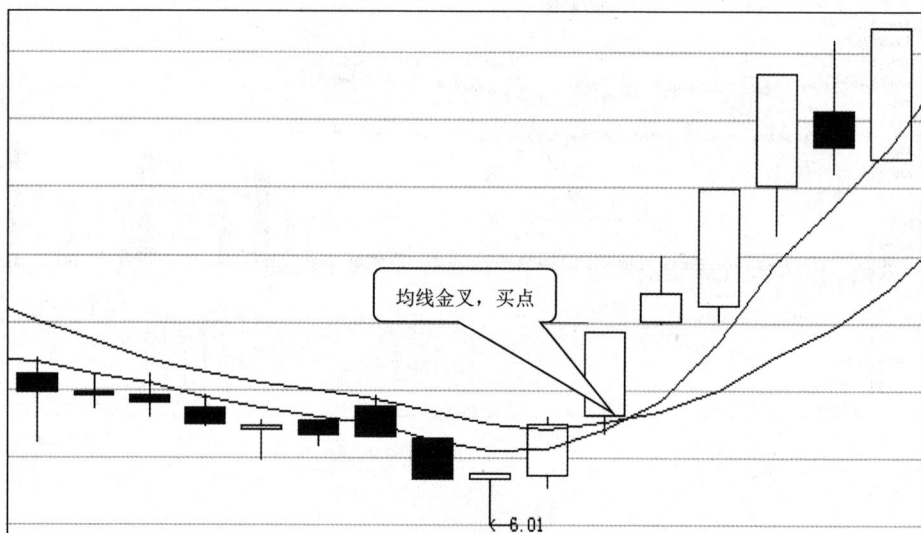

均线金叉，买点

←6.01

图2-8 均线金叉

● 买点出击

当出现均线金叉形态时，预示着股价已经开始走强。均线金叉形成当日买点出现，投资者可买入股票。

● 经典案例

如图 2-9 所示，2022 年 12 月中旬至下旬，药明康德（603259）的股价经过短暂下跌后缓缓向上，于 2022 年 12 月 28 日出现了均线金叉形态。这表明多方发力，拉升股价进入上涨行情，发出上涨信号，此时投资者可以买入股票。

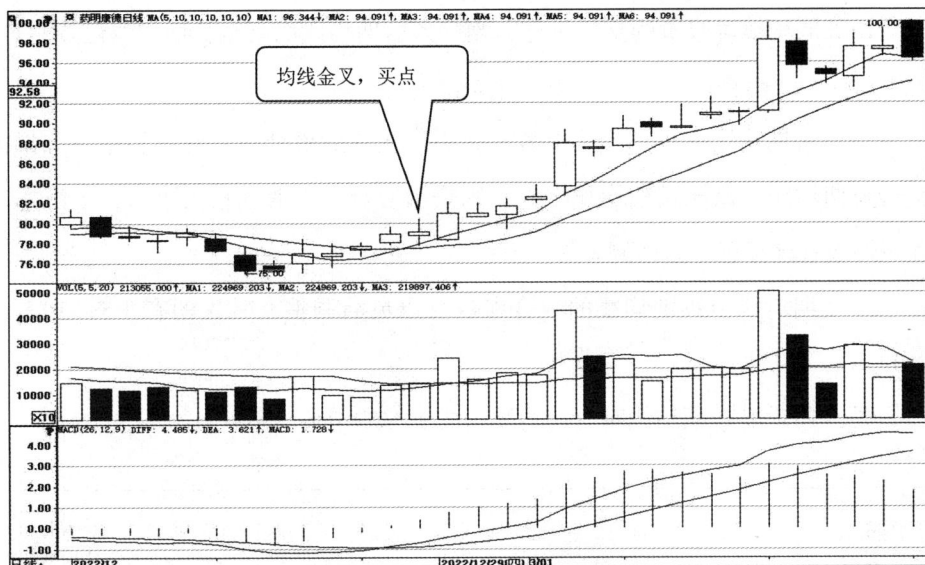

图 2-9　药明康德日 K 线

实战提高

1．若发生均线金叉时，股价偏离均线较远，短线投资者不宜立即买入，而应等股价回落后再买入。

2．均线金叉后，两条均线的方向应该都向上。如果两条均线开始走平并缠绕在一起，就说明股价进入横盘震荡走势，此时投资者应观望。

3．如果在均线金叉的前后 MACD 指标也出现了金叉，即双重金叉，买入信号的可靠性将大大增强。

买点17　长期均线对短期均线构成支撑：短期均线回升时买入

● **技术特征**

1. 如同均线对股价的支撑一样，当一条短期均线回落至长期均线位置时，也有可能会获得支撑。

2. 当短期均线在长期均线上方时，表示当前股价处于上涨走势中。如果此时短期均线迅速向长期均线靠拢，则表示股价上涨遇到较大阻力，上涨速度减慢或者已经有小幅回调。

3. 短期均线与长期均线的组合参数可以灵活调整，常见的有（5，30）、（10，60）等。

图2-10就是长期均线对短期均线构成支撑的走势。

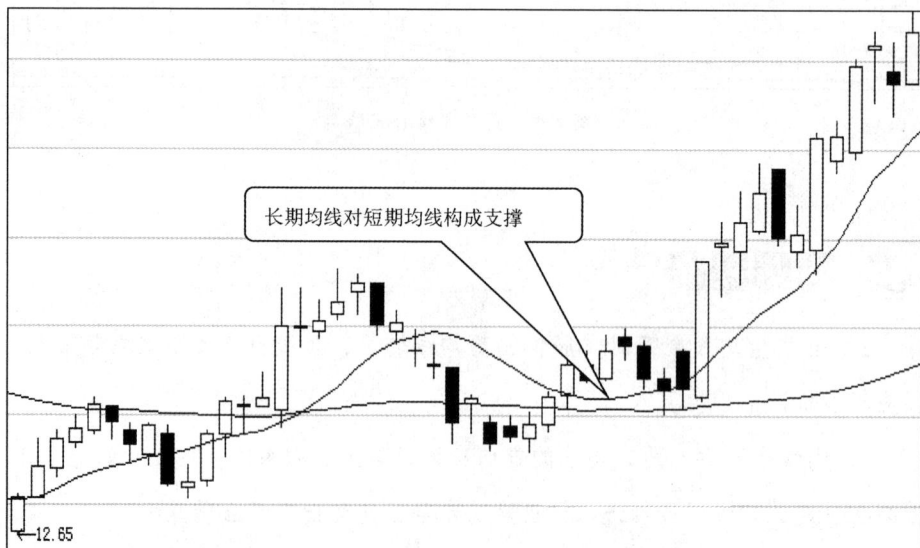

图2-10　长期均线对短期均线构成支撑

● 买点出击

当短期均线在长期均线处受到支撑时，如果短期均线出现回升，说明多方短期强势，不断试探上方阻力，发出上涨信号。这同时预示着股价即将上涨，此时买点出现，投资者可以买入股票。

● 经典案例

如图 2-11 所示，2023 年 4 月底至 5 月初，松发股份（603268）的 5 日均线在 30 日均线上方回调，并且逐渐向 30 日均线靠拢，随后 5 日均线在 30 日均线上方获得支撑。

2023 年 5 月 5 日，松发股份股价高开高走，5 日均线放量回升。这是上涨趋势再次启动的信号，此时买点出现，投资者可以积极买入股票。

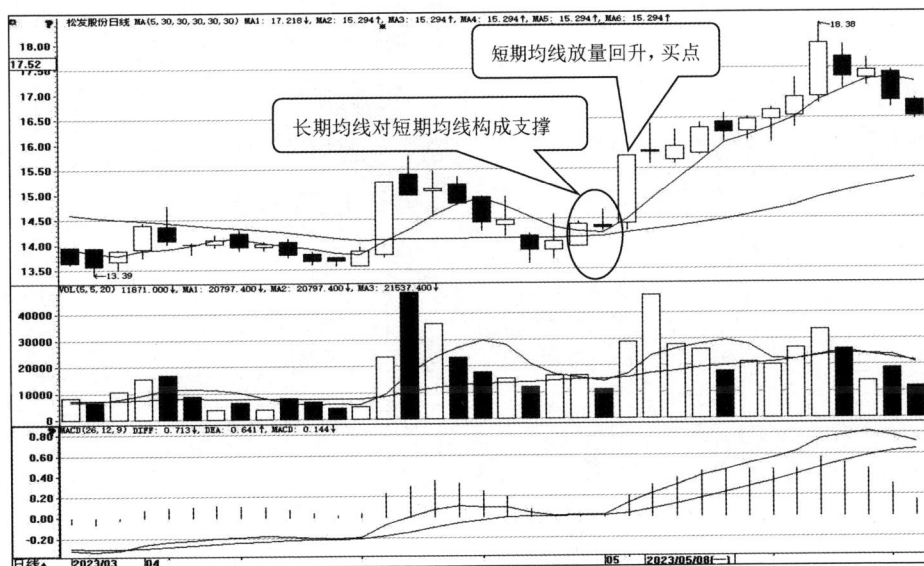

图 2-11　松发股份日 K 线

实战提高

1. 在该走势中，长期均线的走势是向上的，而短期均线的走势则是先落后升。

2. 如果股价跌破均线而短期均线未跌破长期均线，投资者应结合股价跌破均线的持续时间及幅度来判断，若持续时间不长，跌破幅度不大，投资者可继续持有股票。

3. 据此买入股票的投资者应将止损位设定为均线死叉形态出现时，一旦出现死叉，投资者应尽快卖出股票。

买点18 均线多头排列：多头排列形成时买入

● 技术特征

1. 均线在底部经过黏合后，当短期均线和长期均线呈现多头排列时，表示多方力量增强，股价进入加速上涨行情，后市将有一波上涨行情。

2. 均线多头排列往往出现在上涨行情初期，表示股价已经进入多方主导的上涨行情。无论短线投资者还是中长线投资者，只要在均线多头排列时买入，都会有收获。

均线多头排列走势如图2-12所示。

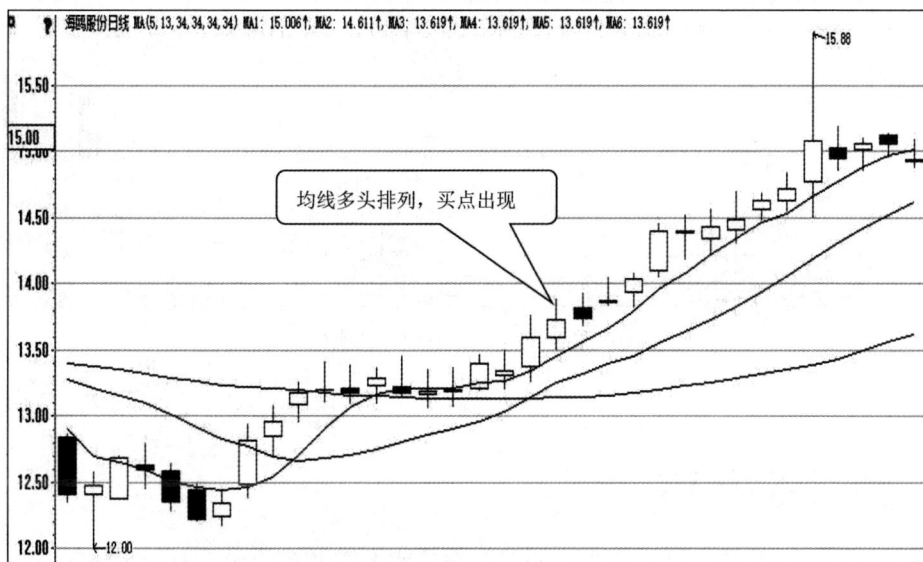

图2-12 均线多头排列

● 买点出击

当均线呈现多头排列时，买点出现。此时投资者可以买入股票。

● 经典案例

如图2-13所示，自2023年1月开始，联翔股份（603272）的股价经过一波下跌走势后见底反弹。2023年2月8日，5日、13日和34日均线形成了多头排列的形态，这表明多方力量开始占据优势，市场已经进入上涨趋势之中，买点出现。此时投资者可以买入股票。

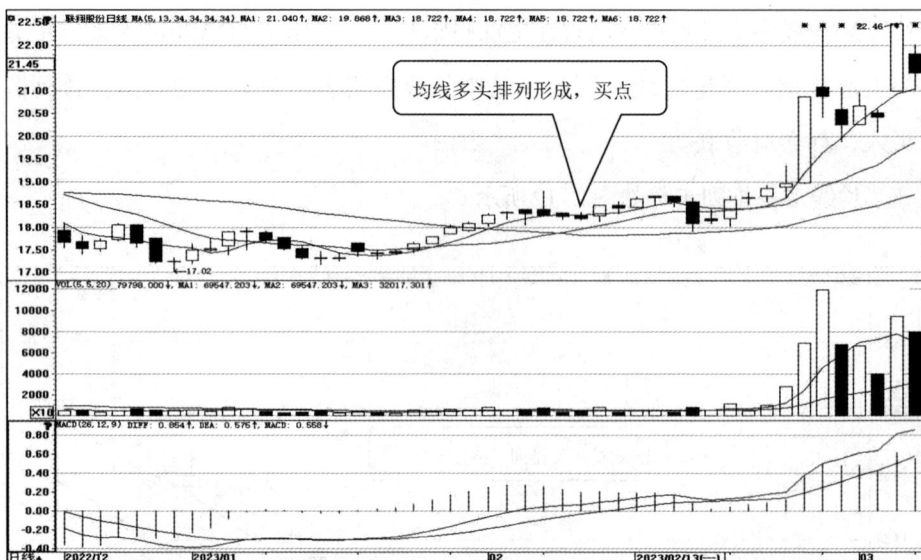

图 2-13　联翔股份日K线

实战提高

1. 如果股价先跌破短期均线，但仍站在长期均线上方，而后股价再次站上短期均线，且均线呈现多头排列，这往往是短线投资者的买入机会。

2. 均线的多头排列表明股价进入了一个稳定的上升期。投资者此时介入，虽然不能抓住股价最初的上涨阶段，但是能够最大限度地规避风险，是非常合适的追涨买点。

3. 如果均线的多头排列曲线上升得很快，就更适合短线投资者买入。

第 3 章

成交量指标的买点

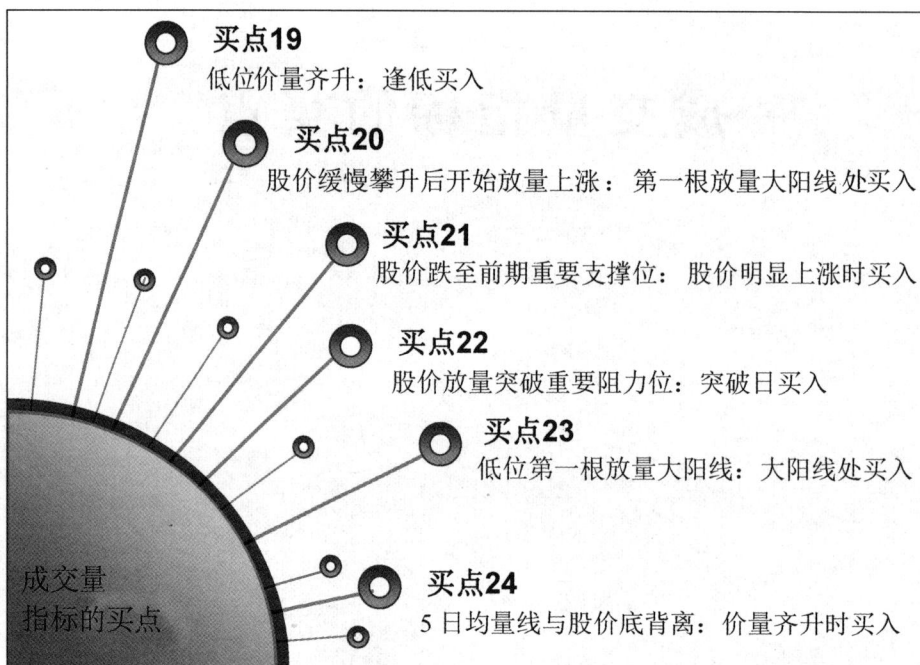

买点19
低位价量齐升：逢低买入

买点20
股价缓慢攀升后开始放量上涨：第一根放量大阳线处买入

买点21
股价跌至前期重要支撑位：股价明显上涨时买入

买点22
股价放量突破重要阻力位：突破日买入

买点23
低位第一根放量大阳线：大阳线处买入

成交量
指标的买点

买点24
5 日均量线与股价底背离：价量齐升时买入

指标概览

成交量是测量股市行情变化的温度计和晴雨表，股价的上升或下降，无时无刻不受到成交量的制约和影响。

成交量显示为一根根柱状线。当收盘价低于开盘价时，成交量为绿色实体；当收盘价高于开盘价时，成交量为红色实体（见图3-1）。

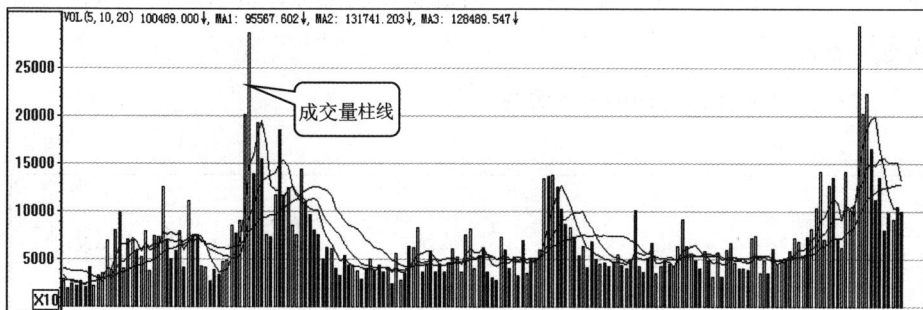

图 3-1　成交量指标

成交量是一个非常重要的辅助分析指标。股价上涨时需要成交量的配合，但是下跌时则不需要。就好比推石头上山，上山时需要不断用力推动，而下山时则不必费力，单凭重力石头就能向下滚动。

因此，看成交量指标要结合股价的位置来综合分析。

买点19 低位价量齐升：逢低买入

● 技术特征

1. 低位价量齐升是指随着股价的不断上涨，成交量呈现逐步放大的走势。

2. 低位价量齐升往往发生在上涨行情初期，表示股价已经见底，空方力量已经衰竭，多方力量逐渐增强，拉升股价不断上涨，价量配合理想，后市可继续看好。

低位价量齐升走势如图3-2所示。

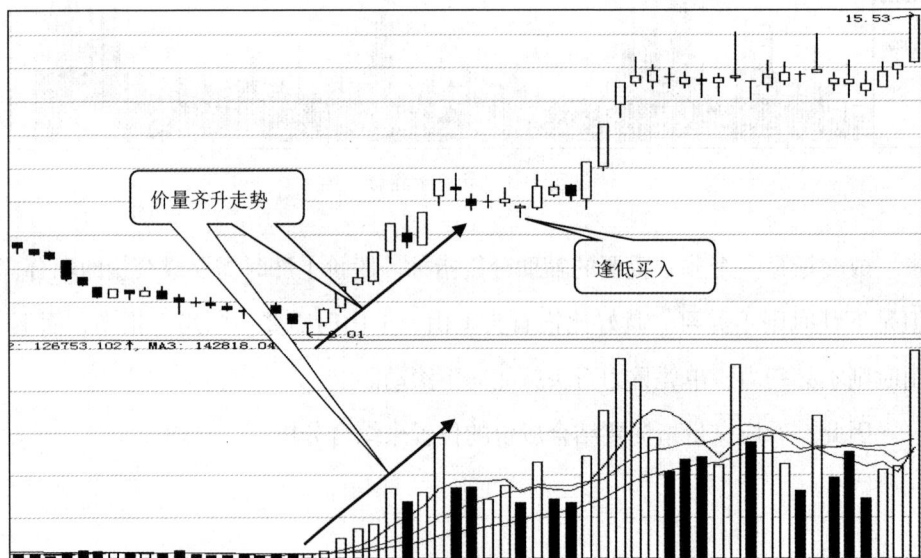

图3-2 低位价量齐升

● 买点出击

在上涨行情初期出现价量齐升时，表明市场进入多方主导的上涨行情，投资者可在股价冲高回落时伺机买入。

● 经典案例

如图 3-3 所示，2023 年 4 月下旬，闽东电力（000993）的股价创下了新低。之后，该股市场人气开始积聚，换手逐渐活跃，出现了价量齐升的走势，表明资金开始入场，投资者要注意后市逢低买入。

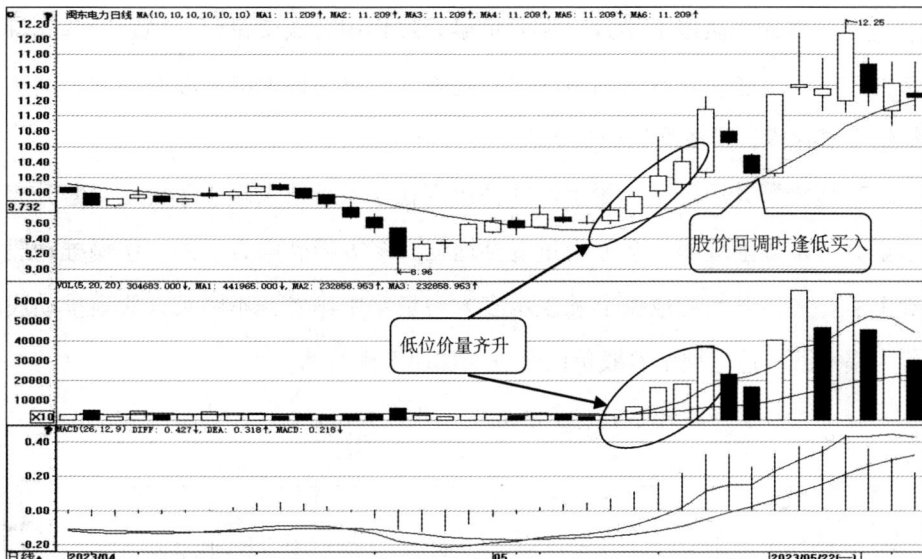

图 3-3　闽东电力日 K 线

实战提高

1. 在低位价量齐升走势中，若股价上涨幅度较大，则需要震荡调整一段时间。若股价上涨幅度不大，则可能出现加速上涨走势。

2. 在经过一段较长时间的整理后，出现价量齐升走势，往往是股价调整结束、新的上涨行情来临的标志。

3. 在低位价量齐升走势中，应将止损位设置在价量齐升区域的 1/2 处，如果股价跌破止损位，投资者应及时卖出股票。

买点20 股价缓慢攀升后开始放量上涨：第一根放量 大阳线处买入

● **技术特征**

1. 股价先是缓慢地攀升，在股价攀升过程中，成交量仅仅勉强能够支持这种缓慢的上涨，并没有明显放大的迹象。股价缓慢上涨一段时间后，突然加快上涨速度，且成交量明显放大。

2. 缓慢攀升后开始放量上涨往往出现在下跌行情末端。股价缓慢攀升表示空方力量逐渐减弱，多方力量逐渐增强，多方稍胜空方一筹，缓慢推动股价上涨。之后开始的放量上涨表示多方力量集中爆发，不断买入股票推动股价大幅上涨。这也预示着股价已经进入加速上涨行情。

股价缓慢攀升后开始放量上涨如图3-4所示。

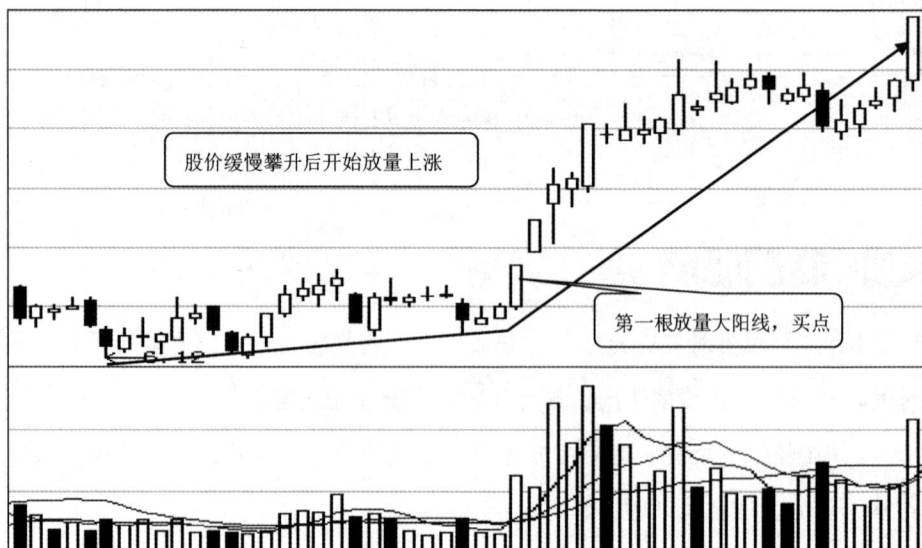

图3-4 股价缓慢攀升后开始放量上涨

● **买点出击**

　　股价上涨速度加快，同时成交量明显放大，当第一根放量大阳线出现时，买点出现。

● **经典案例**

　　如图3-5所示，2022年6月中旬，苏州固锝（002079）股价出现了缓慢攀升后开始放量上涨的走势，这表明多方力量慢慢增强，后来多方力量集中爆发，拉升股价进入加速上涨行情。

　　6月22日，苏州固锝开始放量上涨，走出一根放量大阳线。此时买点出现，投资者可以积极买入股票。

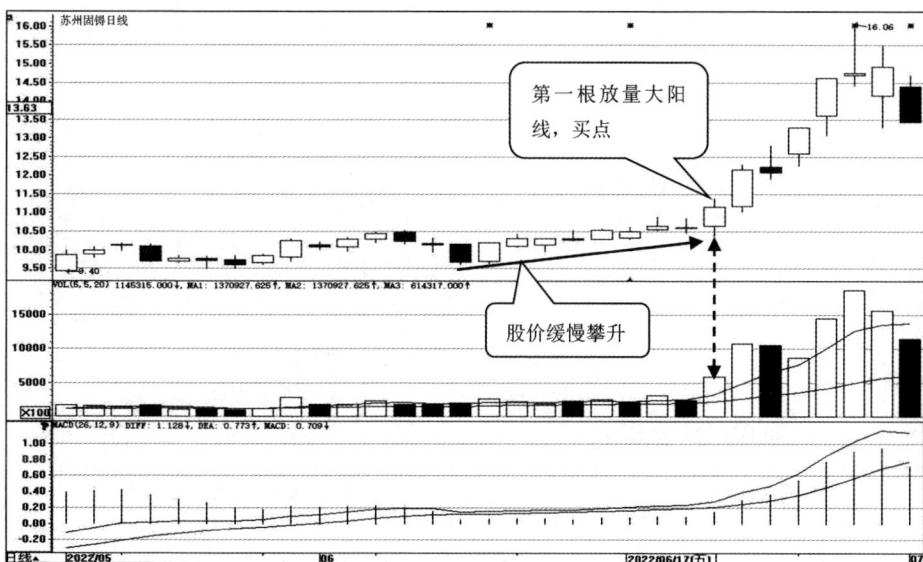

图3-5　苏州固锝日K线

✿ **实战提高**

　　1. 前期缓慢攀升的时间越长，涨幅越小，股价开始放量上涨后的涨势也就越猛烈。

2. 依照本买点买入股票后，一旦股价开始放量滞涨，或者连续几天走弱，投资者应及时卖出股票。

3. 在从缓慢攀升到放量上涨的过程中，可能有一次小幅回调的过渡行情，也可能没有。

买点 21　股价跌至前期重要支撑位：股价明显上涨时买入

● **技术特征**

1. 股价在前期重要支撑位有一段震荡整理行情。当股价下跌至重要支撑位时受到支撑，随后会发生反弹。若多方强势，走势会发生反转。

2. 股价在前期重要支撑位受到支撑后缩量企稳，表示多方力量逐渐增加，推升股价缓慢上涨，这预示着股价即将进入多方主导的上涨行情。

3. 该形态可以发生在上涨行情初期、中期或者末期。

股价跌至前期重要支撑位如图3-6所示。

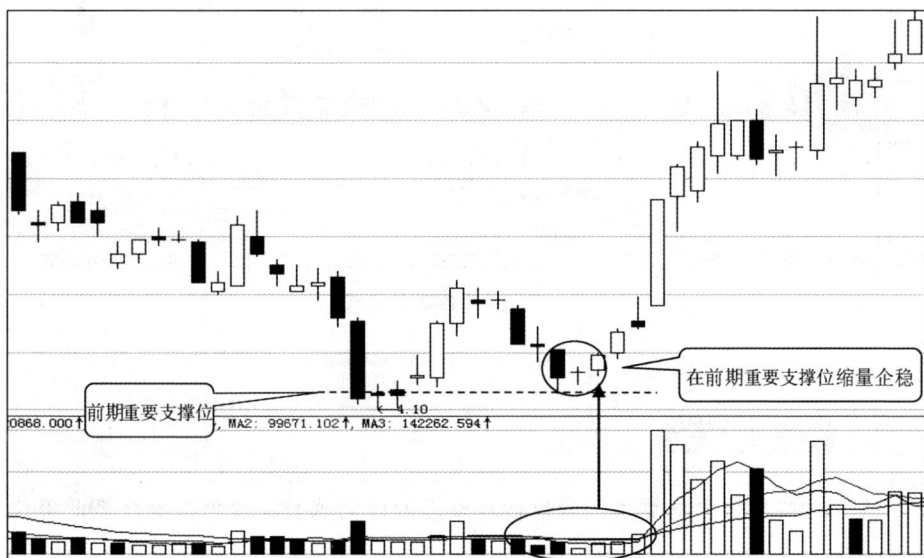

图 3-6　股价跌至前期重要支撑位

● **买点出击**

当股价跌至前期重要支撑位时，股价呈现缩量企稳的走势，投资者可在股价明显上涨时买入。

● 经典案例

如图3-7所示，信隆健康（002105）的股价经过短暂下跌调整后，在前期重要支撑位出现了缩量企稳走势。这表明多方力量逐渐增加，下方支撑力量很强。2023年6月27日，信隆健康企稳后明显上涨，这是上涨趋势发动的信号。此时投资者可以买入股票。

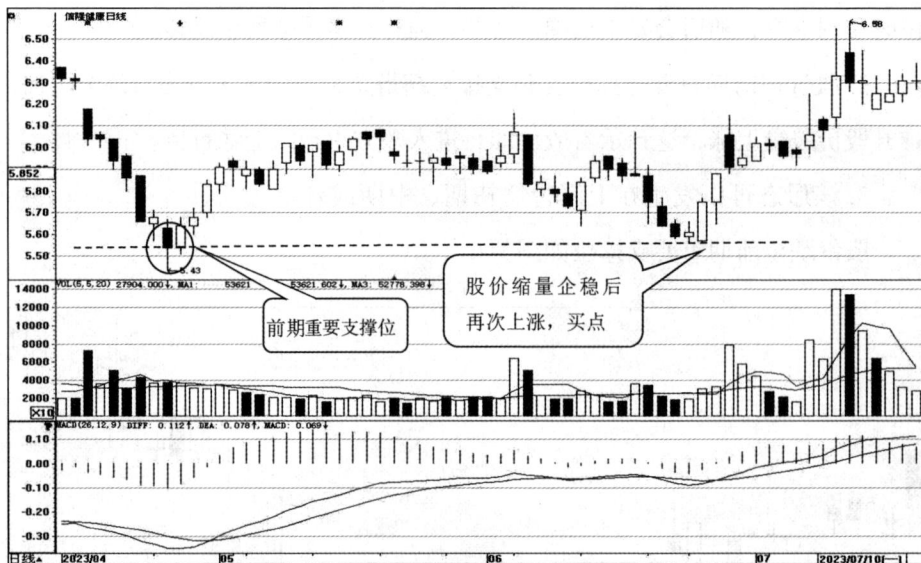

图3-7　信隆健康日K线

实战提高

1. 在前期重要支撑位，股价横盘整理的时间越长，股价再次跌至此价位时受到的支撑力度也就越大。

2. 股价跌至前期重要支撑位时，如果缩量企稳、成交量越小，说明底部越牢固，股价后市上涨势头也就越猛烈。

3. 投资者可将该支撑位设为止损位，在股价跌破时卖出。

买点 22　股价放量突破重要阻力位：突破日买入

● 技术特征

1.股价在重要阻力位形成一个明显的顶部形态，阻碍股价的上涨。

2.在股价放量突破重要阻力位时，必须要有成交量的配合才行。

3.股价放量突破重要阻力位往往出现在上涨行情中，表示多方力量集中爆发，发出买入信号。这也预示着多方力量强势，不断推动股价进入上涨行情。

股价放量突破重要阻力位如图3-8所示。

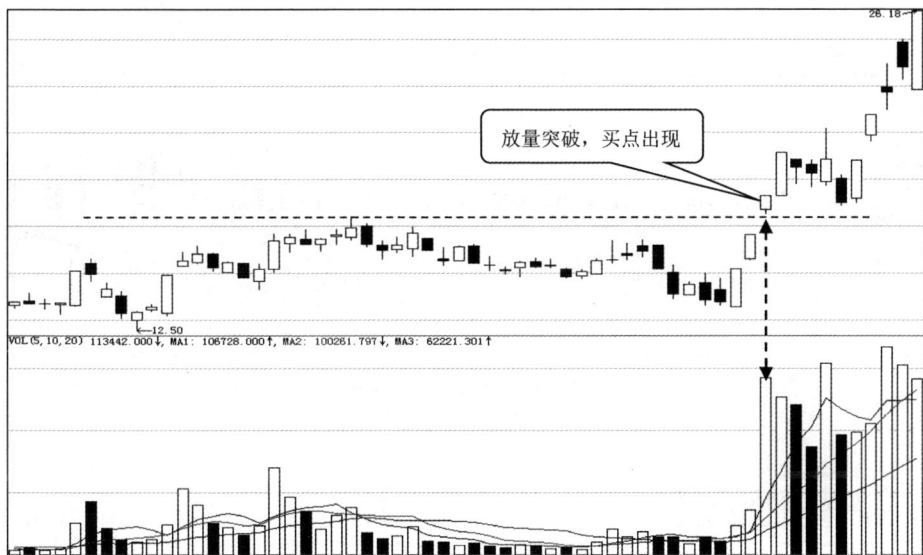

放量突破，买点出现

图3-8　股价放量突破重要阻力位

● 买点出击

股价放量突破重要阻力位，预示着股价已经进入加速上涨行情。此时买点出现，投资者可在放量突破当日买入股票。

● 经典案例

如图3-9所示，2022年6月初至7月下旬，中国天楹（000035）的股价冲高回落后在一个箱体中持续震荡。在这个过程中，股价多次在5.72元附近受到阻力而返回箱体内部，说明5.72元是震荡行情的重要阻力位。

7月27日，股价放量突破震荡行情的重要阻力位，表明多方强势拉升股价，并发出看涨信号。此时买点出现，投资者可以积极买入股票。

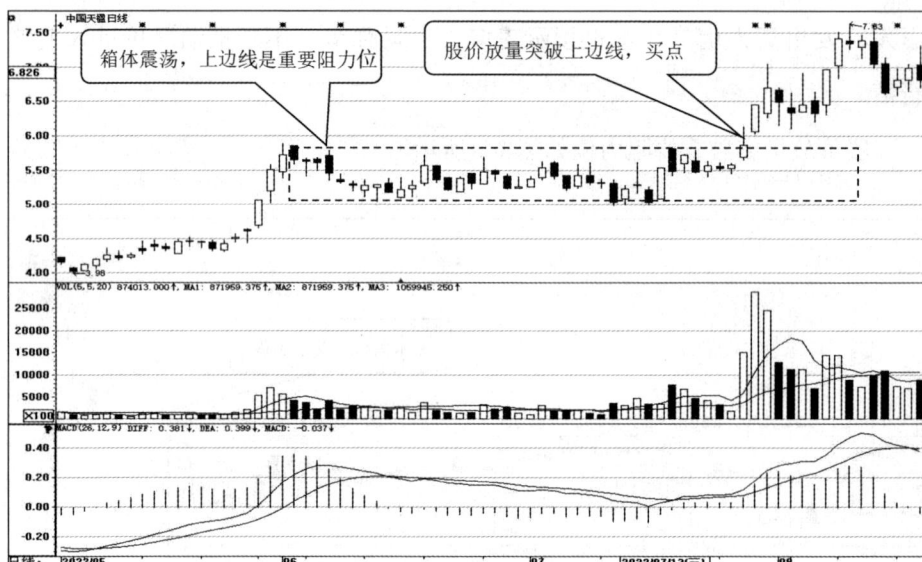

图3-9　中国天楹日K线

实战提高

1．股价放量突破重要阻力位后，阻力位变为支撑位。投资者可将止损位设置为支撑位，一旦股价跌破支撑位，短线投资者应卖出股票。

2．重要阻力位越难突破，阻力信号越强，当股价放量突破时，股价上涨动能也就越强势。

3．股价突破重要阻力位时，其成交量越大，当日涨幅越大，则其后市上涨越猛烈。

买点23　低位第一根放量大阳线：大阳线处买入

● 技术特征

1. 股价见底，出现底部整理，此时在低位出现的第一根大阳线，同时伴有成交量的放大，即为低位第一根放量大阳线。

2. 低位第一根放量大阳线往往出现在上涨行情初期，表示多方力量集中爆发，上方的套牢盘逐渐被消化，未来股价可能会持续上涨。

低位第一根放量大阳线如图3-10所示。

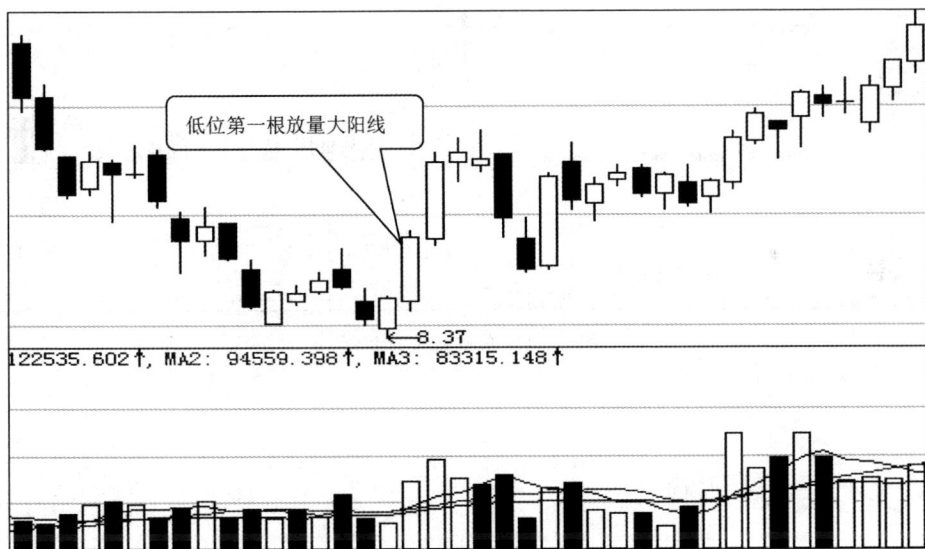

低位第一根放量大阳线

←8.37

122535.602↑, MA2: 94559.398↑, MA3: 83315.148↑

图 3-10　低位第一根放量大阳线

● 买点出击

当股价见底回升，开始在低位震荡整理，直至出现第一根放量大阳线时，买点出现，投资者可以积极买入股票。

● 经典案例

如图3-11所示，东旭蓝天（000040）的股价经过短期低位震荡整理后，于2023年1月5日出现了低位第一根放量大阳线的走势。这表明市场进入加速上涨行情，买点出现。此时投资者可以伺机买入股票。

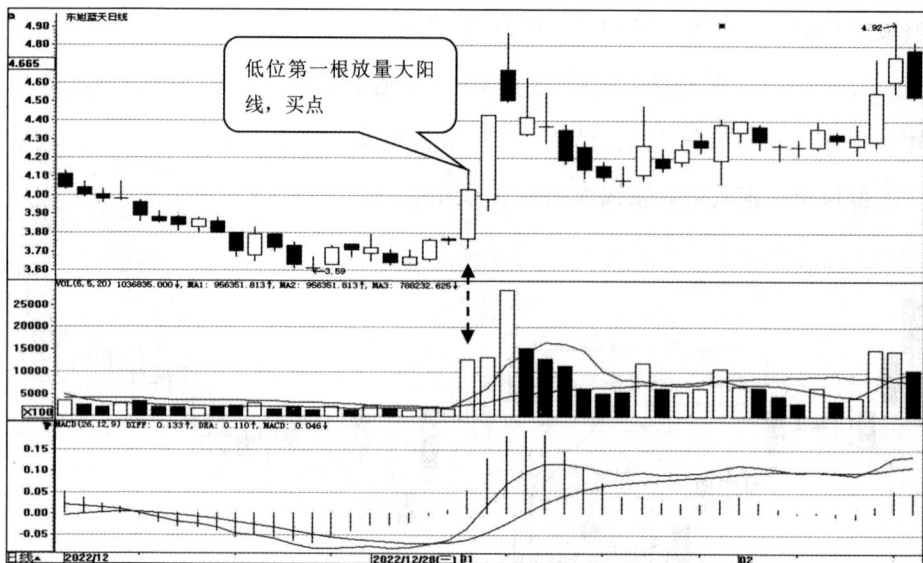

图3-11 东旭蓝天日K线

🍀 实战提高

1. 股价在低位震荡整理的时间越长，说明多空转换越充分，而低位第一根放量大阳线的看涨信号也就越强烈。

2. 低位第一根放量大阳线的成交量越大，涨幅越大，则其后市看涨的信号也就越强烈。

3. 投资者在低位第一根放量大阳线处买入股票后，应将止损位设置在大阳线实体的1/2处，一旦股价跌破此价位，投资者应尽快卖出股票。

买点24　5日均量线与股价底背离：价量齐升时买入

● 技术特征

1. 当股价下跌至低位时，成交量减少。市场由多空双方不看好后市，逐渐转变为多空分歧加大，成交量逐渐放大。

2. 在5日均量线与股价底背离走势中，5日均量线呈现上升走势，而股价呈现下跌走势，二者之间呈现背离。因为股价是在不断创新低，所以称为底背离。

3. 5日均量线与股价底背离往往发生在底部震荡行情中，表明空方力量仍旧强势，打压股价进入新的低点。5日均量线不断创新高表明多方力量逐渐聚集，多空双方分歧加大，成交量放大。这也就说明了多方力量的逐渐增强，后市若有多方力量介入，股价将进入上涨行情。因此，这是一个看涨信号。

5日均量线与股价底背离如图3-12所示。

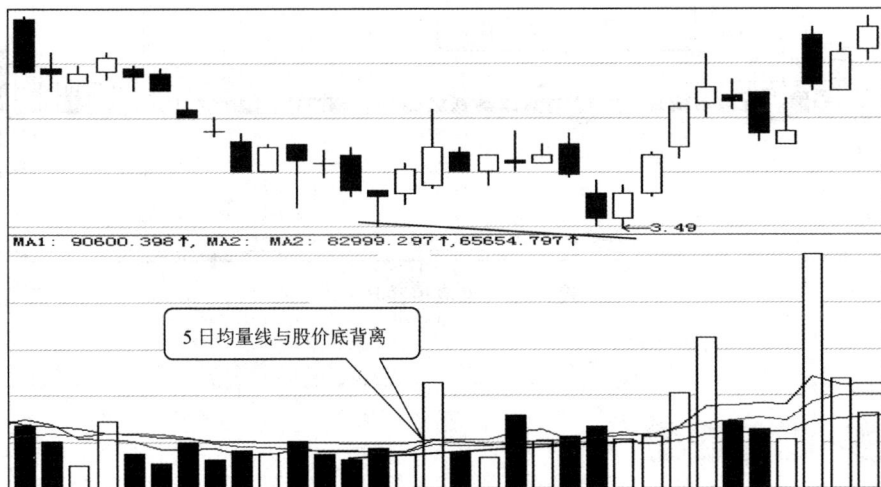

图3-12　5日均量线与股价底背离

● 买点出击

在5日均量线与股价底背离后，如果出现价量齐升，表示多方力量入场，股价将进入上涨行情。此时买点出现，投资者可以积极买入股票。

● 经典案例

如图3-13所示，2022年9月底至11月初，皇庭国际（000056）的股价与5日均量线形成底背离的形态，这表明市场已经见底，后市若有多方力量入场，股价将进入上涨行情。之后，股价缓缓上涨。11月9日，股价加速上涨，成交量明显放大，形成价量齐升的形态，买点出现。

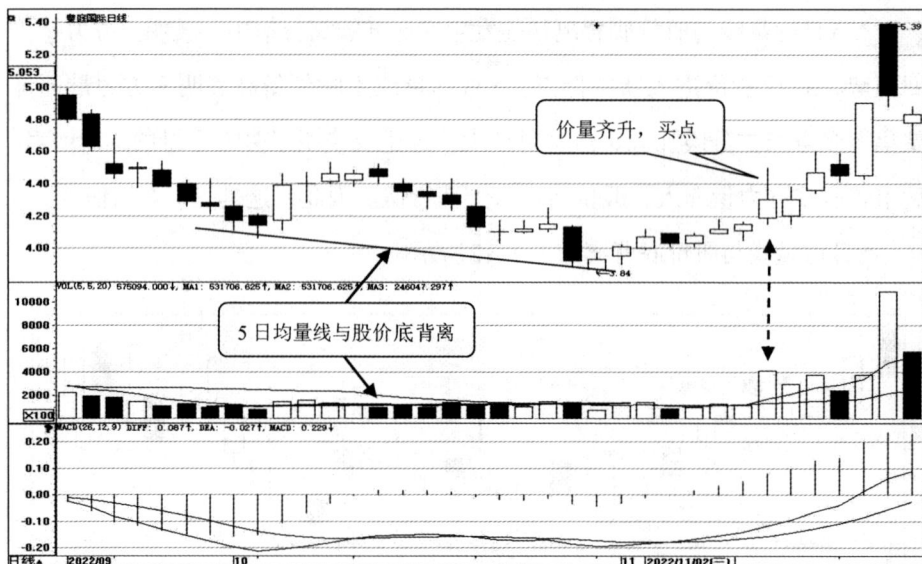

图3-13　皇庭国际日 K 线

🍀 实战提高

1. 5日均量线与股价底背离，说明新的多方力量在底部买入筹码，往往是主力在筑底的信号。

2. 在价量齐升时，成交量越大，说明看多后市的投资者越多，股价的涨势也就越猛烈。

第 4 章

MACD 指标的买点

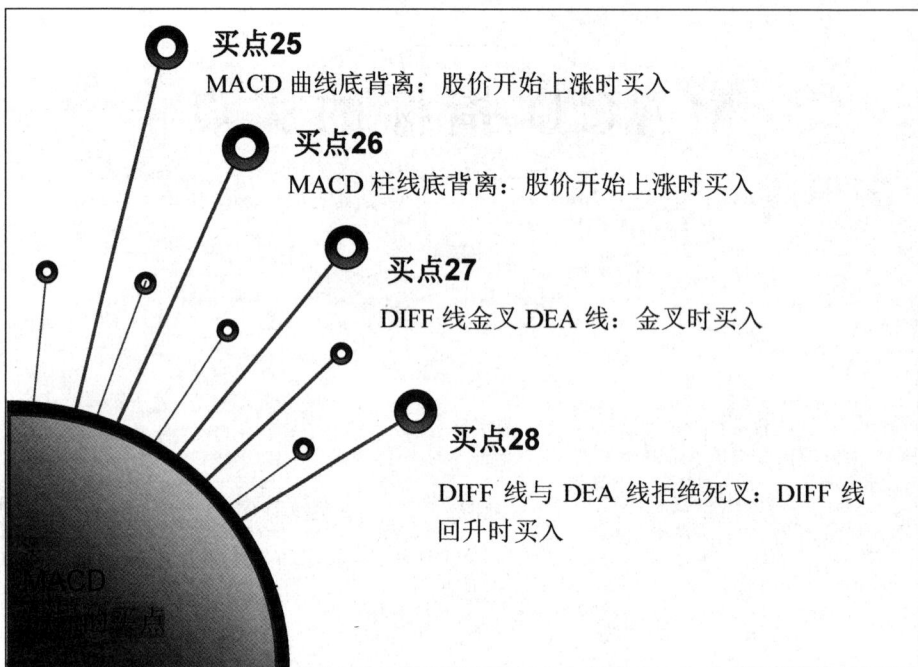

买点25

MACD 曲线底背离：股价开始上涨时买入

买点26

MACD 柱线底背离：股价开始上涨时买入

买点27

DIFF 线金叉 DEA 线：金叉时买入

买点28

DIFF 线与 DEA 线拒绝死叉：DIFF 线回升时买入

MACD

指标概览

MACD指标是指数平滑移动平均线指标的简称，是一种趋向型技术指标。MACD指标由两条曲线和一组红绿柱线构成。两条曲线中，波动较快的是DIFF线，波动较慢的是DEA线（见图4-1）。

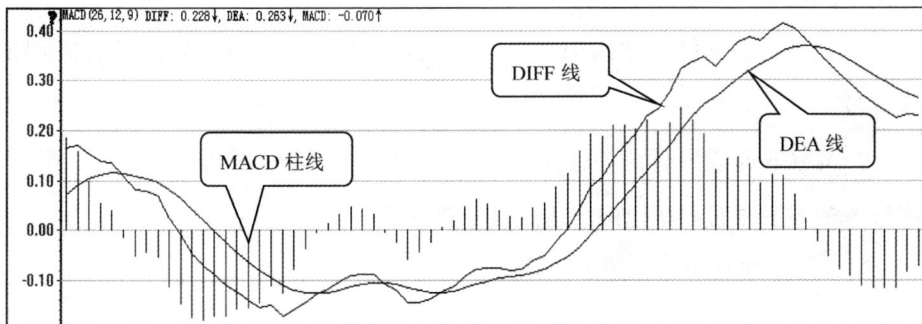

图 4-1　MACD 指标

MACD指标中的DIFF线表示收盘价短期、长期指数平滑移动平均线间的差。DEA线表示DIFF线的n日指数平滑移动平均线。当DIFF线和DEA线都大于零时，说明市场正处于多方主导的上涨行情。当二者都小于零时，市场则处于空方主导的下跌行情。

MACD柱线表示DIFF线与DEA线的差，该差值为正时，表现为红色柱线，说明多方力量强势。该差值为负时，则为绿色柱线，说明空方力量强势。

买点 25　MACD 曲线底背离：股价开始上涨时买入

● **技术特征**

1. MACD 曲线背离也就是指 DIFF 线背离。MACD 曲线底背离是指当股价下跌至低位时，接连形成两个底部，这两个底部呈现下跌走势。此时 DIFF 线却呈现上升走势。

2. 在 MACD 曲线底背离中，第二个底的成交量要较第一个底的成交量略显放量。

3. MACD 曲线底背离往往出现在下跌行情中，表示股价将要见底，后市将进入多方主导的上涨行情。这是一个看涨信号。

MACD 曲线底背离如图 4-2 所示。

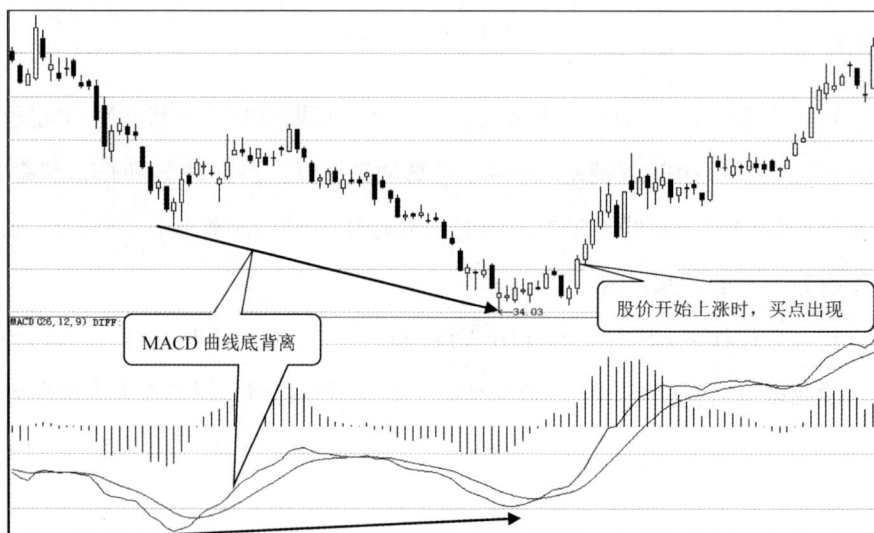

图 4-2　MACD 曲线底背离

● **买点出击**

当出现 MACD 曲线底背离时，说明股价见底，若之后股价开始上涨，表示多方力量入场，买点出现，此时投资者可以买入股票。

● 经典案例

如图 4-3 所示，农产品 (000061) 的股价经过一波下跌走势后，于 2022 年 3 月中旬出现了 MACD 曲线底背离的走势，这表示股价见底，后市若有多方力量介入，股价将进入上涨行情。

3 月 21 日，底背离后该股股价开始放量大涨。此时多方力量入场，买点出现，投资者可以积极买入股票。

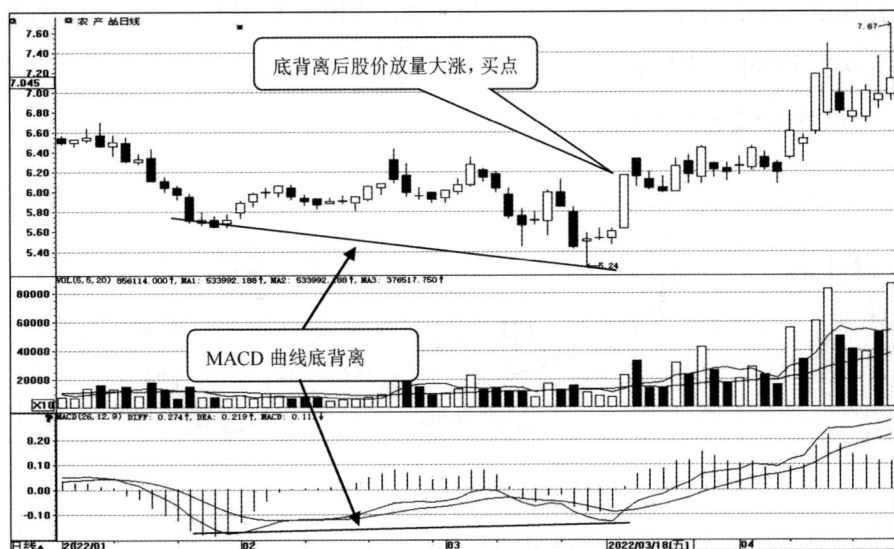

图 4-3　农产品日 K 线

实战提高

1．在下跌行情中出现 MACD 底背离时，投资者不可冒进，因为在弱势行情中，股价难见逆转。投资者切记要等买点出现时再买入股票。

2．在股价开始上涨时，其涨幅越大，则后市的看涨信号也就越强烈。

3．在 MACD 的两个底部中，第二个底部的成交量越大，则其后市看涨的信号也就越强烈。

买点26 MACD柱线底背离：股价开始上涨时买入

● 技术特征

1. MACD柱线底背离是指随着股价的逐渐下跌，MACD柱线却呈现出逐渐上升的走势。

2. MACD柱线底背离往往发生在下跌行情末期，表示随着股价的下跌，空方动能逐渐减弱，多方动能逐渐增强，但是空方仍然主导着市场的下跌行情，这是股价见底的信号。而一旦股价开始上涨，则说明多方胜过空方，股价即将进入多方主导的上涨行情。

MACD柱线底背离如图4-4所示。

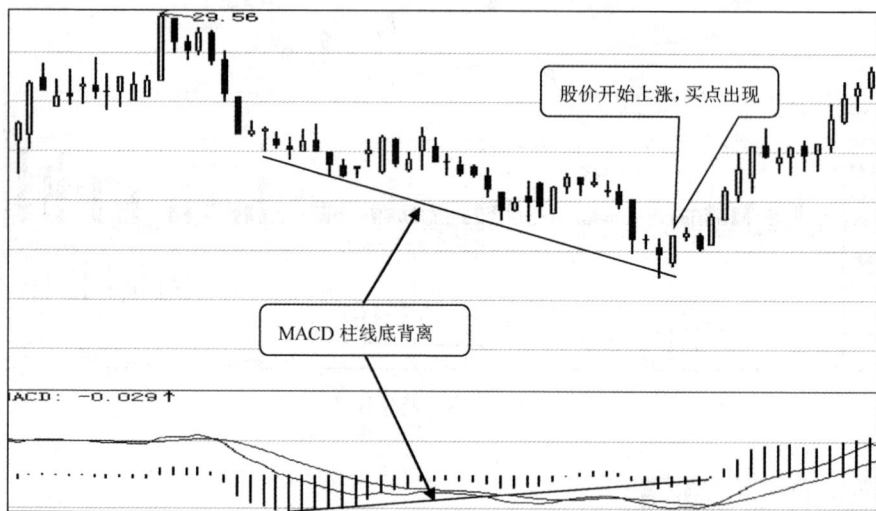

图4-4 MACD柱线底背离

● 买点出击

当出现MACD柱线底背离后，股价开始上涨，说明买点出现，此时投资者可以买入股票。

● 经典案例

　　如图4-5所示，中国长城（000066）的股价经过一波下跌后，于2022年9月中旬出现了MACD柱线与股价底背离的走势，这表明股价见底，后市若有多方力量介入，股价将会上涨。

　　在MACD柱线底背离出现之后，10月12日，股价开始大幅放量上涨，此时买点出现，投资者可以积极买入股票。

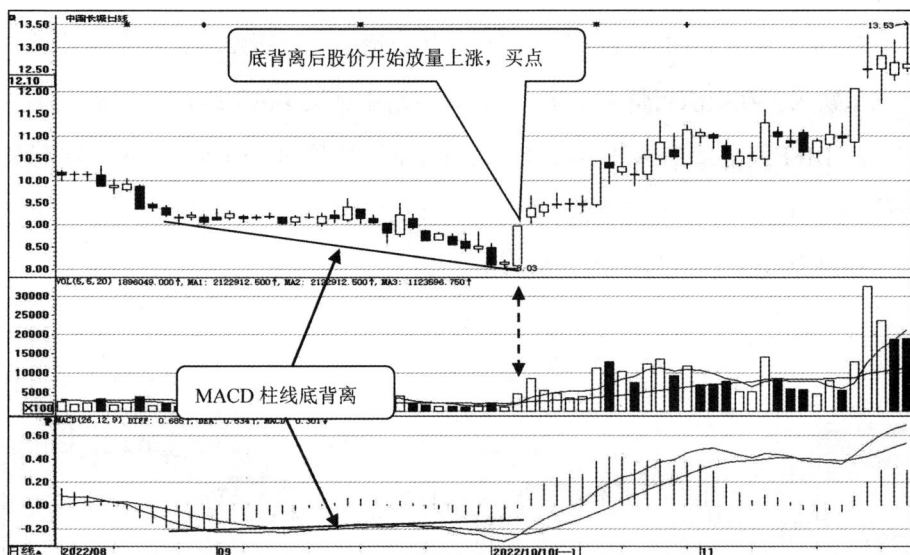

图4-5　中国长城日K线

实战提高

　　1．在MACD柱线底背离中，MACD柱线变短得越快，则其形成的底背离的看涨信号也就越强烈。

　　2．当MACD柱线底背离后，如果股价开始上涨，其柱线由绿色变为红色，则其后市的看涨信号更加强烈。

　　3．如果MACD柱线与股价底背离的同时，成交量极度萎缩，底背离完成后成交量又逐渐放大，则该形态的看涨信号会更加强烈。

买点27 DIFF线金叉DEA线：金叉时买入

● 技术特征

1. DIFF线由下向上突破DEA线的走势即为DIFF线金叉DEA线。

2. DIFF线金叉DEA线可能出现在零轴上方，或零轴下方，还有可能出现在零轴上。

3. DIFF线金叉DEA线可以出现在任何行情中。其所发出的看涨信号由强到弱依次为：在上涨行情中金叉>在震荡行情中金叉>在下跌行情中金叉。

4. DIFF线金叉DEA线表示多方力量强势，股价即将进入多方主导的上涨行情。

DIFF线金叉DEA线如图4-6所示。

图4-6 DIFF线金叉DEA线

● 买点出击

当DIFF线金叉DEA线时，买点出现，此时投资者可以买入股票。

● 经典案例

如图 4-7 所示，华控赛格（000068）的股价经过缓慢爬升后，于 2023 年 7 月 3 日出现了 DIFF 线金叉 DEA 线的走势，这表明多方力量开始主导市场行情，并发出买入信号。投资者要注意把握这个买点。

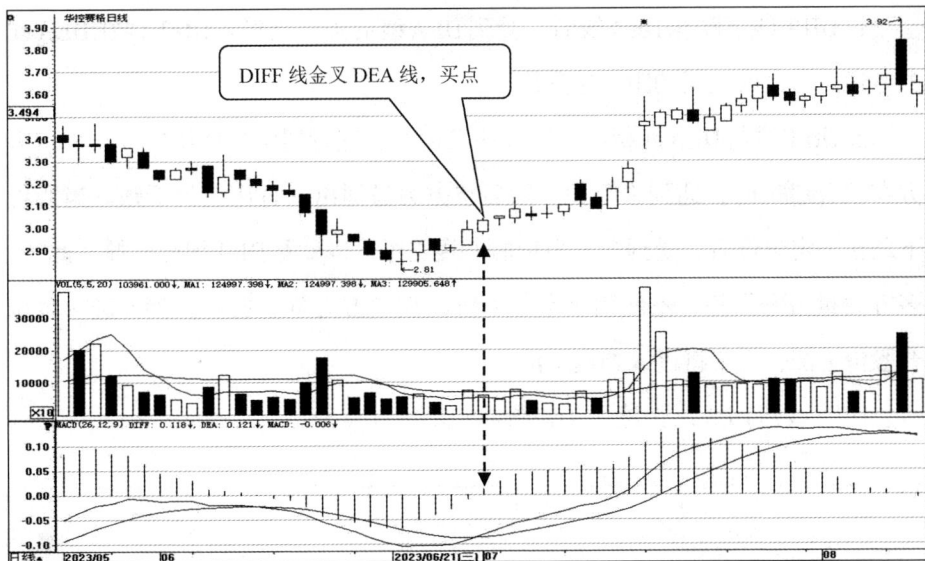

图 4-7　华控赛格日 K 线

📖 实战提高

1．在 DIFF 线金叉 DEA 线时，若股价整体上涨幅度不大，则金叉后，后市看涨的信号更加强烈。

2．如果金叉出现在零轴下方很低的位置，意味着多方虽然暂时胜过空方，但股价的上涨行情还没有展开。此时投资者买入股票要面临一定的风险。

3．如果金叉的同时成交量逐步放大，则是对多方力量增强的验证。这样的情况下该买点会更可靠。

买点28　DIFF线与DEA线拒绝死叉：DIFF线回升时买入

● 技术特征

1. DIFF线下跌至DEA线时，受到DEA线的强烈支撑。DIFF线在DEA线上方运行，二者之间的距离逐渐拉开。

2. DIFF线与DEA线拒绝死叉往往发生在上涨行情中的回调阶段，表示多方在拉升股价时，遇到强阻力，随后空方力量涌出，打压股价下跌。当股价下跌至一定价位后，受到多方力量的强烈支撑，也就是DEA线的支撑。此时，多方力量占据强势，不断消化空方力量，当空方力量衰弱后，多方进一步拉升股价上涨，后市将进入加速上涨行情。

DIFF线与DEA线拒绝死叉如图4-8所示。

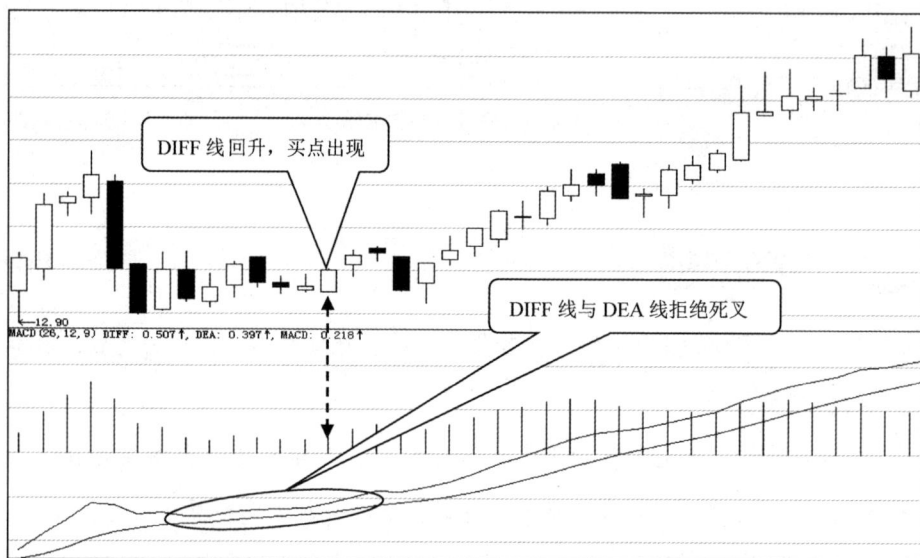

图4-8　DIFF线与DEA线拒绝死叉

● 买点出击

在DIFF线与DEA线拒绝死叉之后，DIFF线回升时，买点出现，此时投资者可以积极买入股票。

● 经典案例

如图4-9所示，广聚能源（000096）的股价经过一波爬升后，于2022年10月底出现了DIFF线与DEA线拒绝死叉的走势，这表示多方力量强势，在此阶段慢慢消化空方力量，预示股价即将进入加速上涨行情。

11月1日，广聚能源的DIFF线放量回升。此时买点出现，投资者可以积极买入股票。

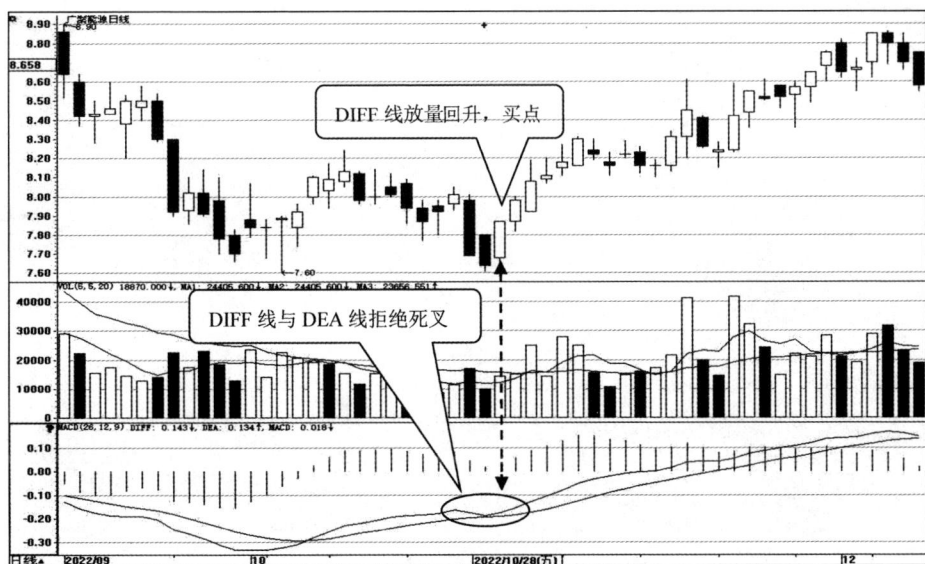

图4-9　广聚能源日K线

🍀 实战提高

1. 如果DIFF线与DEA线拒绝死叉之前，股价的整体涨幅不大，则拒绝死叉之后，股价将进入加速上涨行情。

2．这种MACD指标拒绝死叉的形态只有出现在上涨行情中才是有效的看涨信号。如果在股价下跌行情中DIFF线与DEA线拒绝死叉，仅能够表示多方有一次小规模反抗，股价短期内可能小幅回升，但长期来看下跌行情还将继续。

3．如果在DIFF线向DEA线靠拢的同时，成交量逐渐萎缩，而DIFF线获得有效支撑后成交量再次放大，则是空方动能不足的验证。这样的情况下该形态的看涨信号更强烈。

第 5 章

——

KDJ 指标的买点

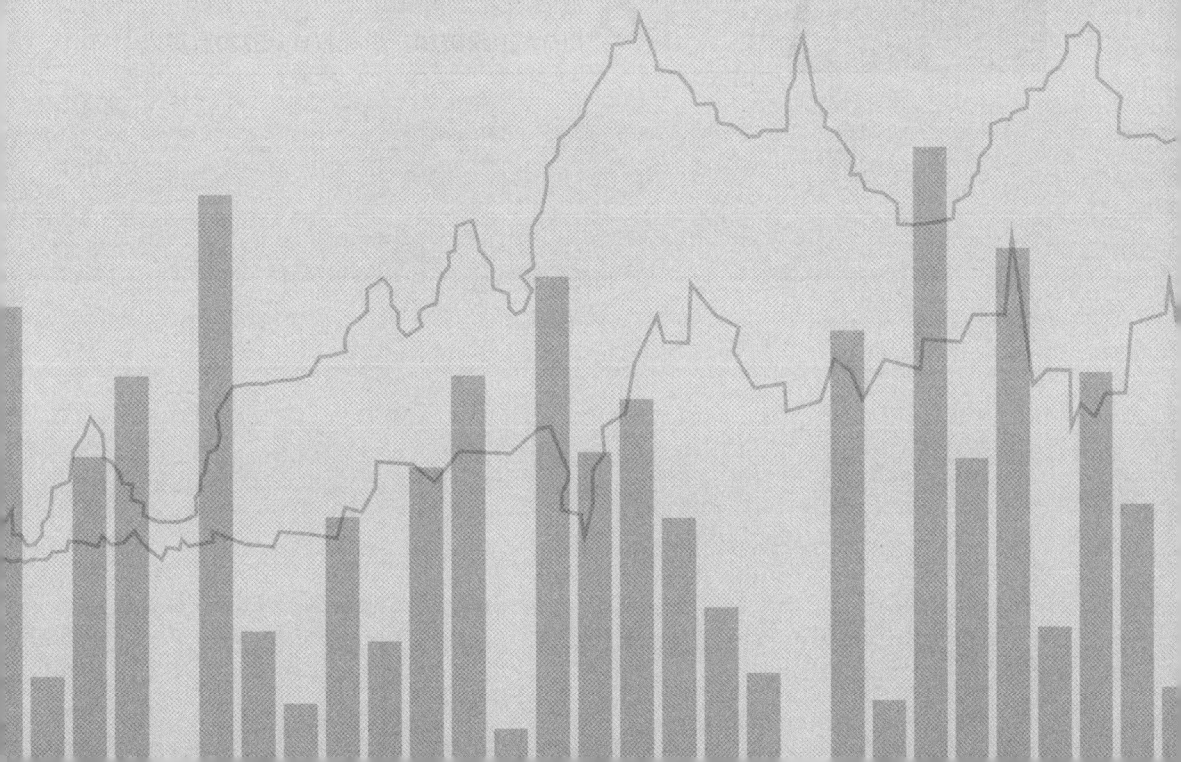

——

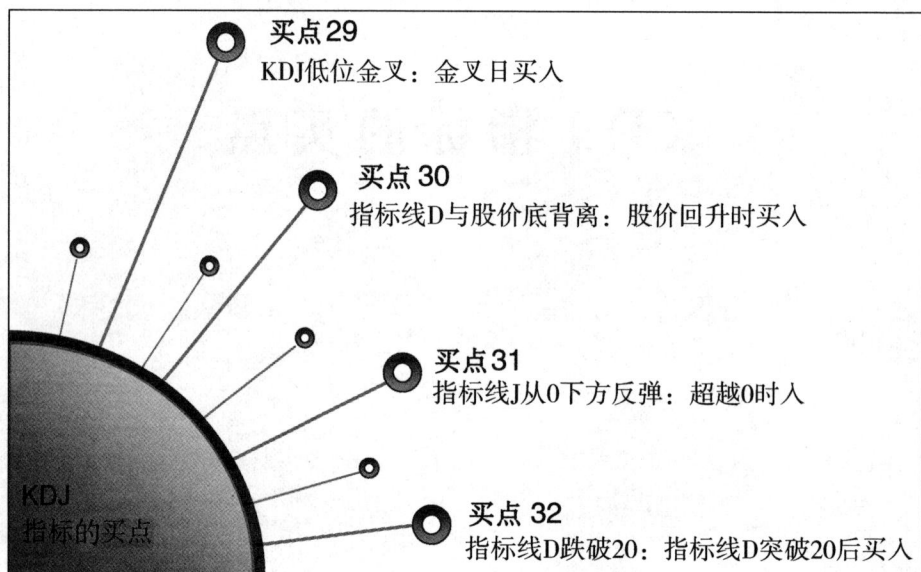

买点 29
KDJ低位金叉：金叉日买入

买点 30
指标线D与股价底背离：股价回升时买入

买点 31
指标线J从0下方反弹：超越0时入

买点 32
指标线D跌破20：指标线D突破20后买入

KDJ
指标的买点

指标概览

KDJ 指标即随机指标，是反映超买超卖型的一种技术指标。KDJ 指标由三条曲线组成，分别是指标线 K、指标线 D、指标线 J。这三条曲线中波动最快的是指标线 J，指标线 K 次之，指标线 D 的波动最为缓慢（见图 5-1）。

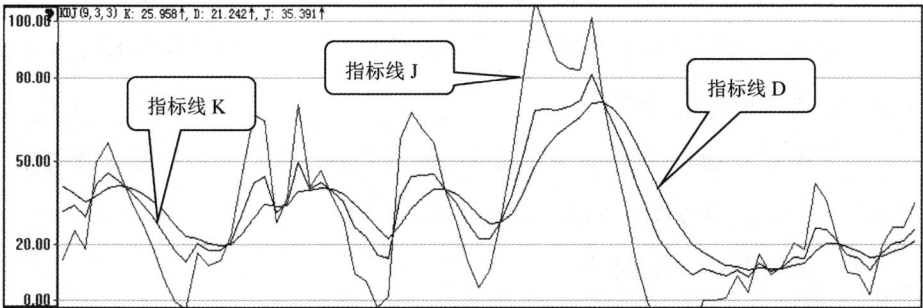

图 5-1　KDJ 指标

指标线 D 大于 80 时，说明股价处于超买，指标线 D 小于 20 时，说明股价处于超卖。指标线 J 大于 100 时，说明股价处于超买；指标线 J 小于 0 时，说明股价处于超卖。

当 KDJ 指标的交叉发生在 30 以下时，为指标金叉，说明指标处于上涨趋势。当交叉发生在 70 以上时，为指标死叉，说明指标处于下跌趋势。

买点29　KDJ低位金叉：金叉日买入

● 技术特征

1. KDJ金叉是指指标线K在20附近向上穿叉指标线D，指标线J在20附近向上穿叉指标值K和指标线D，而指标线D也在20附近向上。

2. KDJ指标金叉往往发生在20附近，此时，其发出的上涨信号最强烈。

3. KDJ金叉可能发生在任何行情中，但只有在股价低位时的KDJ金叉，其发出的上涨信号更为可靠。

4. KDJ低位金叉表示多方力量短期买入明显，股价即将拉起一波上涨，发出买入信号，短线投资者可以买入股票。

KDJ低位金叉如图5-2所示。

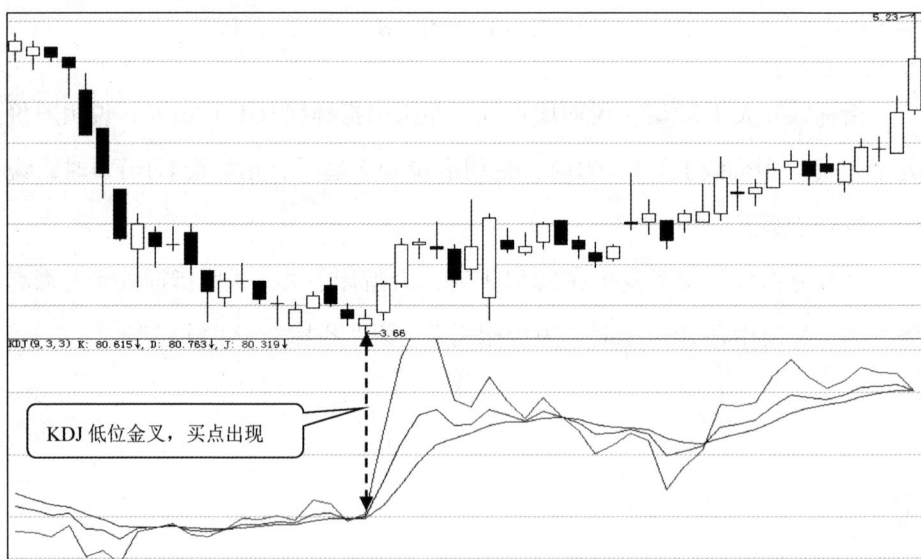

图5-2　KDJ低位金叉

● 买点出击

KDJ指标低位金叉形态形成时，买点出现，投资者可以买入股票。

● 经典案例

如图 5-3 所示，中信海直（000099）的股价经过一波下跌后，2023 年 4 月 28 日，KDJ 出现了低位金叉的形态（金叉出现在 20 附近），这表明多方力量在强势拉升股价，由此发出上涨信号，预示着股价即将进入上涨行情。这时，投资者可以买入股票。

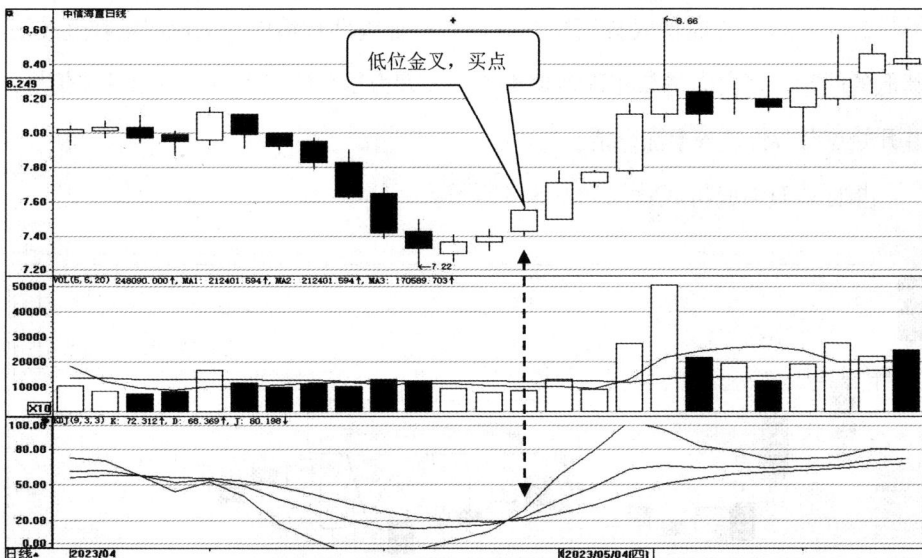

图 5-3　中信海直日 K 线

实战提高

1. KDJ 指标在低位金叉时，如果其金叉日的 K 线形态同时发出看涨信号，则其低位买入信号更加强烈。

2. KDJ 低位金叉发生在 20 附近时最为可靠，发生在 50 附近时，往往不是买卖信号。

3. 如果指标线 K 在低位金叉指标线 D 的同时成交量迅速放大，则该形态的看涨信号就更加强烈。

买点30　指标线D与股价底背离：股价回升时买入

● 技术特征

1. 股价经过一波下跌行情后，在底部出现震荡筑底的过程中，股价连创新低的同时，指标线D却创出新高。

2. 指标线D与股价底背离往往发生在底部震荡行情中，表示股价在逐波创新低的同时，多方力量却在逐渐聚集。当多方力量足够强大时，发出看涨信号，并开始拉升股价进入上涨行情。

指标线D与股价底背离如图5-4所示。

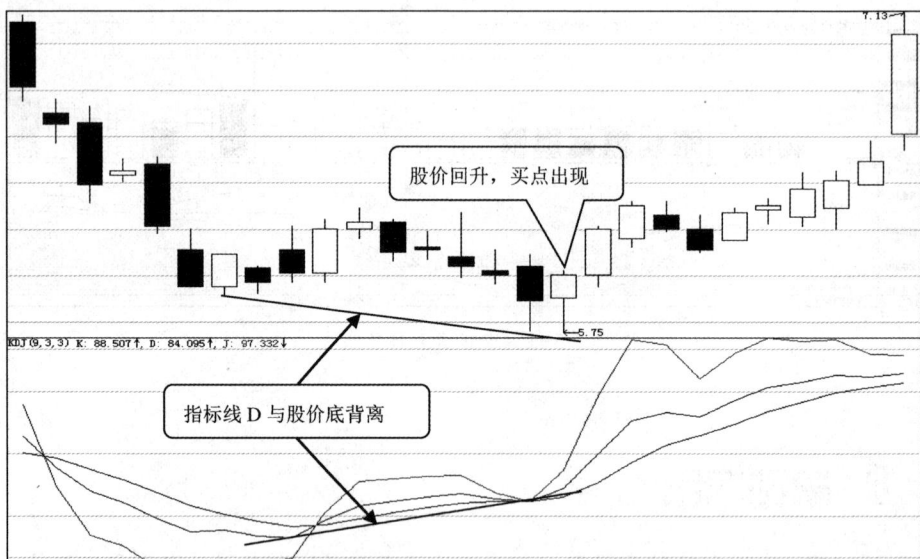

图5-4　指标线D与股价底背离

● 买点出击

在指标线D与股价底背离后，若后市股价明显回升，则买点出现，投资者可以买入股票。

● 经典案例

如图 5-5 所示, 潍柴动力（000338）的股价经过一波下跌, 在底部夯实筑底后, 于 2022 年 10 月底至 11 月初, 出现了指标线 D 与股价底背离的形态。这表示多方力量在底部吸筹, 上涨动能正在集聚, 后市大概率上涨。

11 月 1 日, 底背离后, 股价大幅放量上涨, 同时 K 线也形成启明星的看涨形态。多个看涨信号同时出现, 股价上涨概率大增。此时买点出现, 投资者可积极买入股票。

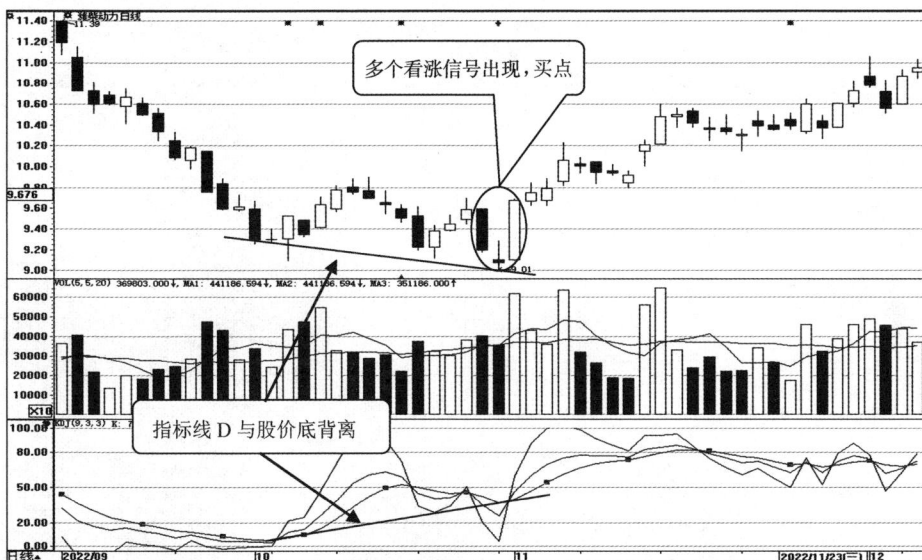

图 5-5 潍柴动力日 K 线

🎋 实战提高

1. 指标线 D 在 20 位置以下与股价发生底背离走势时, 其看涨信号要更强烈一些。

2. 在指标线 D 与股价底背离走势中, 如果第二个底部的成交量较第一个底部放大，则其看涨信号更加强烈。

3. 在股价震荡下跌过程中，如果下跌时缩量，而反弹时放量，则该形态的看涨信号会更加可靠。反之，投资者则应该谨慎操作。

买点 31 指标线 J 从 0 下方反弹：超越 0 时买入

● **技术特征**

1. 随着股价的下跌，指标线 J 率先跌至 0 下方，此时，股价继续下跌。指标线 J 在 0 下方徘徊一段时间后，伴随着指标线 J 的反弹，股价也出现反弹走势。

2. 指标线 J 从 0 下方反弹可以出现在任何行情中，表示空方力量已经衰竭，多方力量逐渐增强，多方力量即将拉升股价进入上涨行情。同时，多方发出看涨信号，买点即将出现。

指标线 J 从 0 下方反弹如图 5-6 所示。

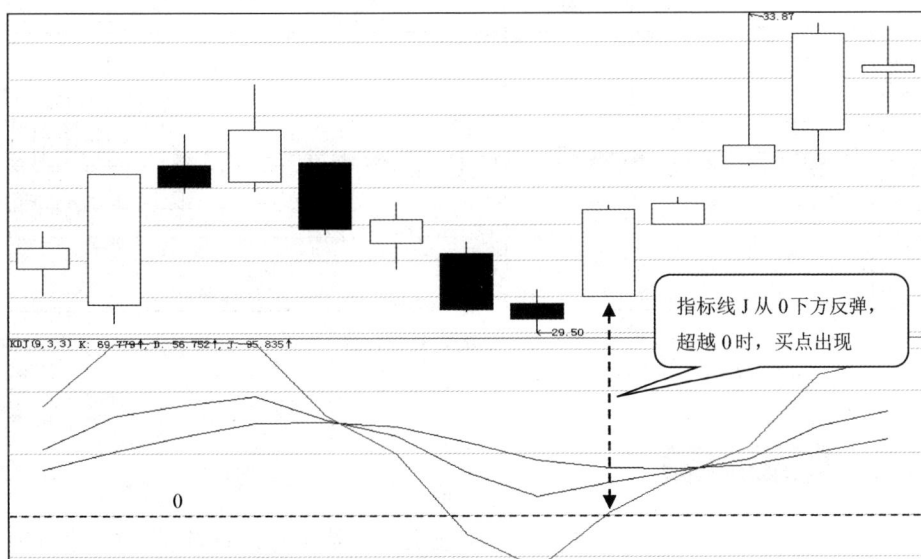

图 5-6 指标线 J 从 0 下方反弹

● **买点出击**

在指标线 J 从 0 下方反弹的走势中，只有当指标线 J 超越 0 时，买点才出现。此时投资者可以买入股票。

● 经典案例

如图5-7所示，合肥百货（000417）的股价经过一波下跌后，于2023年6月20日出现了指标线J跌至0下方的形态。这表示市场进入超卖状态，空方力量逐渐衰竭，多方力量开始增强。

6月28日，合肥百货的股价开始止跌企稳，其指标线J超越0，买点出现，此时投资者可以积极买入股票。

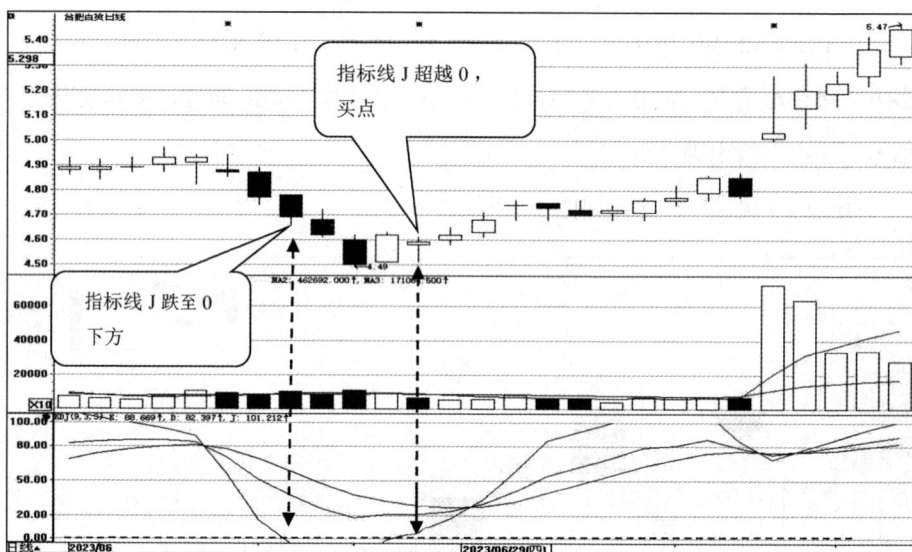

图5-7　合肥百货日K线

实战提高

1. 如果指标线J从0下方反弹发生在上涨行情中时，指标线J在0下方的时间越短，超越0越多，则其买入信号越强烈。

2. 如果指标线J突破0后并没有继续上涨，而是在底部持续整理，则是空方力量依旧强势的信号。此时投资者应及时卖出股票止损。

3. 如果在指标线J上涨的同时K、D两条指标线在低位发生金叉，则其发出的买入信号会更加强烈。

买点 32　指标线 D 跌破 20：指标线 D 突破 20 后买入

● **技术特征**

1. KDJ 指标中的指标线 D 跌破 20 时，股价可能处于震荡筑底行情，也可能处于下跌行情。但股价已经超卖，后市股价随时会上涨。

2. 指标线 D 跌破 20 往往发生在下跌行情后期，表示市场进入超卖状态，空方力量已经强盛到极致，面临后续力量不足的风险，股价继续下跌的空间已经很小，一旦多方力量增强，股价有望被持续拉升。因此，这是一个后市看涨信号。

指标线 D 跌破 20 如图 5-8 所示。随后，多方力量介入，拉升股价进入上涨行情。

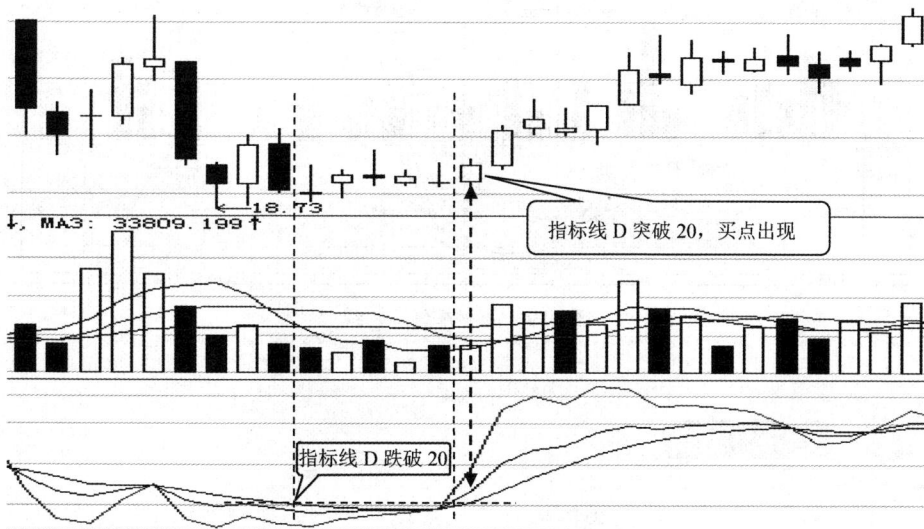

图 5-8　指标线 D 跌破 20

● **买点出击**

指标线 D 跌破 20 后，当指标线 D 突破 20 时，买点出现。此时投资者可以买入股票。

● 经典案例

如图5-9所示，兴业银锡（000426）的股价经过一波下跌后，于2023年5月10日至16日出现了指标线D跌破20的走势，这表示股价已经超卖，其继续下跌的空间已经很小，很可能反转向上。

5月17日，股价明显上涨，指标线D突破20。此时买点出现，投资者可以积极买入股票。

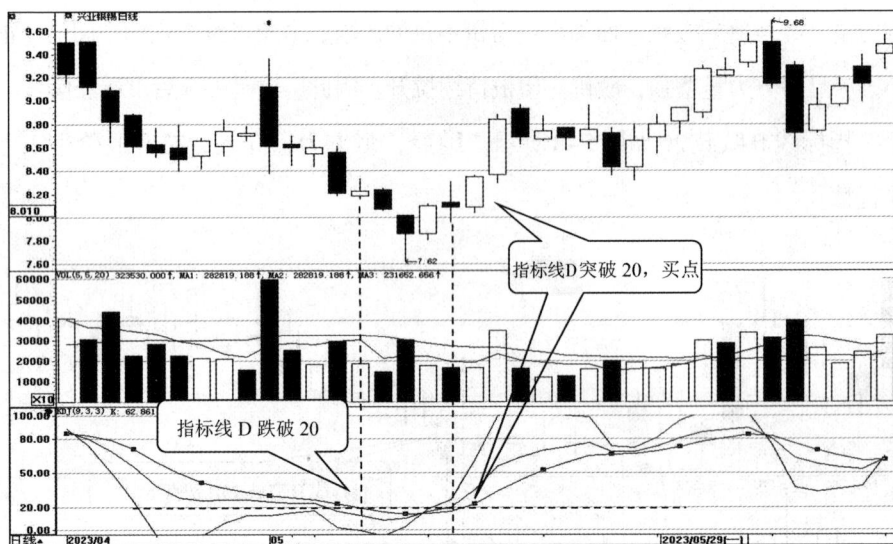

图5-9　兴业银锡日K线

🎁 实战提高

1．如果指标线D跌破20的同时成交量逐渐萎缩，而指标线D突破20的同时成交量再次放大，则该买点的上涨信号更加强烈。

2．如果指标线D跌破20后，股价处于横盘震荡行情的时间越长，说明多空转换越充分，当指标线D突破20时，其发出的买入信号越强烈。

3．当投资者据此买入股票后，应将止损位设置在指标线D跌破20时股价所处的最低价位。一旦股价跌破此价位，投资者应及时卖出股票。

第 6 章

RSI 指标的买点

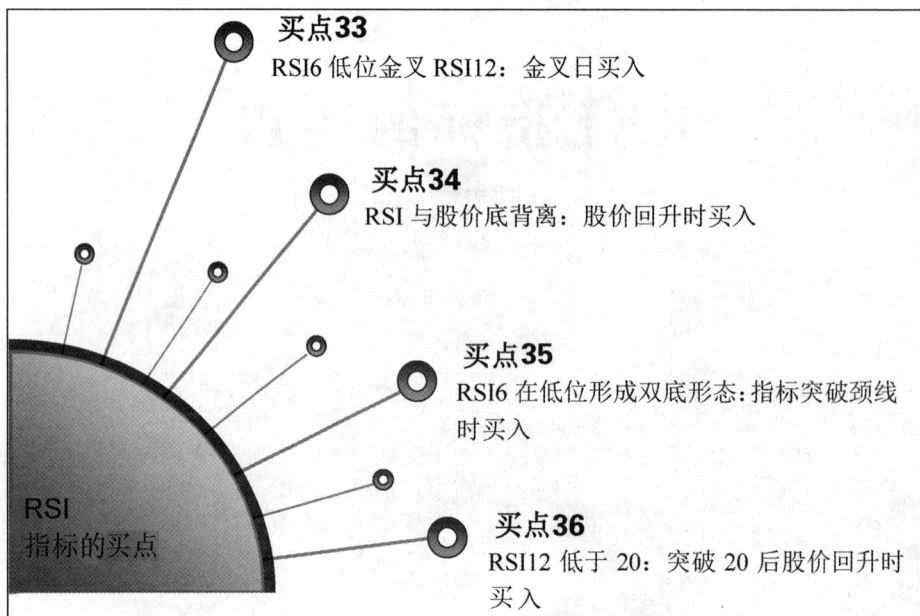

买点33

RSI6 低位金叉 RSI12：金叉日买入

买点34

RSI 与股价底背离：股价回升时买入

买点35

RSI6 在低位形成双底形态：指标突破颈线时买入

买点36

RSI12 低于 20：突破 20 后股价回升时买入

RSI
指标的买点

指标概览

RSI指标即相对强弱指标，是反映超买超卖的一种技术指标。RSI指标由三条不同周期的曲线组成。其中，波动最快的是RSI6、其次是RSI12、最后是RSI24（见图6-1）。

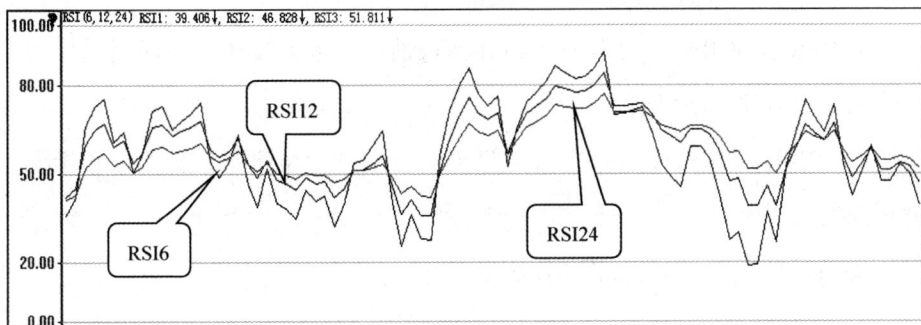

图6-1　RSI指标

RSI指标是根据股价或指数的涨跌幅度及波动情况显示市场强弱的一种技术分析指标。

在实战中，被用到最多的是RSI6。这是一个短线技术指标，适合分析较短周期内股价的走势。RSI6在较长周期的RSI12和RSI24上方时，说明股价正处于上涨行情。RSI6在较长周期的RSI12和RSI24下方时，说明股价正处于下跌行情。

买点33 RSI6低位金叉RSI12：金叉日买入

● 技术特征

1. RSI6从低位向上穿过RSI12，即RSI6低位金叉RSI12。在金叉形成时，股价往往呈现上涨的走势。

2. RSI6和RSI12同在50下方，且都是在上升中。

3. RSI6金叉RSI12可以发生在任何行情中，但是发生在下跌行情中时，其发出的信号往往不可信。

4. RSI6金叉RSI12表示空方力量衰竭，多方力量增强，拉升股价上涨，并由此发出买入信号。

RSI6低位金叉RSI12如图6-2所示。

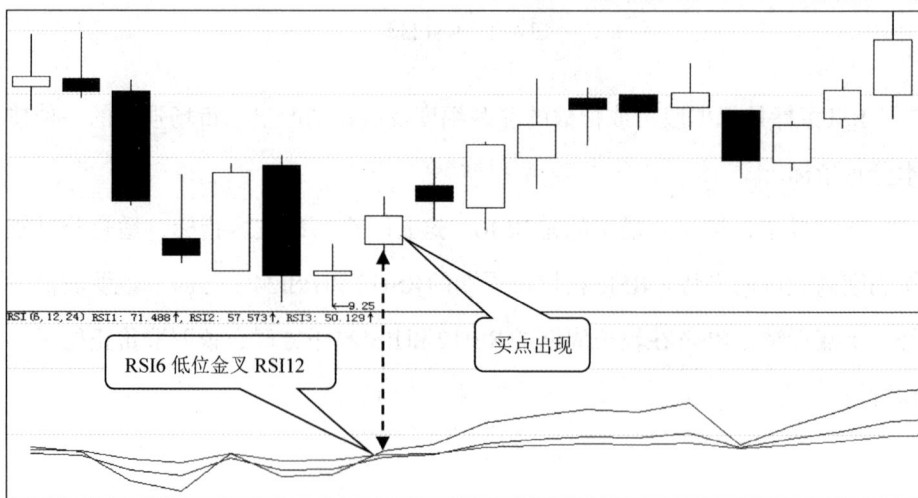

图6-2 RSI6低位金叉RSI12

● 买点出击

当RSI6低位金叉RSI12时，买点出现，此时投资者可以买入股票。

● **经典案例**

如图 6-3 所示，张家界（000430）的股价经过一波下跌走势后在底部企稳。2023 年 3 月 21 日，股价放量上涨，RSI 指标出现了 RSI6 低位金叉 RSI12 的形态，这表明多方力量开始拉升股价，发出买入信号。

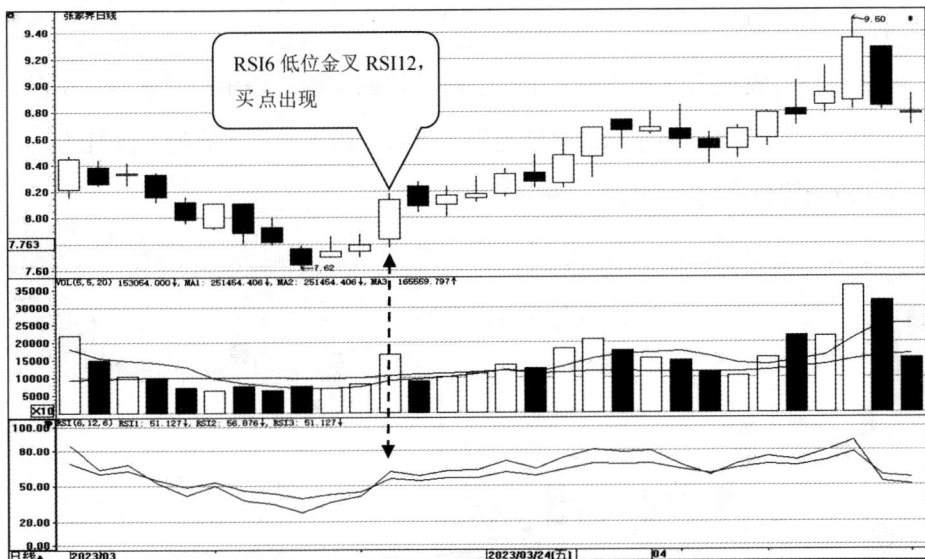

图 6-3　张家界日 K 线

实战提高

1. 如果 RSI6 突破 RSI12 后能继续上升，并且突破 RSI24，则该形态的看涨信号会更加强烈。如果 RSI6 未能有效突破 RSI24，反而遇阻回调，投资者就需要谨慎操作，此时可以先卖出一部分股票，轻仓观望。

2. 如果 RSI 金叉形态出现的同时成交量温和放大，则是对多方强势信号的确认。这样的情况下该形态的看涨信号就会更加强烈。

买点34　RSI与股价底背离：股价回升时买入

● 技术特征

1. 在股价连创新低的同时，RSI不仅没有创出新低，反而持续上涨，由此产生底背离走势。

2. RSI与股价底背离往往发生在下跌行情的末期，表示随着股价的下跌，空方动能逐渐衰竭，多方动能逐渐增强。后市将进入多方主导的上涨行情。

RSI与股价底背离如图6-4所示。

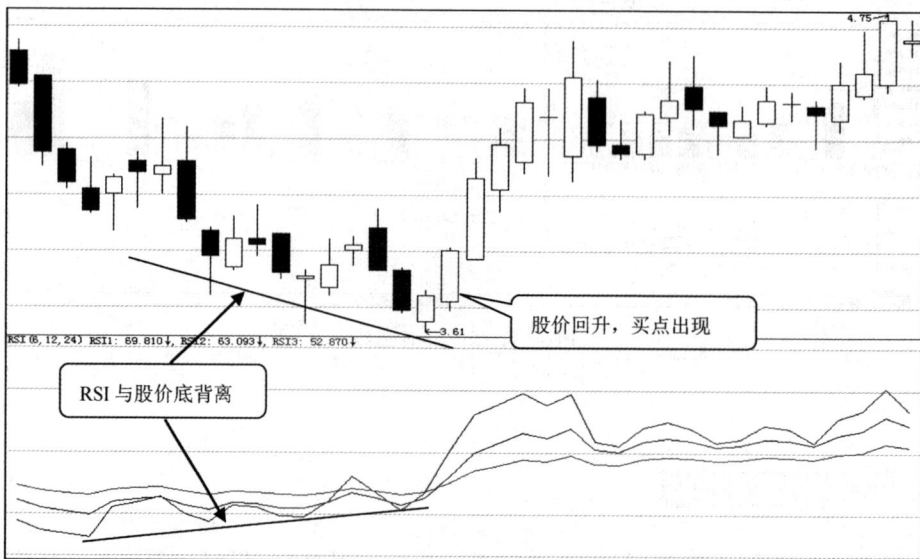

图6-4　RSI与股价底背离

● 买点出击

当RSI与股价产生底背离后，在股价回升时买点出现，此时投资者可以买入股票。

● 经典案例

如图 6-5 所示，顺钠股份（000533）的股价经过一波下跌后，于 2022 年 9 月至 10 月上旬出现了 RSI 与股价底背离的走势，这表明股价下跌动能减弱，多方力量开始增强。

2022 年 10 月 11 日，顺钠股份的股价开始上涨，同时 K 线形成看涨吞没形态。此时买点出现，投资者可以积极买入股票。

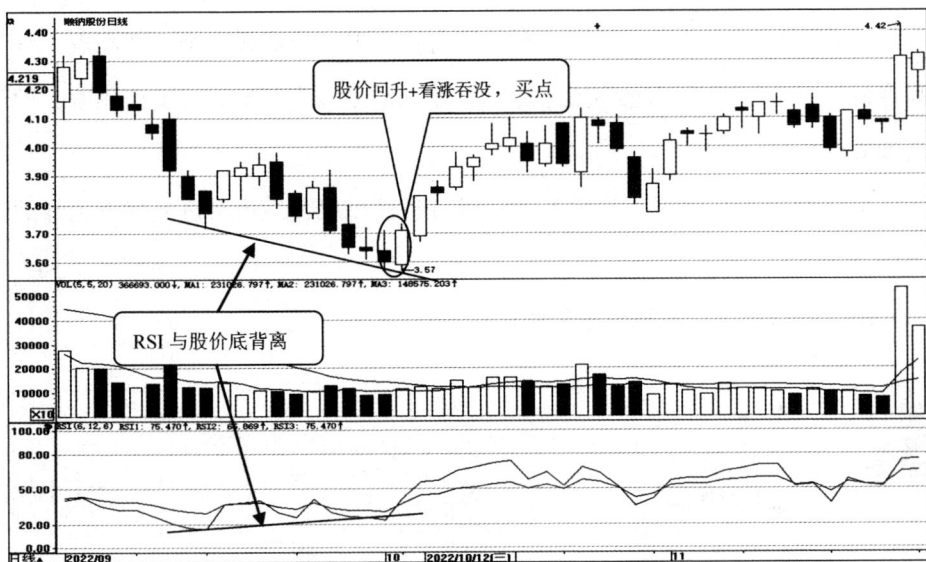

图 6-5　顺钠股份日 K 线

实战提高

1．如果股价连创新低时成交量逐渐放大，说明有越来越多的资金开始买入股票。这样的情况下 RSI 与股价底背离形态的看涨信号会更加强烈。

2．第一次底背离时 RSI 指标所在的位置越低，该形态的看涨信号就会越强烈。

3．如果连续三次底背离完成后股价继续下跌，再次创出新低，投资者就应该将买入的股票卖出止损。

买点35　RSI6在低位形成双底形态：指标突破颈线时买入

● **技术特征**

1. RSI6两次跌至同一低位，形成双底形态。

2. RSI6每次下跌至同一低位时均会获得支撑并开始反弹。

3. 在两次反弹过程中，第一次反弹高度有限，会形成一个短期高点，该高点的水平直线即为双底形态的颈线。第二次反弹时如果RSI6突破颈线，即反弹成功。

4. RSI6在低位形成双底形态表示股价已经见底，后市将进入多方主导的上涨行情。

RSI6在低位形成双底形态如图6-6所示。

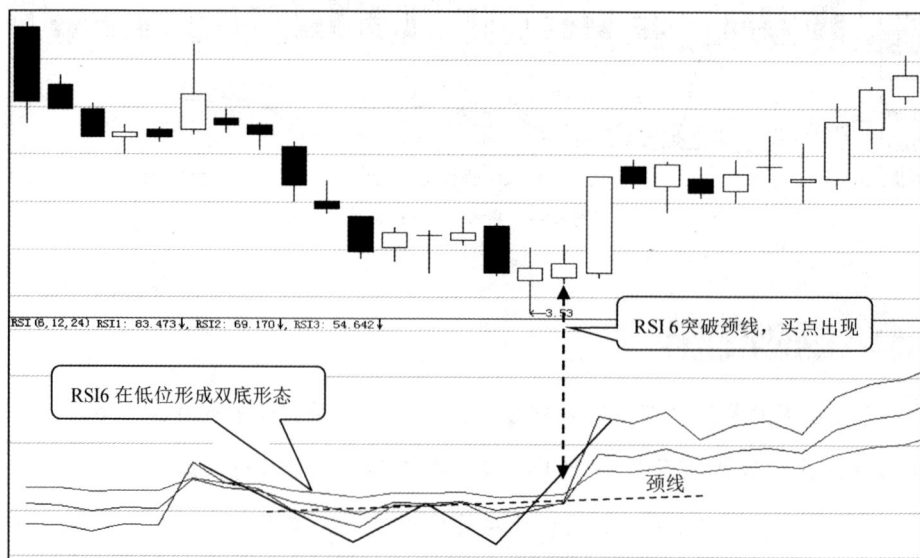

图6-6　RSI6在低位形成双底形态

● 买点出击

RSI6 在低位形成双底形态后，如果出现 RSI6 突破颈线，则买点出现，此时投资者可以积极买入股票。

● 经典案例

如图 6-7 所示，太极集团（600129）的股价经过一波下跌走势后，RSI6 于 2022 年 12 月底形成了双底形态。这表示股价已经见底，如果后市多方发力，股价将进入上涨行情。

12 月 27 日，太极集团的股价开始止跌企稳，同时 RSI6 向上突破双底形态的颈线，买点出现，投资者可以积极买入股票。

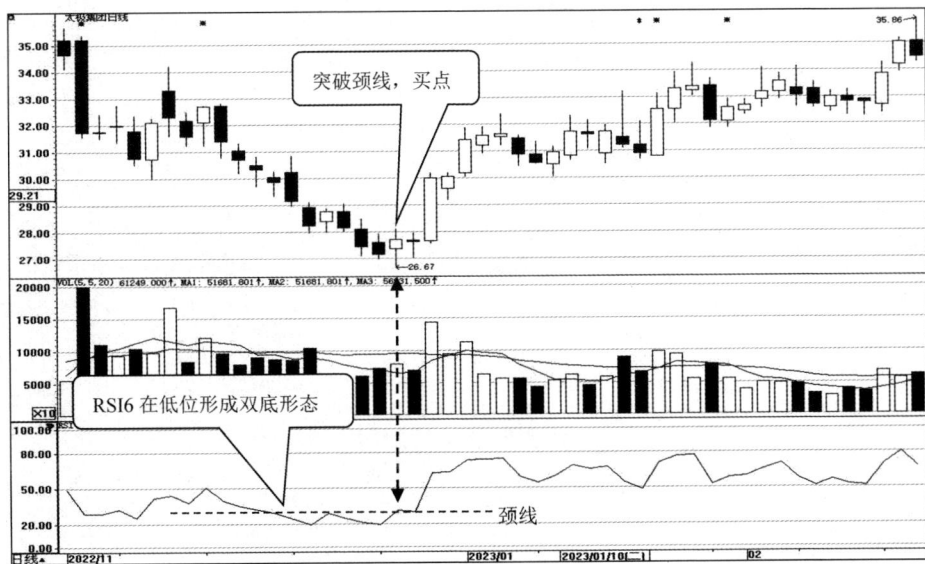

图 6-7　太极集团日 K 线

实战提高

1. 在双底的形成过程中，如果第一底的成交量萎缩，第二底的成交量放大，则验证了多方力量增强的信号，其买入信号也更加强烈。

2．如果 RSI6 突破颈线的同时 RSI12 也突破了前期高点，则该买入信号会更加强烈。

3．双底形态出现在 50 下方才是有效的看涨信号。如果其所处位置太高，未来股价的上涨空间可能十分有限。

4．RSI6 指标还可能出现三重底形态、头肩底形态。与双底形态类似，这些形态同样是看涨买入信号。

买点 36　RSI12 低于 20：突破 20 后股价回升时买入

● 技术特征

1. 在 RSI12 低于 20 时，股价已经跌至底部或者已经大幅下跌。这表示股价已经超卖，后市股价随时会上涨。

2. RSI12 低于 20 往往发生在下跌行情末期，表示市场进入超卖状态，空方力量已经强盛到极致，面临后续力量不足的风险，股价继续下跌的空间已经很小。一旦多方力量增强，股价有望被持续拉升。因此，这是一个后市看涨信号。

RSI12 低于 20 如图 6-8 所示。

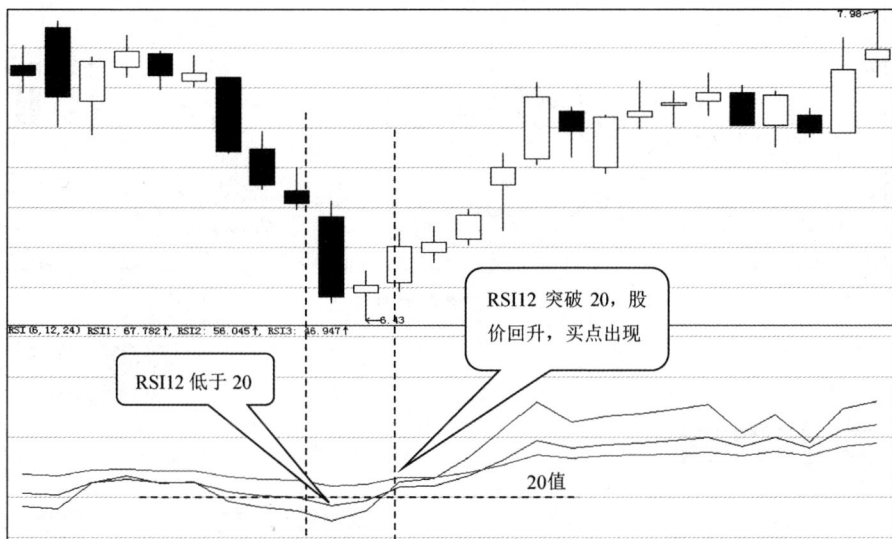

图 6-8　RSI12 低于 20

● 买点出击

在出现 RSI12 低于 20 后，如果 RSI12 突破 20，表明多方开始发力，股价进入上涨行情。此时买点出现，投资者可以买入股票。

● 经典案例

如图6-9所示，永泰能源（600157）的股价经过大幅下跌后，于2023年6月9日出现了RSI12跌破20的走势，这表明空方力量即将面临后续力量不足的情况，多方力量反而在聚集，股价后市随时会发生反转。

2023年6月15日，永泰能源的股价突然大幅放量上涨，同时K线形成看涨吞没形态，此时买点出现，投资者可以积极买入股票。

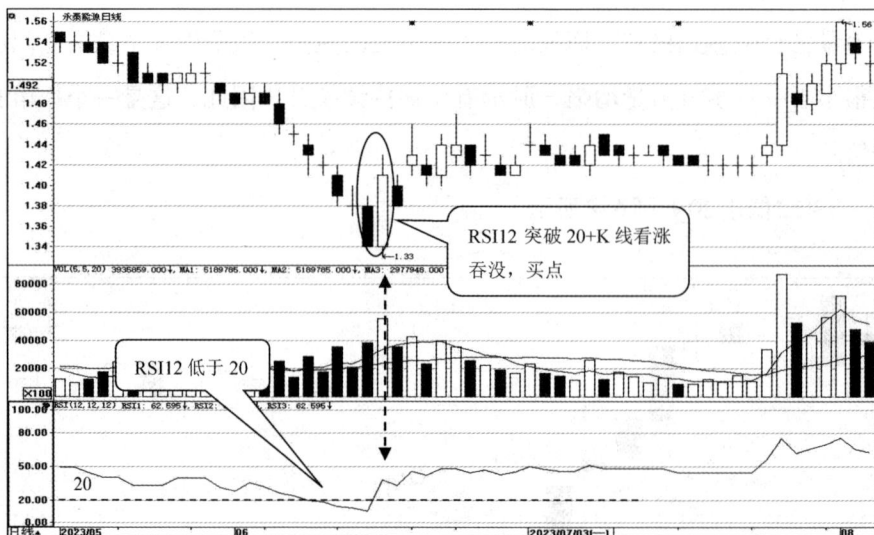

图6-9　永泰能源日K线

实战提高

1．如果RSI12跌破20时成交量萎缩，后面RSI12突破20时成交量放大，就验证了空方力量衰弱、多方力量复苏，买入信号更加强烈。

2．不同股票的超卖区间不同。对于波幅较小的股票，投资者可将超卖区间放大到0~25；对于波幅较大的股票，可以缩小到0~15。

3．一些大盘股会比较平稳，其RSI12指标可能不会发出超卖信号，投资者可以参考RSI6来判断。

第 7 章

—————

BOLL 指标的买点

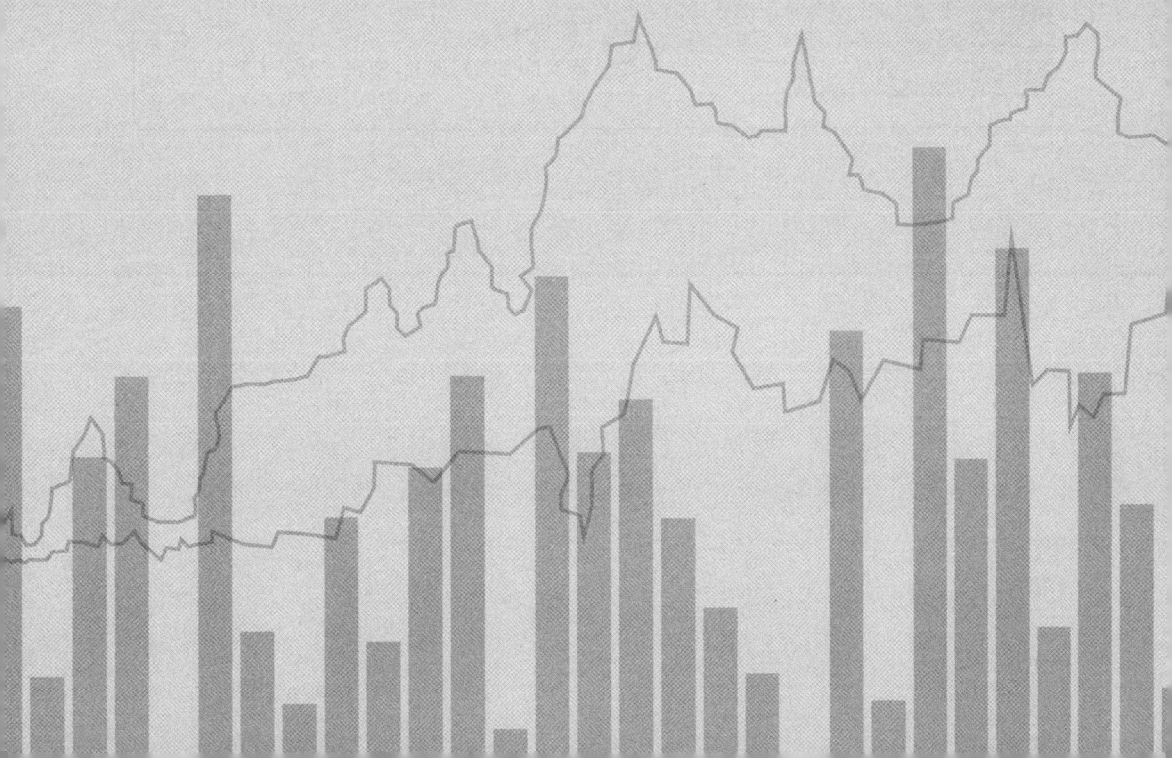

—————

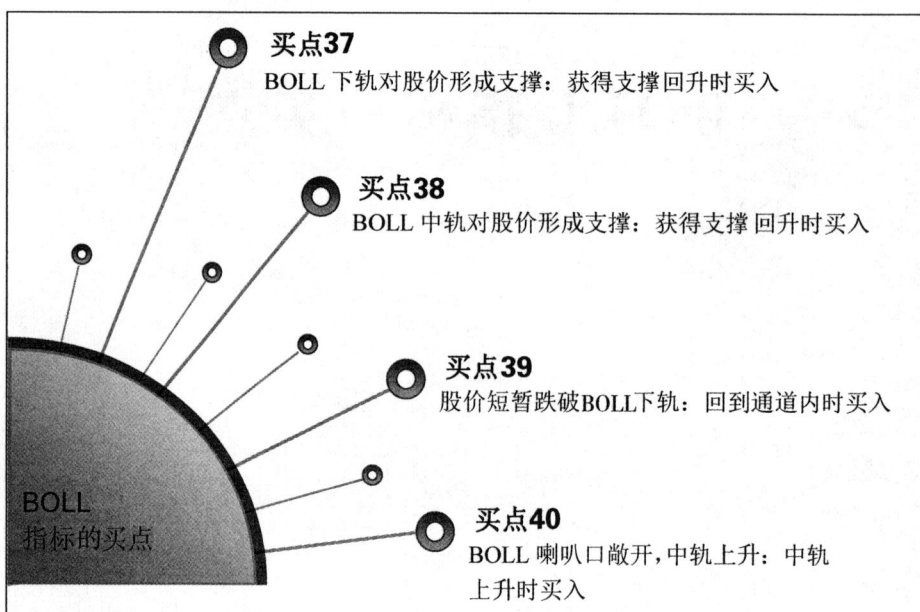

买点37

BOLL 下轨对股价形成支撑：获得支撑回升时买入

买点38

BOLL 中轨对股价形成支撑：获得支撑回升时买入

买点39

股价短暂跌破BOLL下轨：回到通道内时买入

BOLL
指标的买点

买点40

BOLL 喇叭口敞开，中轨上升：中轨
上升时买入

指标概览

BOLL指标即布林线，是研判股价运动趋势的一种中长期技术分析工具。其由三根曲线组成，分别为MID线（布林中轨）、UPPER线（布林上轨）和LOWER线（布林下轨），如图7-1所示。

图7-1 BOLL指标

布林中轨是股价的移动平均线，当布林中轨呈现上升趋势时，说明市场由多方主导，正处于上涨行情。当布林中轨呈现下降趋势时，说明市场由空方主导，正处于下跌行情。布林上轨和布林下轨分别是中轨值加上和减去一个特定数值得出来的。

BOLL指标的三条曲线对股价具有支撑和阻力作用。其主要作用是划定了股价波动的带状区域，无论股票处于何种行情，股价的主要波动区域都在布林线的带状区域内。

买点37　BOLL下轨对股价形成支撑：获得支撑回升时买入

● **技术特征**

1. 当股价跌至BOLL下轨时，获得下轨的支撑，随后股价开始反弹上涨。

2. BOLL下轨对股价形成支撑的走势常常发生在震荡行情中，表示在震荡市中，多空双方势均力敌，股价在BOLL上下轨之间震荡。

BOLL下轨对股价形成支撑如图7-2所示。

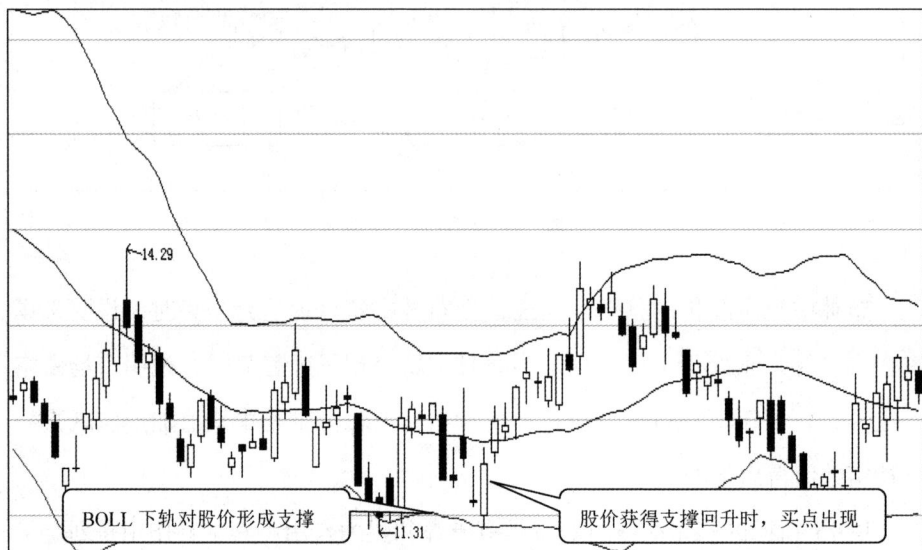

图7-2　BOLL下轨对股价形成支撑

● **买点出击**

当出现BOLL下轨对股价形成支撑的走势时，在股价获得支撑回升时，买点出现，此时投资者可以积极买入股票。

● 经典案例

如图 7-3 所示，生益科技（600183）的股价在经过一波下跌走势后止跌震荡，BOLL 中轨逐渐走平。2022 年 4 月初出现了股价受到 BOLL 下轨支撑反弹向上的走势，这表明在 BOLL 下轨所在价位有多方力量的强力支撑，当股价跌至此价位时，多方买入，拉升股价上涨。

4 月 27 日，股价再次在 BOLL 下轨获得支撑回升时，买点出现。此时投资者可以积极买入股票。

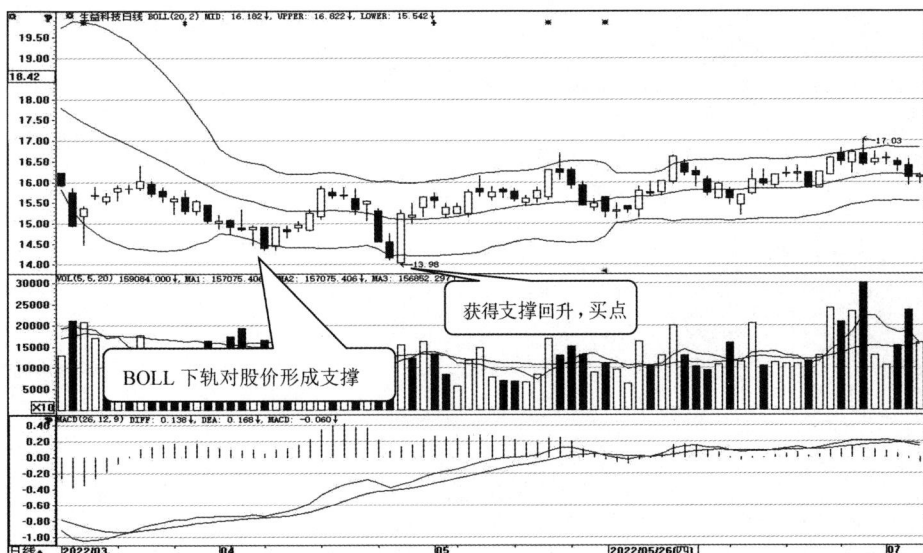

图 7-3　生益科技日 K 线

实战提高

1．当股价在 BOLL 下轨位置获得支撑反弹时，如果成交量温和放大，则该走势的买入信号会更加可靠。

2．股价由 BOLL 下轨获得支撑到突破中轨所耗费的时间越短，说明多方越强势，该走势的买入信号也就越强烈。

3. 股价下跌到 BOLL 下轨位置时，并不一定能获得支撑。当股价获得支撑反弹时，投资者可以买入股票。如果 BOLL 下轨向下移动，股价沿着 BOLL 下轨下跌，则投资者还需要观望。

买点38　BOLL中轨对股价形成支撑：获得支撑回升时买入

● 技术特征

1. 当股价跌至BOLL中轨时，受到中轨的支撑，随后股价开始反弹上涨。

2. BOLL中轨对股价形成支撑的走势往往发生在上涨行情中的短暂回调阶段，表示在上涨行情中，多方力量虽然强势，但有抛盘力量的涌出，对股价形成短暂打压，之后多方再次发力，拉升股价继续上涨。

BOLL中轨对股价形成支撑如图7-4所示。

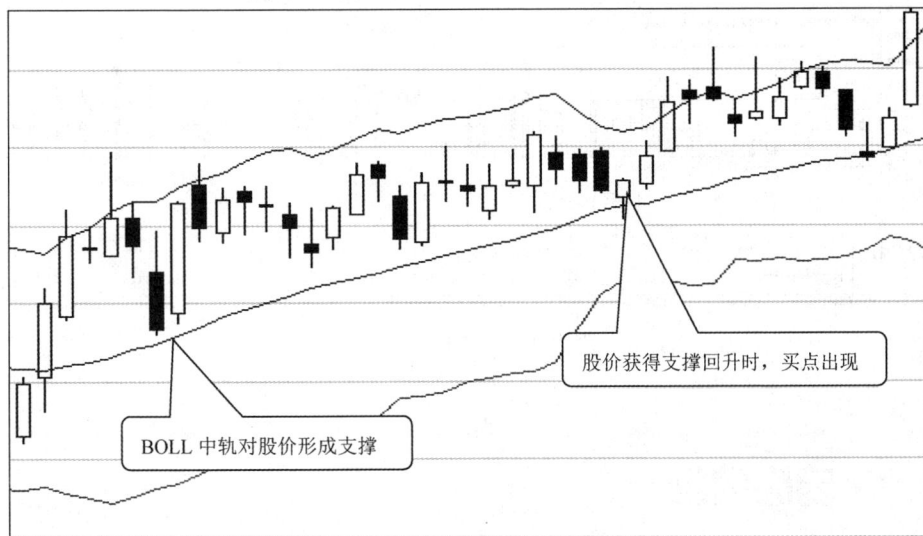

图7-4　BOLL中轨对股价形成支撑

● 买点出击

当出现BOLL中轨对股价形成支撑的走势时，在股价获得支撑回升时，买点出现，此时投资者可以积极买入股票。

● 经典案例

如图7-5所示，2023年1月中旬，大唐电信（600198）的股价向上突破BOLL中轨后，市场进入上涨行情。之后，股价在BOLL中轨和BOLL上轨之间运行。2月底至3月中旬，股价多次跌到BOLL中轨均受到中轨的支撑，随后展开反弹，形成买点，投资者可以积极买入股票。

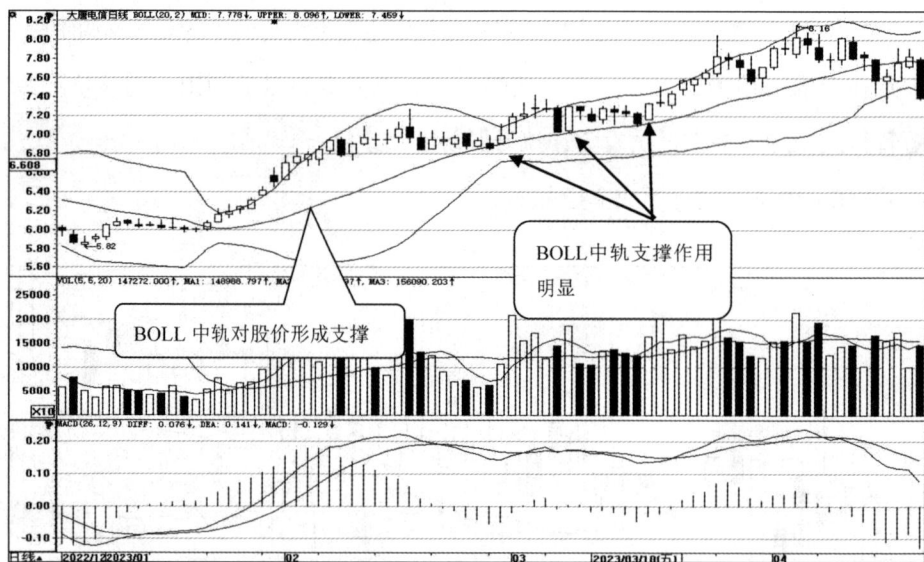

图7-5　大唐电信日K线

实战提高

1．当股价在BOLL中轨位置获得支撑反弹时，如果成交量温和放大，该走势的买入信号会更加可靠。

2．股价由BOLL中轨获得支撑到股价回升所耗费的时间越短，说明多方越强势，该走势的买入信号也就越强烈。

3．股价下跌到BOLL中轨位置时，并不一定能获得支撑。当股价获得支撑开始回升时，投资者才可以买入股票。

买点 39　股价短暂跌破 BOLL 下轨：回到通道内时买入

● **技术特征**

1. 股价短暂跌破 BOLL 下轨，脱离 BOLL 轨道运行。

2. 股价短暂跌破 BOLL 下轨往往发生在上涨行情中的深幅回调阶段，也有可能发生在下跌行情中，但在下跌行情中的跌破往往是长期跌破。

3. 股价短暂跌破 BOLL 下轨表示市场进入短暂的恐慌状态，股价短期内可能会出现反弹。

股价短暂跌破 BOLL 下轨如图 7-6 所示。

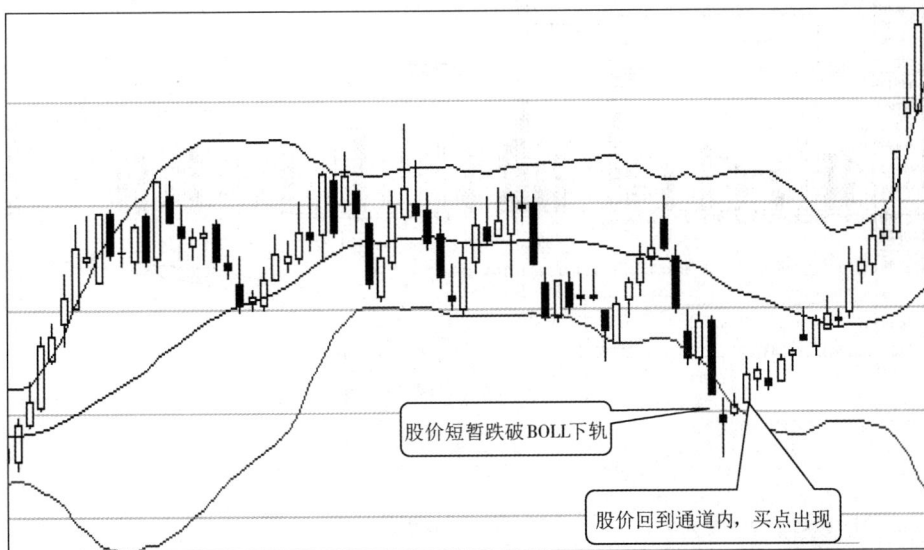

股价短暂跌破 BOLL 下轨

股价回到通道内，买点出现

图 7-6　股价短暂跌破 BOLL 下轨

● **买点出击**

在出现股价短暂跌破 BOLL 下轨的走势后，当股价回到通道内运行时，买点出现，此时投资者可以买入股票。

● 经典案例

如图7-7所示，福日电子（600203）的股价经过一波下跌后，于2022年4月25日出现了股价短暂跌破BOLL下轨的走势，这表示市场进入了短暂的恐慌，短期内可能有超跌反弹行情出现。

4月27日，福日电子的股价上升，回到通道内，而且K线形成看涨吞没形态。此时买点出现，投资者可以积极买入股票。

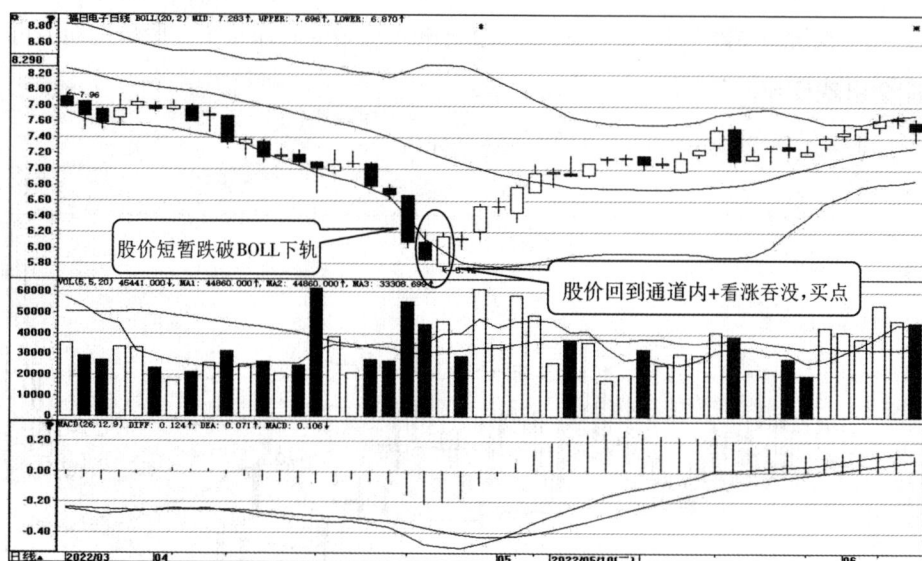

图7-7　福日电子日K线

实战提高

1. 如果股价短暂跌破下轨后能够持续缩量，说明市场上的恐慌气氛正在逐渐退去，其发出的买入信号更加强烈。

2. 当股价跌破BOLL下轨时，BOLL下轨最好是走平或者略有上涨。如果此时BOLL下轨持续下跌，即使未来有超跌反弹行情，股价反弹的空间也十分有限。

买点40　BOLL喇叭口敞开，中轨上升：中轨上升时买入

● **技术特征**

1. BOLL 喇叭口敞开是指 BOLL 上轨上升、下轨下降、中轨也有向上拐头的趋势。此时，股价往往呈现上涨态势。

2. 在 BOLL 喇叭口由缩小到再度敞开后，中轨上升预示着市场进入多方主导的上涨行情，主力发出买入信号。后市股价仍会上涨。

BOLL 喇叭口敞开、中轨上升如图 7-8 所示。

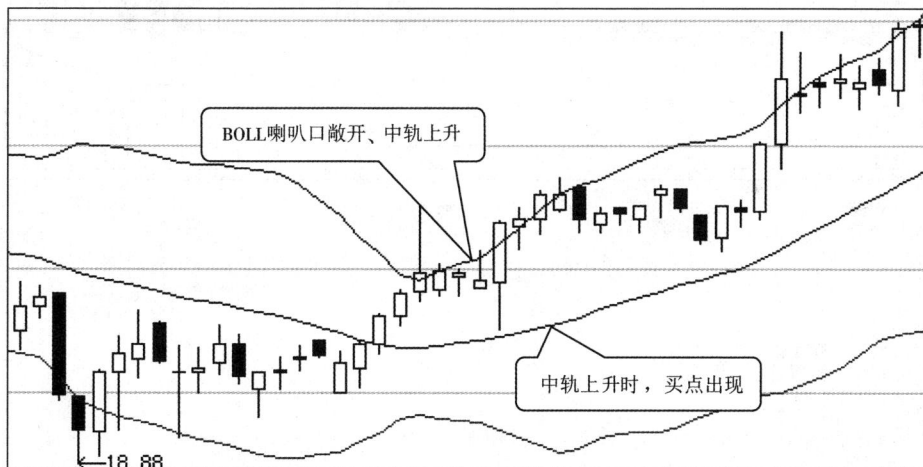

图7-8　BOLL喇叭口敞开，中轨上升

● **买点出击**

当喇叭口敞开、中轨上升时，买点出现，此时投资者可以积极买入股票。

● **经典案例**

如图 7-9 所示，富春股份（300299）的股价经过一波震荡整理后，于

2023年3月20日出现了BOLL喇叭口敞开、中轨上升的走势，这表示多方发力，带领股价进入上涨行情，并发出上涨信号。此时买点出现，投资者可以积极买入股票。

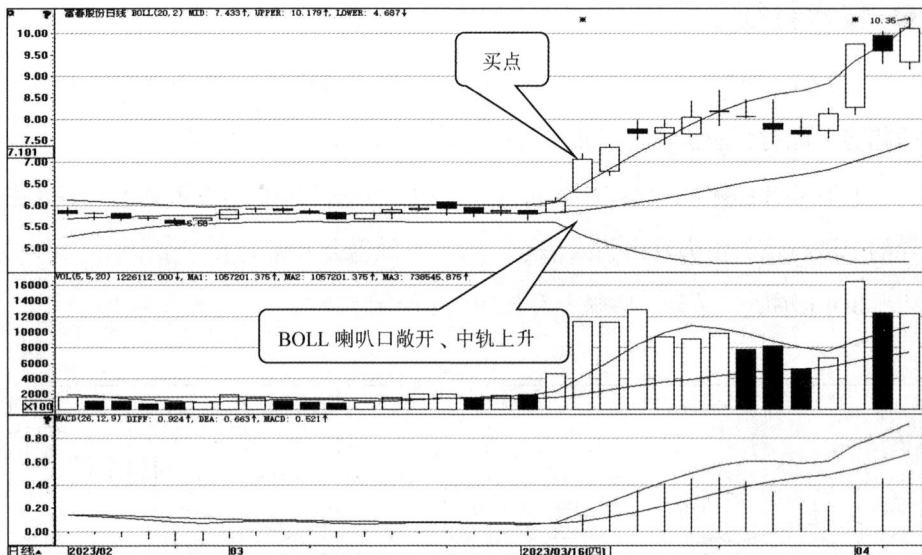

图7-9　富春股份日K线

实战提高

1．在BOLL喇叭口敞开时，若中轨上升的同时成交量同步放大，其买入信号更加强烈。

2．在BOLL喇叭口敞开、中轨上升的同时，若股价随之上涨，说明多方力量很强势，股价进入强势上涨行情。其发出的买入信号更加强烈。

3．如果BOLL上轨向下移动、下轨向上移动，就形成BOLL喇叭口收缩的形态。BOLL喇叭口收缩表示股价波动幅度越来越小，将进入横盘整理行情。当股价上涨一段时间后出现BOLL喇叭口收缩形态时，是上涨行情即将结束的信号。看到这个形态投资者应该将手中的股票卖出，清仓观望。

第 8 章

W%R 指标的买点

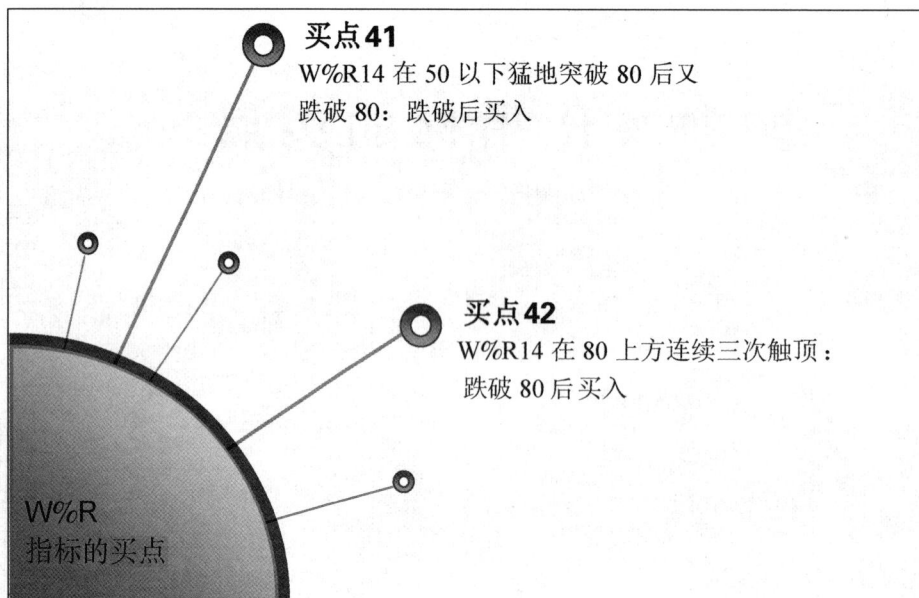

买点41

W%R14 在 50 以下猛地突破 80 后又
跌破 80：跌破后买入

买点42

W%R14 在 80 上方连续三次触顶：
跌破 80 后买入

W%R
指标的买点

指标概览

W%R 指标即威廉指标，它是用当日收盘价在最近一段时间股价分布的相对位置来描述超买和超卖程度的技术指标。W%R 指标是由两条曲线组成的，其中波动较快的是 WR1 线，波动较慢的是 WR2 线（见图 8-1）。

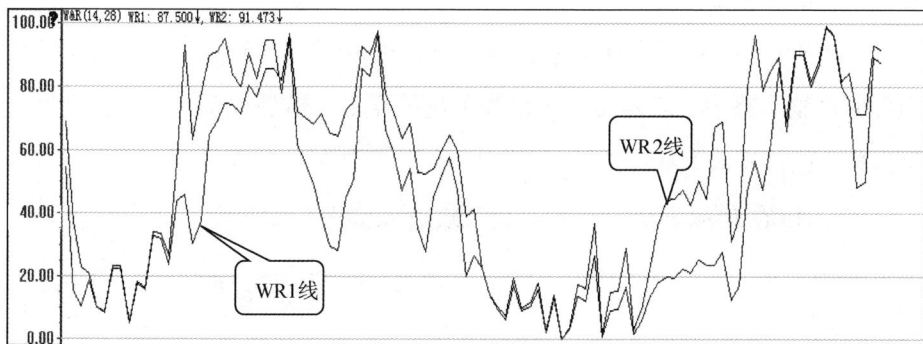

图 8-1 W%R 指标

用 n 日内最高价与当日收盘价的差，除以 n 日内最高价与最低价的差，结果放大 100 倍，即得到 W%R 指标值。

W%R 的指标值越大，表示当前股价的相对位置越低，股价正处于超卖状态，后市发生反转的概率也就越大。因此，W%R 指标的超买区间在上，超卖区间在下。W%R 指标短线参数一般设置为 14 天，即 W%R14。

买点41 W%R14在50以下猛地突破80后又跌破80：跌破后买入

● **技术特征**

1. W%R14在50以下猛地突破80后又跌破80具体表现为股价短期深幅调整后又被迅速拉起。

2. W%R14在50以下猛地突破80后又跌破80往往出现在上涨行情中的短期深幅调整走势中，表示多方力量为了洗掉浮筹，借深幅调整洗盘，之后再迅速拉升股价进入上涨行情。

W%R14在50以下猛地突破80后又跌破80如图8-2所示。

图8-2 W%R14在50以下猛地突破80后又跌破80

● **买点出击**

W%R14在50以下猛地突破80后又跌破80，跌破后买点出现，投资者可以买入股票。

● 经典案例

如图 8-3 所示，2023 年 5 月，同有科技（300302）股价冲高后回落，W%R14 在 2 天时间里从 50 以下突破 80。5 月 18 日，W%R14 跌破 80，这表示多方洗盘结束后，再次拉升股价进入上涨行情。投资者可在 W%R14 跌破 80 时积极买入股票。

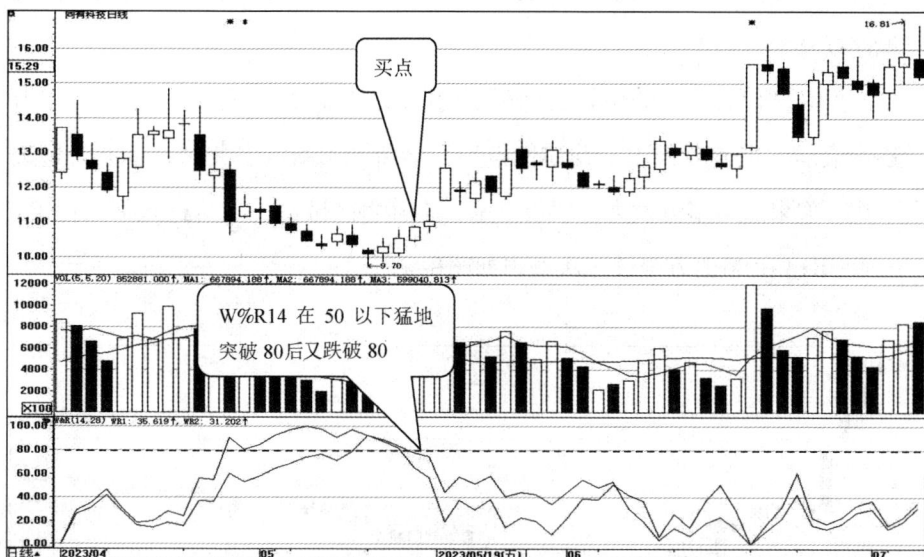

图 8-3　同有科技日 K 线

实战提高

1．W%R14 在 50 以下猛地突破 80 后又跌破 80，因这一形态出现在上涨行情的洗盘过程中，操作难度较大，投资者较难抓住买入时机。

2．W%R14 在 50 以下猛地突破 80 后又跌破 80 的过程中，如果成交量在下跌时放量、上涨时缩量，则其买入信号更加强烈。

3．W%R14 在 50 以下猛地突破 80 后又跌破 80 的买点往往适合短线投资者把握。投资者一定要注意，其发生位置应在上涨行情中的调整阶段。若投资者买入股票后，股价没有上涨，但指标已经跌破，投资者应及时卖出持股。

买点42 W%R14在80上方连续三次触顶：跌破80后买入

● 技术特征

1. W%R14在80上方连续三次触顶，此时股价仍处于低位下跌行情，并且出现连续三个下移的低点。

2. W%R14在80上方连续三次触顶往往出现在下跌行情末期，表示空方力量逐渐衰弱，但是股价由下跌惯性推动，不断创出新低。此时，多方力量正在聚集，如果后市多方发力，股价上涨，指标将跌破80，股价进入上涨行情。

W%R14在80上方连续三次触顶如图8-4所示。

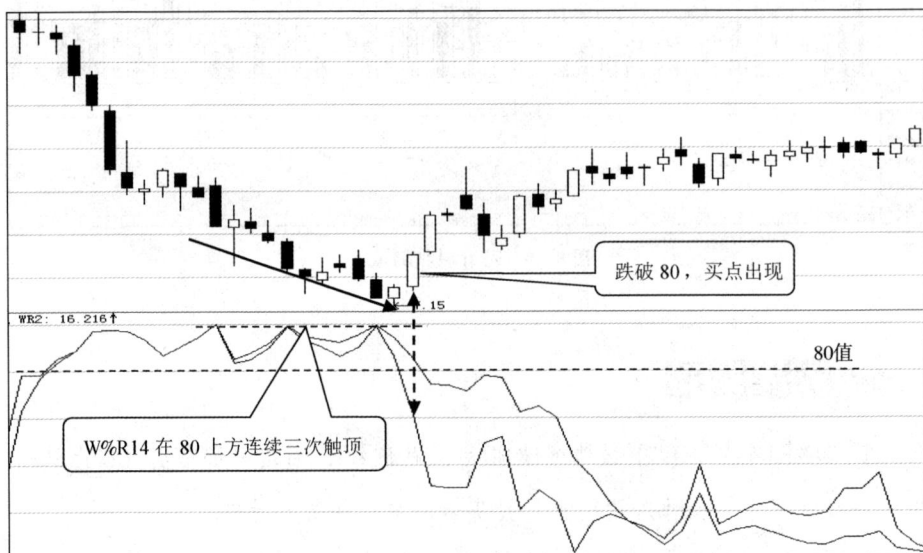

图8-4 W%R14在80上方连续三次触顶

● 买点出击

在出现W%R14在80上方连续三次触顶的走势后，当W%R14指标跌破80

时，买点出现，投资者可以积极买入股票。

● 经典案例

如图 8-5 所示，云意电气（300304）的股价经过一波下跌走势后，于 2023 年 4 月中旬出现了 W%R14 在 80 上方连续三次触顶的走势，这表明股价严重超卖，后市若有多方发力，股价将进入上涨行情。

4 月 26 日，云意电气的股价继续上涨，W%R14 指标跌破 80，同时 K 线形成看涨吞没形态。此时买点出现，投资者可以积极买入股票。

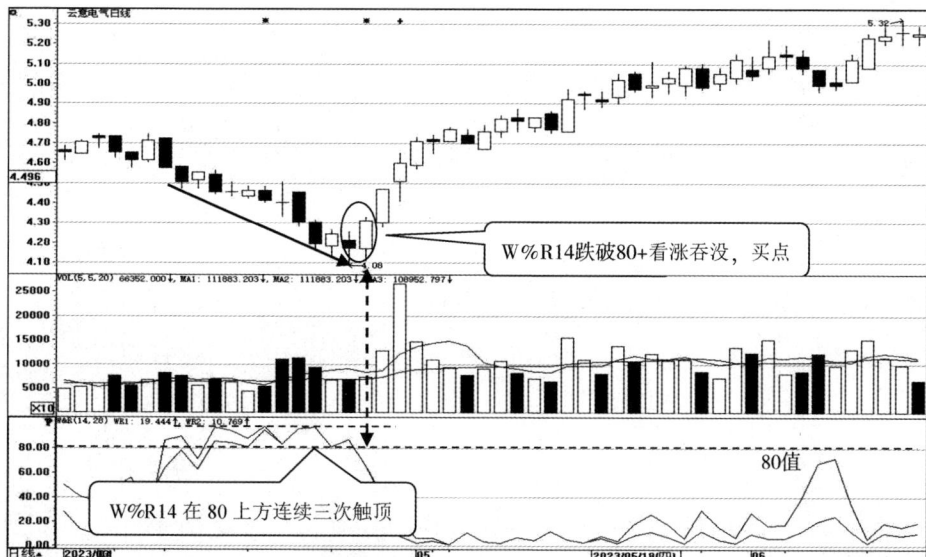

图 8-5　云意电气日 K 线

🍀 实战提高

1. 若股价在下跌过程中所形成的三个低点，成交量逐渐萎缩，而在指标跌破 80 时成交量放大，其发出的买入信号更强烈。

2. 如果 W%R14 在触顶的同时，W%R28 所处的位置越高，说明之前的下跌行情越猛烈。一旦股价见底反弹，就会有更大的上涨空间。

3. W%R14触顶的持续时间越长，说明多空转化越充分。一旦多方发力，股价上涨，其上涨势头也就越猛烈。

第 9 章

OBV 指标的买点

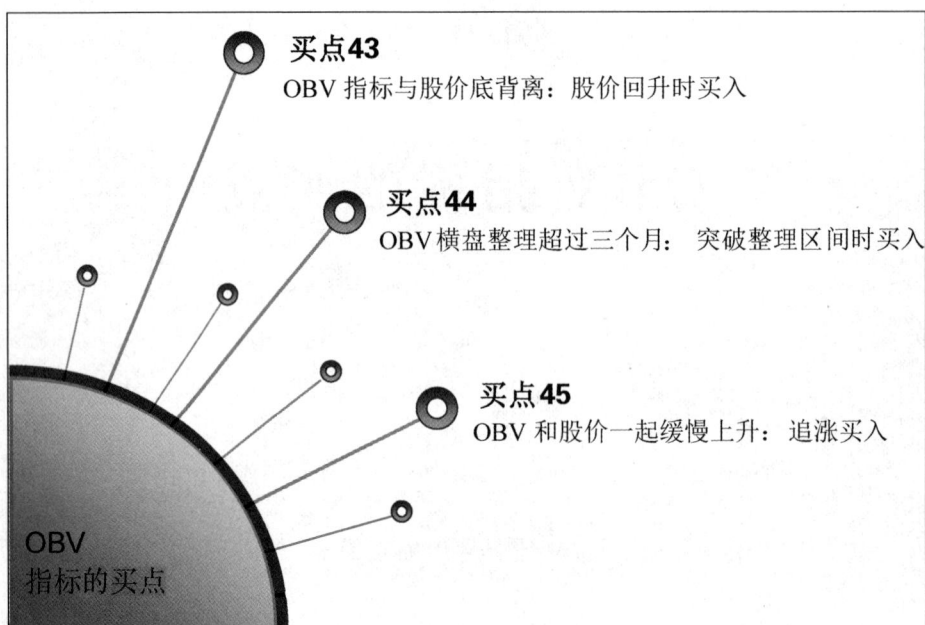

买点43
OBV 指标与股价底背离：股价回升时买入

买点44
OBV 横盘整理超过三个月：突破整理区间时买入

买点45
OBV 和股价一起缓慢上升：追涨买入

OBV
指标的买点

指标概览

OBV 指标即能量潮指标，是利用股价和成交量之间的关系来判断行情走势的一种技术分析指标（见图9-1）。

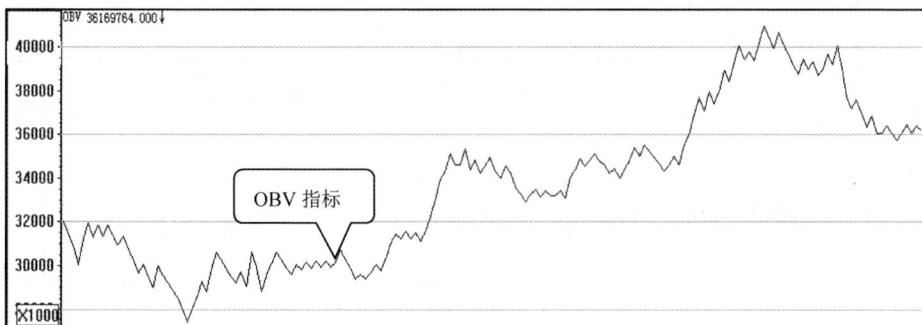

图 9-1　OBV 指标

从股票上市第一天起，逐日累计股票总成交量，若当日收盘价高于前一交易日收盘价，则前一交易日OBV值加当日成交量为当日OBV值，否则减当日成交量为当日OBV值。

OBV 指标主要反映买盘气氛的强弱，以此判断股价的上涨或下跌。当OBV 指标持续上涨时，说明买盘气氛热烈，是多方强势的信号。当OBV 指标持续下跌时，说明买盘情绪低迷，是空方强势的信号。

买点43 OBV指标与股价底背离：股价回升时买入

● **技术特征**

1. 在股价震荡筑底的过程中，OBV却呈现出逐步上移的走势，由此形成OBV指标与股价底背离的走势。

2. OBV指标与股价底背离往往出现在下跌行情的末端，表示股价已经超卖，空方力量逐渐减弱，多方力量逐步增强。后市多方若发力上攻，股价将进入上涨行情。

OBV指标与股价底背离如图9-2所示。

图9-2 OBV指标与股价底背离

● **买点出击**

当OBV指标与股价底背离时，若股价回升，则买点出现。此时投资者可以买入股票。

● 经典案例

如图9-3所示，晶盛机电（300316）的股价在下跌过程中，于2022年12月出现了OBV指标与股价底背离的走势，这表明空方杀跌动能减弱，多方组织力量反抗。这是一个看涨信号。

12月26日，晶盛机电的股价止跌回升，K线形成低位锤子线的看涨形态，这表明多方开始发力。此时买点出现，投资者可以积极买入股票。

图9-3 晶盛机电日K线

✿ 实战提高

1. OBV指标上涨使得波峰和波谷并不明显，投资者很难根据股价和OBV指标背离的次数来确定该形态的买入点。只要K线图上出现明显的反转信号，也就是股价回升时，投资者就可以买入股票。

2. 在股价下跌、OBV指标上涨的同时，如果成交量逐渐放大，说明多方力量开始增强。这样的情况下该形态的看涨信号就会更加强烈。

买点44　OBV 横盘整理超过三个月：突破整理区间时买入

● 技术特征

1. 在股价下跌过程中，OBV 指标呈现横盘或接近横盘走势，其整理时间超过三个月。

2. 短期内股价波动较大，但是 OBV 指标波动幅度很小或者近似于无波动。

3. OBV 横盘整理超过三个月往往发生在下跌行情或者震荡行情中，表示主力借股价下跌或横盘整理收集筹码。一旦主力筹码足够，将拉升股价进入一波上涨行情。因此，这是一个筑底信号，股价继续下跌的动能已经减弱。

OBV 横盘整理超过三个月如图9-4所示。

图9-4　OBV 横盘整理超过三个月

● **买点出击**

OBV横盘整理超过三个月，当OBV指标突破整理区间时，买点出现。此时投资者可以买入股票。

● **经典案例**

如图9-5所示，珈伟新能（300317）的股价经过一波下跌筑底后，于2022年8月至2023年1月出现了OBV横盘整理超过三个月的走势，这表明主力借股价低位震荡筑底，在低位吸筹，并发出见底信号。后市多方发力股价放量上涨，股价将进入上涨行情。

2023年2月7日，珈伟新能的股价继续上涨，OBV指标突破整理区间顶部。此时买点出现，投资者可以积极买入股票。

图9-5　珈伟新能日K线

✿ **实战提高**

1. OBV横盘整理的时间越长，说明筹码集中度越高，后市一旦多方发力，股价即进入上涨行情。

2．OBV横盘整理超过三个月的成交量越小，说明市场越低迷，散户投资者买入越少，主力吸筹越集中。一旦OBV突破整理区间，股价的上涨也就越猛烈。

买点45　OBV和股价一起缓慢上升：追涨买入

● 技术特征

1. 在OBV指标缓慢上升的同时股价也呈现缓慢上升的走势。

2. OBV和股价一起缓慢上升往往发生在上涨行情中，表示虽然上方抛盘压力很大，但多方力量占优势，仍能推动股价慢慢爬升，而每一次短暂回调，都是多方再次发力拉升股价的前兆。

OBV和股价一起缓慢上升如图9-6所示。

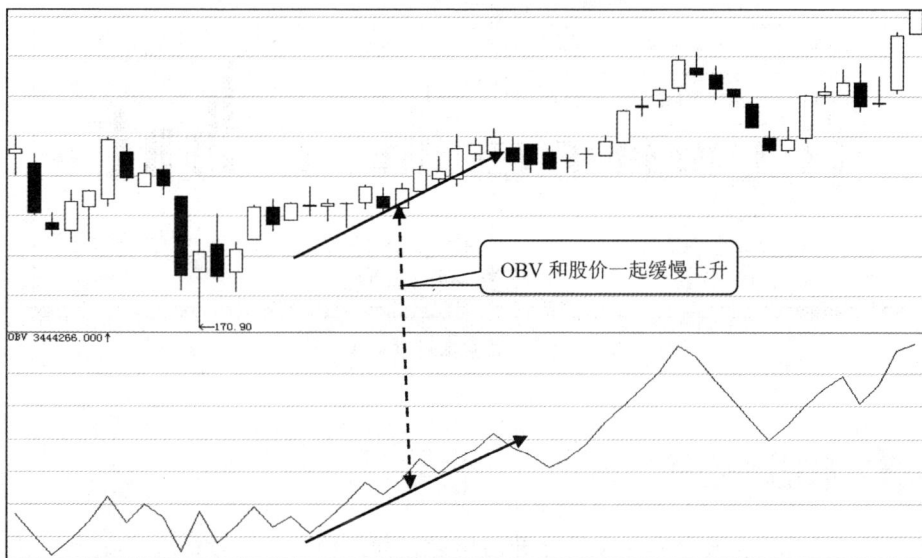

图9-6　OBV 和股价一起缓慢上升

● 买点出击

OBV和股价一起缓慢上升，表明多方拉升股价进入多头上涨行情。此时投资者可以伺机追涨买入股票。

● 经典案例

如图9-7所示，南京高科（600064）的股价经过一波下跌后，于2022年10月底至11月上旬出现了OBV和股价一起缓慢上升的走势，这表明多方已经占据主动，推动股价不断上涨，并发出买入信号。投资者可在股价缓缓上涨时伺机买入。

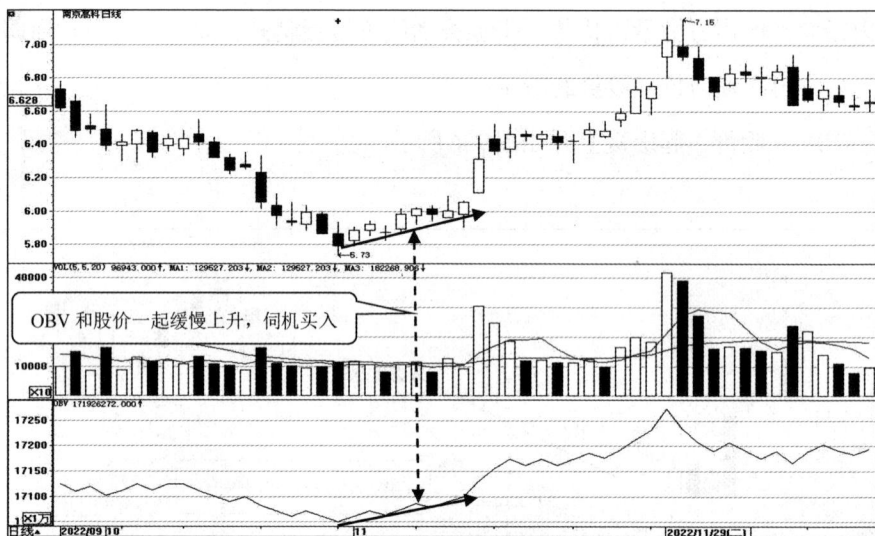

图9-7　南京高科日K线

🍀 实战提高

1．在OBV和股价一起缓慢上升的同时，如果伴有成交量的逐步放大，其后市上涨会更猛烈。

2．股价在上涨过程中可能会有小幅回调，只要这种回调不造成OBV指标大幅下跌，投资者就可以继续持股。

3．OBV指标上涨的速度难以测量，实际操作中投资者只要看OBV指标和股价上涨的斜率大致相等即可。另外，投资者也可以根据过去一段时间OBV指标的涨跌幅度来判断当前OBV指标的波动速度。

第 10 章

DMI 指标的买点

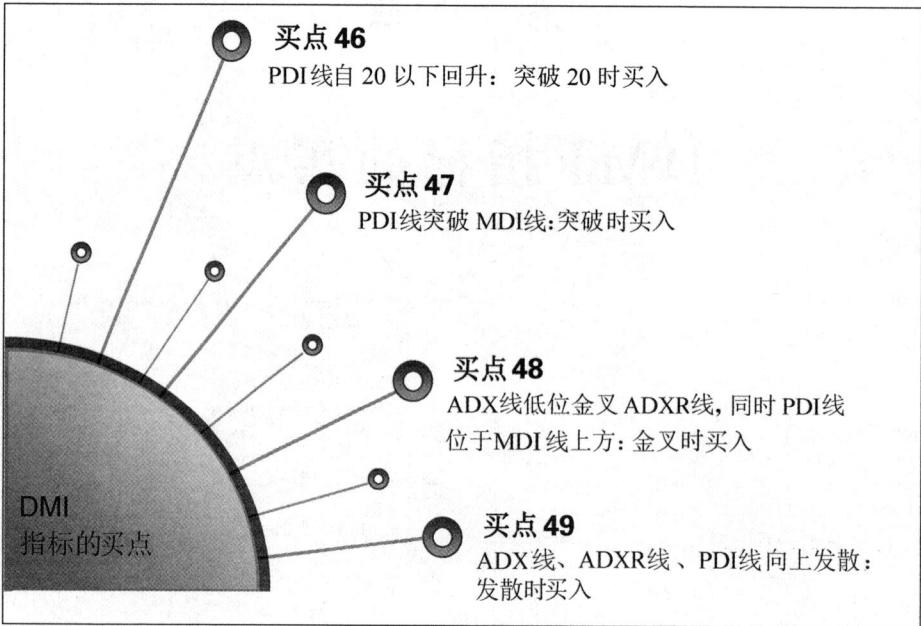

买点 46
PDI线自 20 以下回升：突破 20 时买入

买点 47
PDI线突破 MDI线:突破时买入

买点 48
ADX线低位金叉 ADXR线，同时 PDI线位于MDI 线上方：金叉时买入

买点 49
ADX线、ADXR线 、PDI线向上发散：发散时买入

DMI
指标的买点

指标概览

DMI 指标即趋向型指标，是反映股价运行趋势的一种技术分析指标。它主要由四条曲线组成，分别是 PDI 线、MDI 线、ADX 线和 ADXR 线（见图 10-1）。

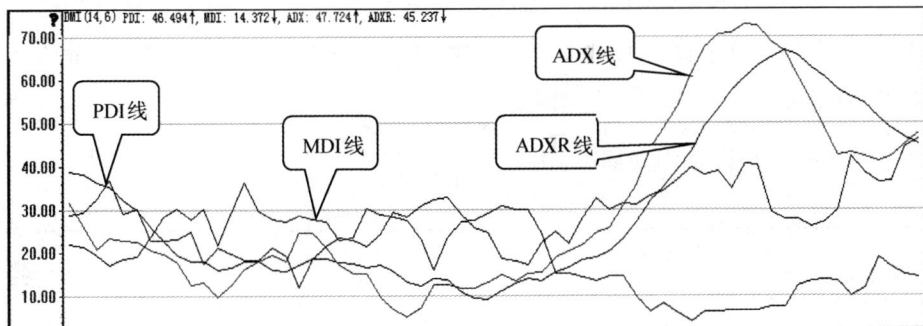

图 10-1　DMI 指标

DMI 指标中的 PDI 线和 MDI 线总是缠绕在一起，多数情况下都会在 0~40 的区间内波动，并且这两条曲线大致以 20 为中轴相互对称。PDI 线统计多方力量强度，MDI 线统计空方力量强度。因此，PDI 线在 MDI 线上方，显示多方强过空方；PDI 线在 MDI 线下方，显示空方强过多方。

ADX 线统计的是 PDI 线和 MDI 线之间的差距。只要 PDI 线和 MDI 线之间的距离拉大，无论哪条曲线在上方，ADX 线都会快速上涨。

ADXR 线可以看成是 ADX 线的移动平均线。

买点46 PDI线自20以下回升：突破20时买入

● 技术特征

1. PDI线长期位于20以下，股价在低位横盘震荡。PDI线慢慢见底回升，逐渐逼近20，此时股价仍在低位徘徊。

2. PDI线自20以下回升往往发生在上涨行情初期，表示多方力量开始发力，拉升股价上涨。这预示着股价即将进入上涨行情，是一个看涨买入信号。

PDI线自20以下回升如图10-2所示。

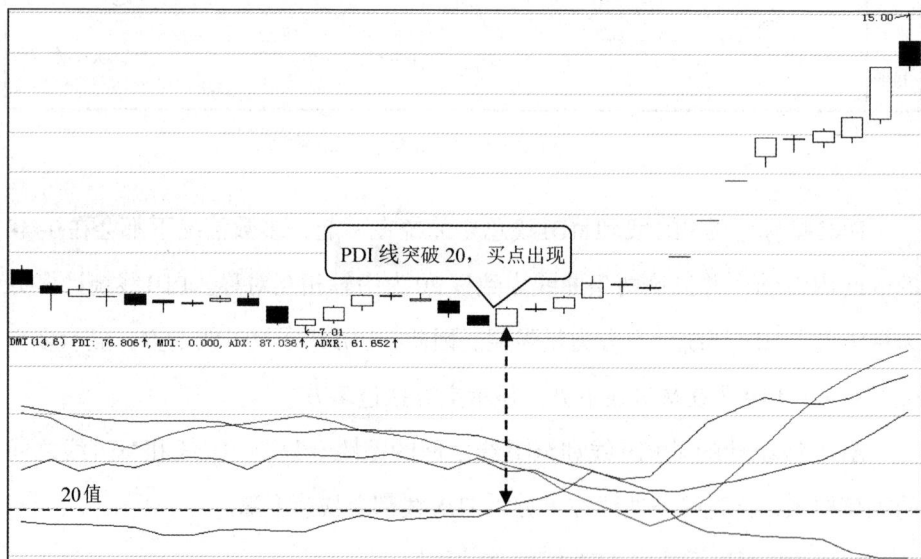

图10-2 PDI线自20以下回升

● 买点出击

PDI线自20以下回升，当PDI线突破20时，买点出现。此时投资者可以买入股票。

● 经典案例

　　如图 10-3 所示，华润双鹤（600062）的股价经过震荡筑底后，于 2023 年 3 月出现了 PDI 线自 20 以下回升的走势，这表明多方力量开始拉升股价，并由此发出看涨买入信号。

　　4 月 3 日，华润双鹤的 PDI 线向上突破 20，股价也明显上涨，买点出现。这时投资者可以积极买入股票。

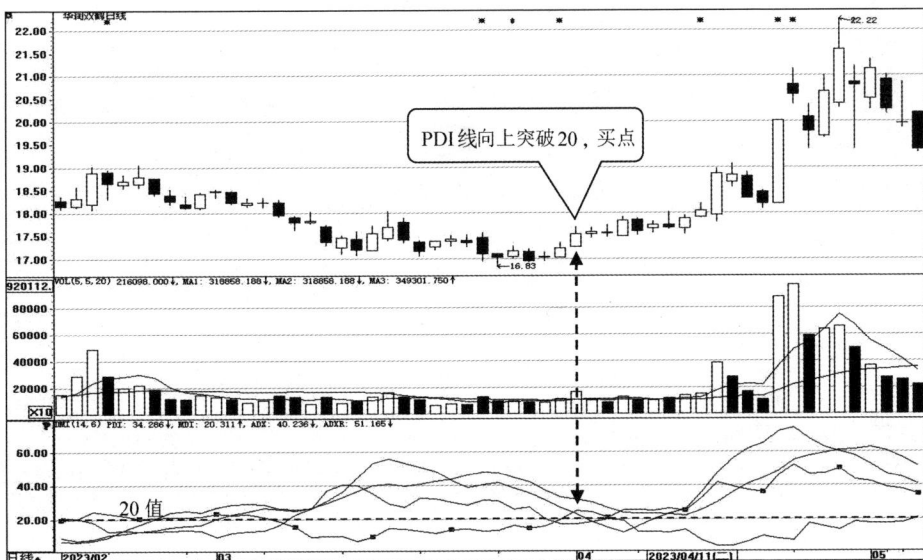

图 10-3　华润双鹤日 K 线

实战提高

　　1. PDI 线向上突破的过程中，如果成交量逐渐放大，说明多方力量不断增强。这样该形态的买入信号会更加可靠。

　　2. 如果 PDI 线向上突破 20 的同时也突破了 MDI 线，则该形态的买入信号会更加可靠。

　　3. PDI 线突破 20 后，如果能在 20 至 40 之间的区域反复震荡，就是股价会持续上涨的信号。如果PDI线很快跌破20，说明多方后续能量不足。如果PDI线很快就突破了40，则市场行情很可能已经进入超买状态，这同样表示股价继续上涨的空间已经很小。

买点47　PDI线突破MDI线：突破时买入

● 技术特征

1. PDI线由下向上，当突破MDI线时，股价出现上涨走势。

2. PDI线突破MDI线往往发生在上涨行情初期，表示多方发力，股价即将进入上涨行情。这是一个看涨买入信号。

PDI线突破MDI线如图10-4所示。

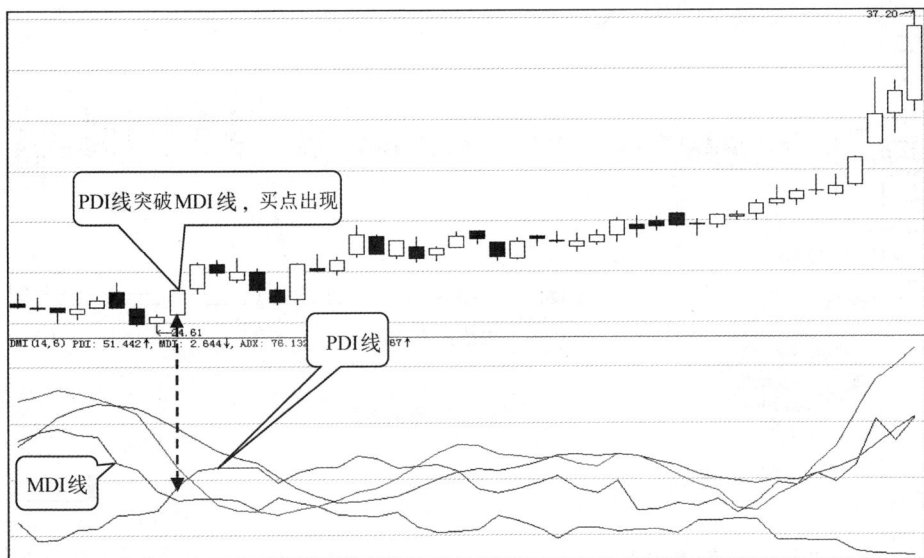

图10-4　PDI线突破MDI线

● 买点出击

当PDI线突破MDI线时，买点出现。此时投资者可以买入股票。

● 经典案例

如图10-5所示，皖维高新（600063）的股价经过短暂上涨后，于2023年

1月6日出现了PDI线向上突破MDI线的走势，这表示多方开始发力，股价将进入上涨行情，并发出看涨买入信号。此时买点出现，投资者可以积极买入股票。

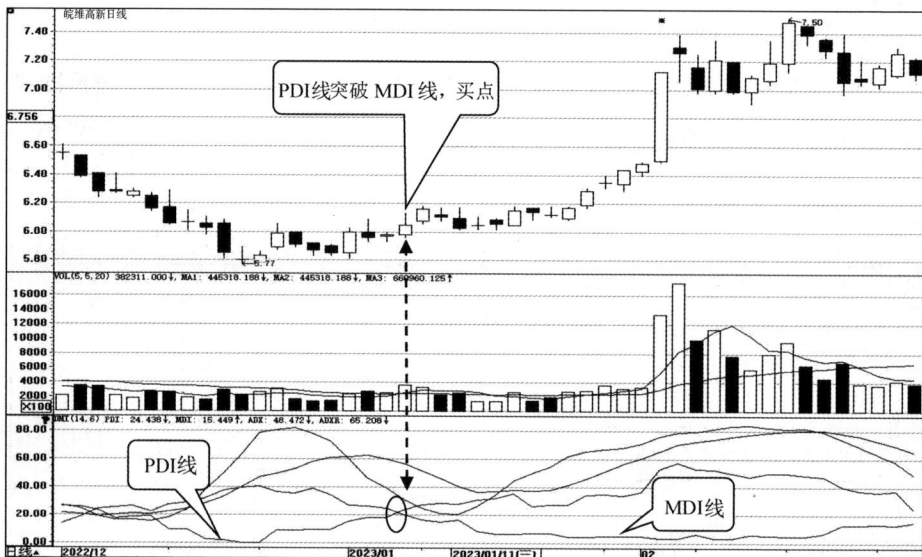

图10-5　皖维高新日K线

实战提高

1. 在PDI线突破MDI线时，若同时伴有成交量的放大，其买入信号更加强烈。

2. PDI线向上突破MDI线若发生在20下方的低位，其看涨买入信号更加强烈。

3. 在股价已经有了小幅上涨之后，PDI线和MDI线的交叉突破信号比较准确。如果在其他行情中出现，则无实际意义。

买点 48　ADX 线低位金叉 ADXR 线，同时 PDI 线位于 MDI 线上方：金叉时买入

● 技术特征

1. ADX 线低位向上穿插 ADXR 线，此时 PDI 线位于 MDI 线上方，股价呈现缓慢爬升趋势。

2. ADX 线低位金叉 ADXR 线，同时 PDI 线位于 MDI 线上方的走势往往发生在上涨行情中，表示多方力量持续增强，股价即将突破现有的上升通道，进入加速上涨行情。这是一个看涨买入信号。

ADX 线低位金叉 ADXR 线，同时 PDI 线位于 MDI 线上方如图 10-6 所示。

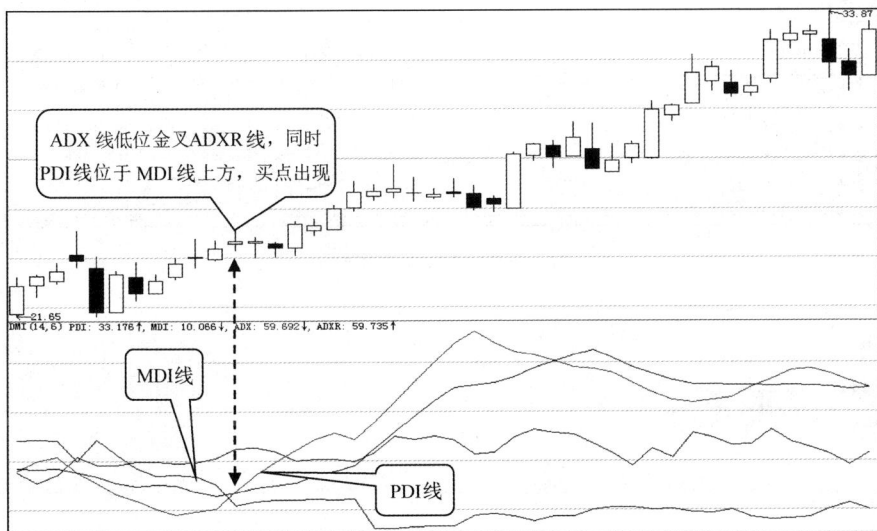

图 10-6　ADX 线低位金叉 ADXR 线，同时 PDI 线位于 MDI 线上方

● 买点出击

当 ADX 线低位金叉 ADXR 线，同时 PDI 线位于 MDI 线上方，此时买点出现，投资者可以积极买入股票。

● 经典案例

如图10-7所示，冠城大通（600067）的股价经过震荡筑底后，于2023年7月17日出现了ADX线低位金叉ADXR线，同时PDI线位于MDI线上方的走势。这表明多方开始发力拉升股价，股价即将进入加速上涨行情，并由此发出看涨买入信号。这时投资者可以积极买入股票。

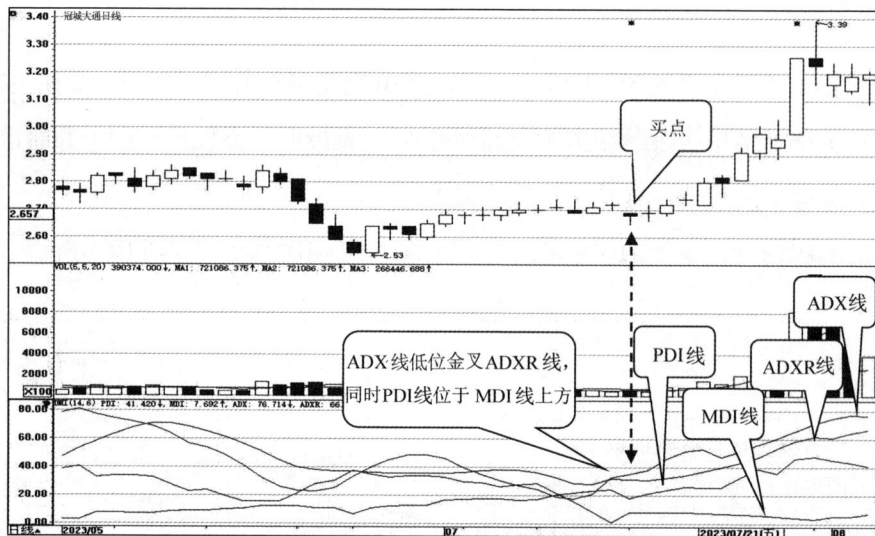

图10-7　冠城大通日 K 线

🎀 实战提高

1．如果出现ADX线低位金叉ADXR线，同时PDI线位于MDI线上方的走势时，股价已经上涨了一小段，则其看涨买入信号更加强烈。

2．在出现该走势时，股价呈现放量上涨的走势，说明多方力量强势拉升股价上涨。此时是很好的买入时机。

3．在ADX线低位金叉ADXR线时，若两条曲线同时向上，则其买入信号更加强烈。

买点49　ADX线、ADXR线、PDI线向上发散：发散时买入

● 技术特征

1. ADX线、ADXR线、PDI线三条曲线长期在低位黏合徘徊，随着时间的推移，逐渐出现向上发散的走势。此时，股价多呈现出爬升或者震荡走势，但其重心在上移。

2. ADX线、ADXR线、PDI线向上发散往往发生在上涨行情初期，表示多方力量强势，股价即将进入加速上涨行情。因此，这是一个看涨买入信号。

ADX线、ADXR线、PDI线向上发散如图10-8所示。

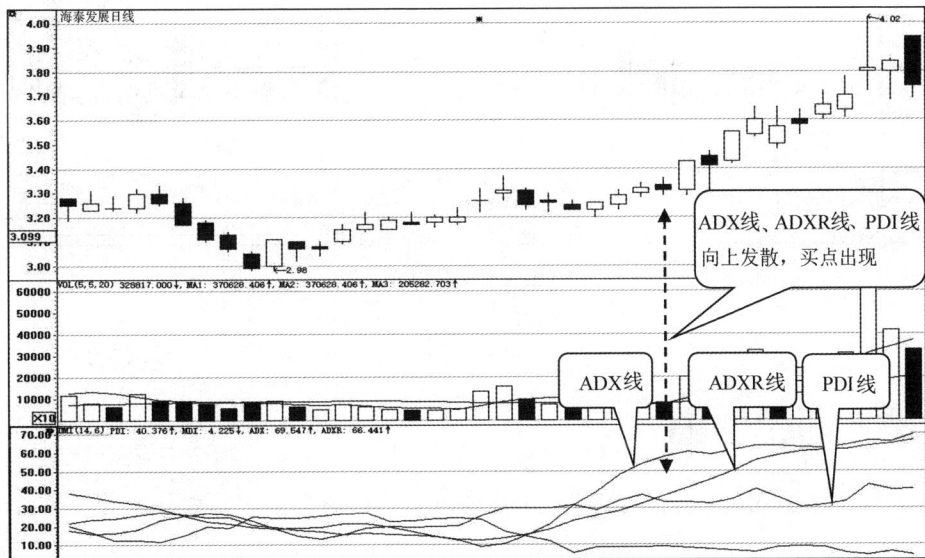

图10-8　ADX线、ADXR线、PDI线向上发散

● 买点出击

当出现ADX线、ADXR线、PDI线向上发散的走势时，投资者可在发散时买入股票。

● 经典案例

如图10-9所示，中葡股份（600084）的股价经过一波缓缓上涨走势后，于2023年7月19日出现了ADX线、ADXR线、PDI线向上发散走势，这表明多方强势，拉升股价即将进入新的上涨行情，并由此发出看涨信号。此时投资者可以积极买入股票。

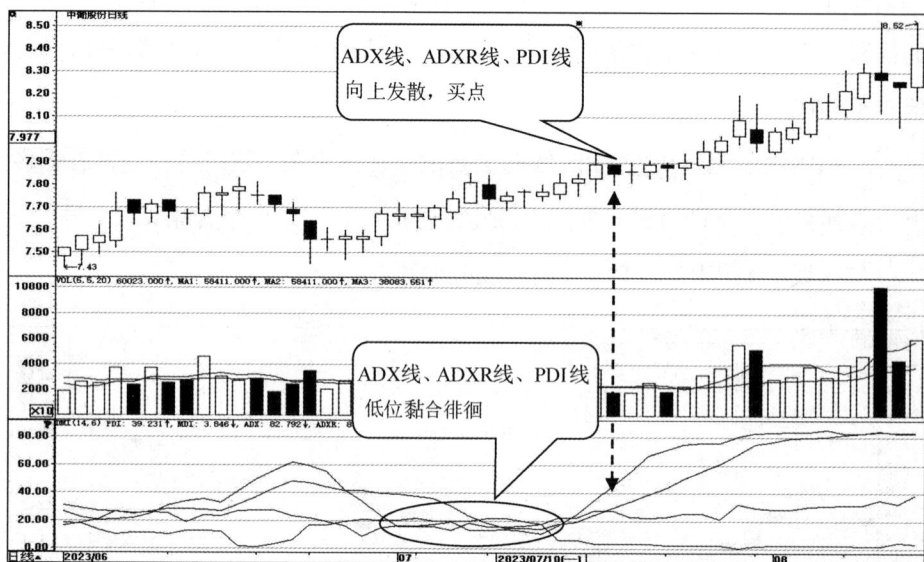

图10-9　中葡股份日K线

🎁 实战提高

1. 当出现ADX线、ADXR线、PDI线向上发散的走势时，如股价呈现放量上涨的态势，说明多方力量很强势，股价后市上涨猛烈。

2. ADX线、ADXR线、PDI线向上发散的走势越陡峭，说明多方力量越大，则其后市上涨也就越猛烈。

3. 投资者买入后，一旦三个指标中的任意一个出现偏弱走势，说明多方力量逐渐减弱，空方力量增强，股价即将下跌。投资者应及时卖出股票。

第 11 章

DMA 指标的买点

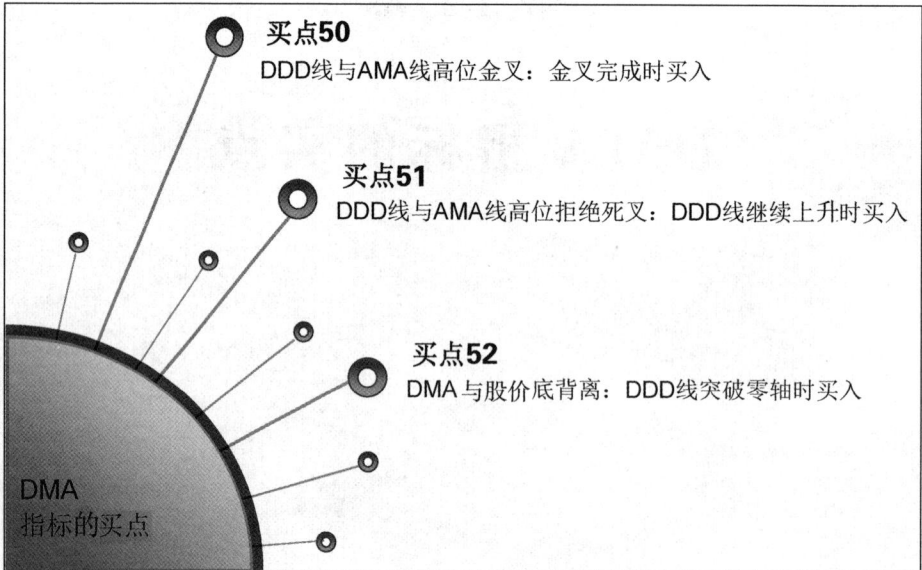

买点**50**
DDD线与AMA线高位金叉：金叉完成时买入

买点**51**
DDD线与AMA线高位拒绝死叉：DDD线继续上升时买入

买点**52**
DMA与股价底背离：DDD线突破零轴时买入

DMA
指标的买点

指标概览

DMA指标即平均线差指标。该指标由两条曲线组成，其中波动较快的是DDD线，波动较慢的是AMA线（见图11-1）。

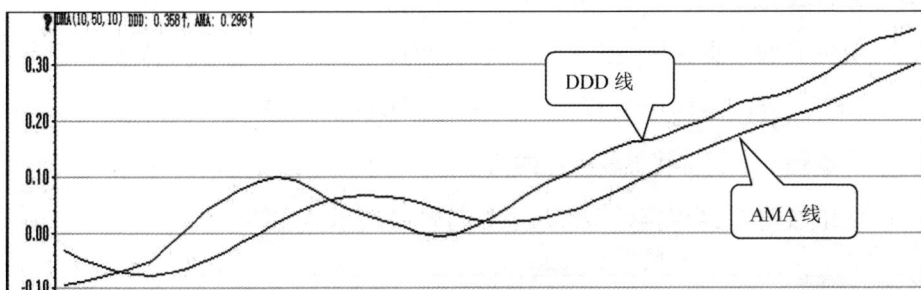

图 11-1　DMA 指标

DMA指标中的DDD线表示短期均线和长期均线之间的差。DDD值大于0时，说明短期均线在长期均线上方，且指标值越大，说明两根均线之间的距离越远。DDD值小于0时，说明短期均线在长期均线下方，且指标值越小，说明两根均线之间的距离越远。

指标中的AMA线是DDD线的移动平均线。DDD线在AMA线上方时，说明DDD线处于上涨趋势中；DDD线在AMA线下方时，说明DDD线处于下跌趋势中。

买点50　DDD线与AMA线高位金叉：金叉完成时买入

● 技术特征

1. 当DMA指标的两条曲线都位于零轴上方时，说明短期均线位于长期均线上方，股价处于持续的上涨行情中。

2. 如果两条曲线都位于零轴上方的同时，DDD线向上突破AMA线，形成金叉形态，则说明DDD线有上升趋势，短期均线和长期均线之间的距离逐渐拉大。这是未来股价将加速上涨的信号。

DDD线与AMA线高位金叉形态如图11-2所示。

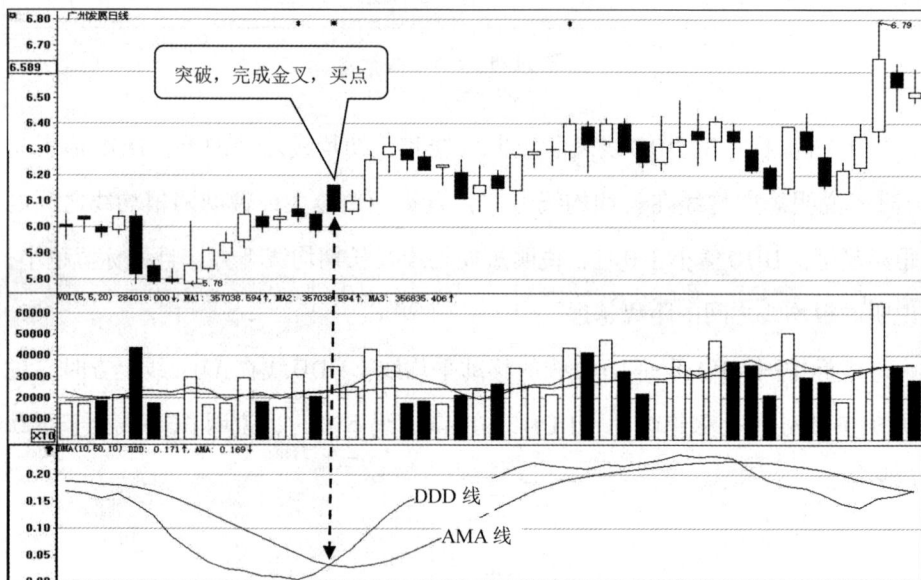

图11-2　DDD线与AMA线高位金叉

● 买点出击

当DDD线与AMA线在零轴上方完成金叉时，说明股价正在加速上涨，是看涨买入信号。一旦金叉形态完成，投资者就可以积极买入股票。

● 经典案例

如图11-3所示，2023年3月，同方股份（600100）的股价持续上涨，其 DMA指标的两条曲线虽然小幅回调，但都位于零轴上方。这说明短期均线和 长期均线之间的距离虽然逐渐变近，但短期均线一直在长期均线上方，股价 处于上涨行情中。

3月27日，DMA指标中的DDD线开始加速上升，突破了AMA线。这说 明股价开始加速上涨，是看涨买入信号。看到这个形态后，投资者可以积极 买入股票。

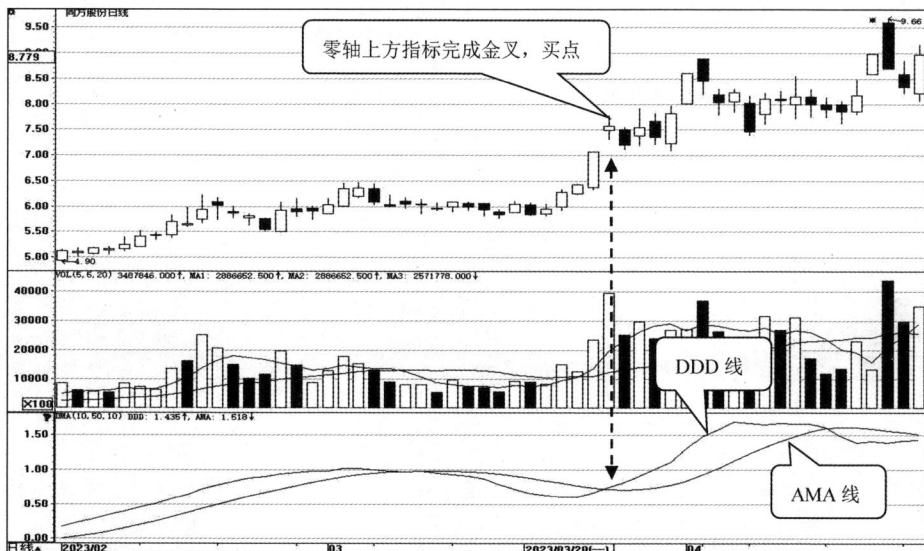

图 11-3　同方股份日 K 线

🍀 实战提高

1. DMA指标金叉出现的位置越高，说明当前市场的上涨行情越强，未来 股价继续上涨的空间也就越有限。因此，一旦DMA的指标值过高，投资者就 应该注意风险，不可以贸然入场操作。

2．DDD线突破AMA线后，可能小幅回调，但回调往往能够在AMA线位置获得支撑，再次上升。只要DDD线位于AMA线上方，投资者就可以稳定地持有股票。

3．如果DMA指标金叉出现之前成交量持续放大，该形态的看涨信号会更加可靠。

买点51　DDD线与AMA线高位拒绝死叉：DDD线继续上升时买入

● 技术特征

1. 当DMA指标的DDD线和AMA线同时在零轴上方时，如果DDD线下跌到AMA线附近没有向下跌破，而是继续上升，就形成了高位拒绝死叉的形态。

2. DDD线从上方向AMA线靠拢，说明股价虽然在持续上涨，但是其上涨速度有减慢的趋势。这是多方强势拉升一段时间后进行短暂调整的信号。

3. 如果DDD线在AMA线位置获得支撑后持续上升，说明多方力量经过调整后再次将股价强势向上拉升。这是未来股价会持续上涨的信号。

DDD线与AMA线高位拒绝死叉形态如图11-4所示。

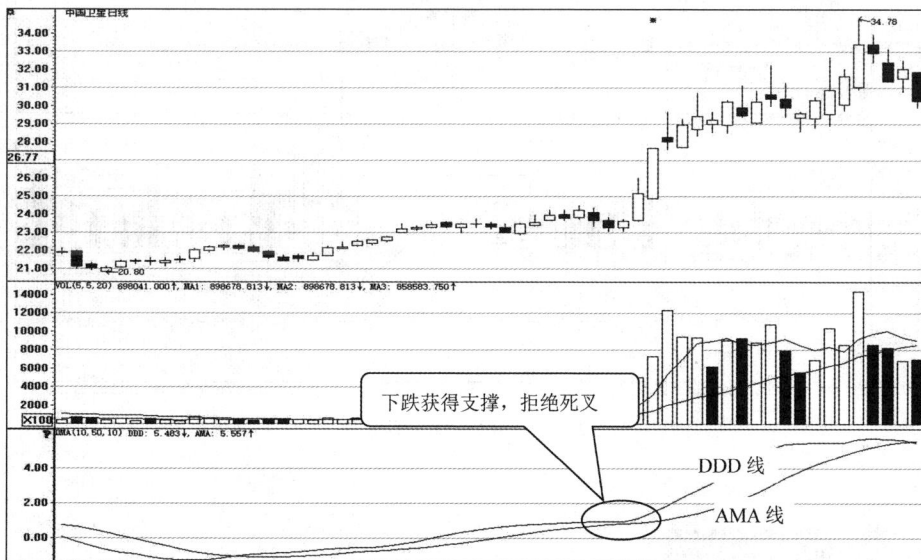

图 11-4　DDD线与AMA线高位拒绝死叉

● **买点出击**

　　DDD线在AMA线位置获得支撑后继续上涨，说明多方力量开始加速将股价向上拉升。此时投资者可以积极买入股票。

● **经典案例**

　　如图11-5所示，2022年7月初，巨化股份（600160）股价上涨一段时间后遇到阻力，同时其DMA指标的DDD线在上方逐渐向AMA线靠拢。这样的形态说明多方力量强势拉升股价一段时间后有所减弱。

　　DDD线回调到AMA线附近时获得支撑。7月14日，随着股价大幅上涨，DDD线也脱离AMA线支撑区域继续上升。这是多方力量经过调整后再次开始强势拉升股价的信号。此时投资者可以积极买入股票。

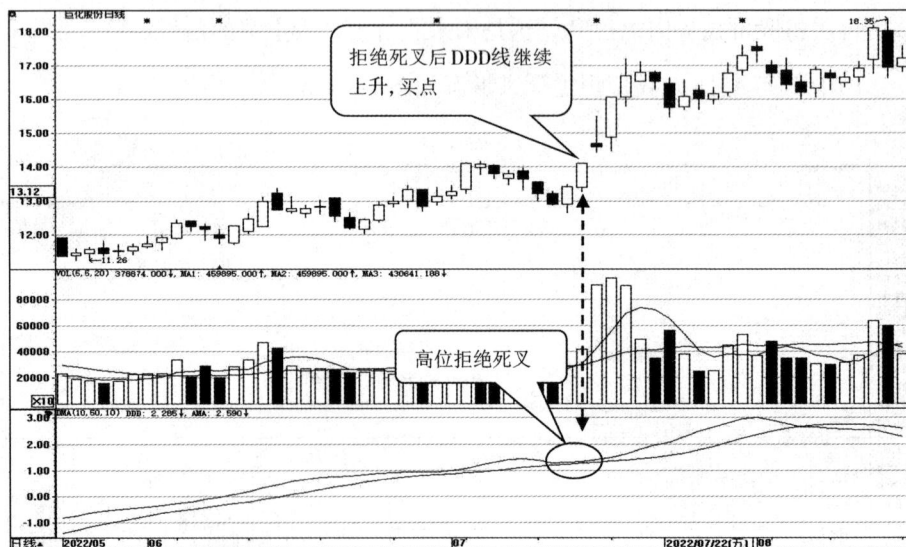

图11-5　巨化股份日K线

🍀 **实 战 提 高**

　　1．有时DDD线可能会短暂跌破AMA线就再次向上突破。只要跌破的幅度不大且持续时间不长，投资者就可以稳定持有股票。

2．如果 DDD 线跌破 AMA 线，就形成了 DMA 指标的死叉形态。这时投资者应该先将手中的股票卖出，继续观望。在未来的行情中，当 DDD 线再次突破 AMA 线形成金叉时，可以将卖出的股票买回。

3．如果 DDD 线向 AMA 线靠拢的过程中成交量萎缩，DDD 线在 AMA 线位置获得支撑后成交量放大，就验证了多方力量经过短暂调整后再次强势拉升股价的信号。此时该形态的看涨信号更加可靠。

买点52　DMA与股价底背离：DDD线突破零轴时买入

● 技术特征

1. 在股价持续下跌、连续创出新低的同时，DMA指标的DDD线没有创出新低，反而出现了一底比一底高的上涨走势，就形成了DMA指标与股价的底背离形态。

2. 底背离形态说明股价虽然持续下跌，但是短期均线在下方逐渐向长期均线靠拢，两条均线之间的距离逐渐缩短。这是股价下跌速度逐渐减慢的信号。底背离形态出现后，随着下跌速度逐渐减慢，股价将进入见底反弹行情。

DMA与股价底背离形态如图11-6所示。

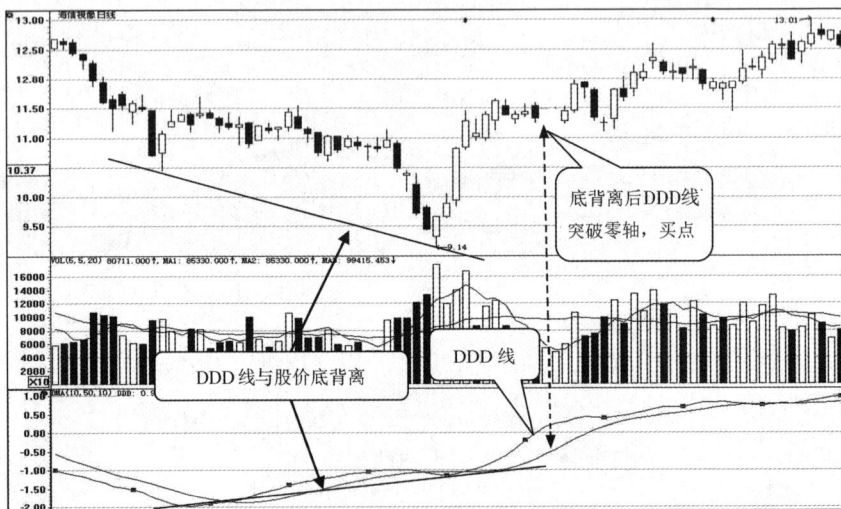

图 11-6　DMA 与股价底背离

● 买点出击

DMA与股价形成底背离，说明股价下跌的速度越来越慢，未来一旦DDD线能够持续上升，突破零轴，就说明短期均线突破长期均线，股价已经触底反弹并且进入了上涨行情。此时投资者可以积极买入股票。

● 经典案例

如图 11-7 所示，2023 年 4 月下旬至 6 月中旬，湘财股份（600095）的股价持续下跌，创出新低。与此同时，DMA 指标的 DDD 线却没有创出新低，反而出现一底比一底高的上涨走势。DMA 指标与股价形成底背离形态。该形态说明虽然股价在持续下跌，但是短期均线逐渐向长期均线靠拢，股价下跌的速度越来越慢。这是股价会见底反弹的信号。

7 月 25 日，DDD 线突破零轴。这说明短期均线已经向上突破长期均线，股价触底反弹并且进入上涨行情。此时投资者可以积极买入股票。

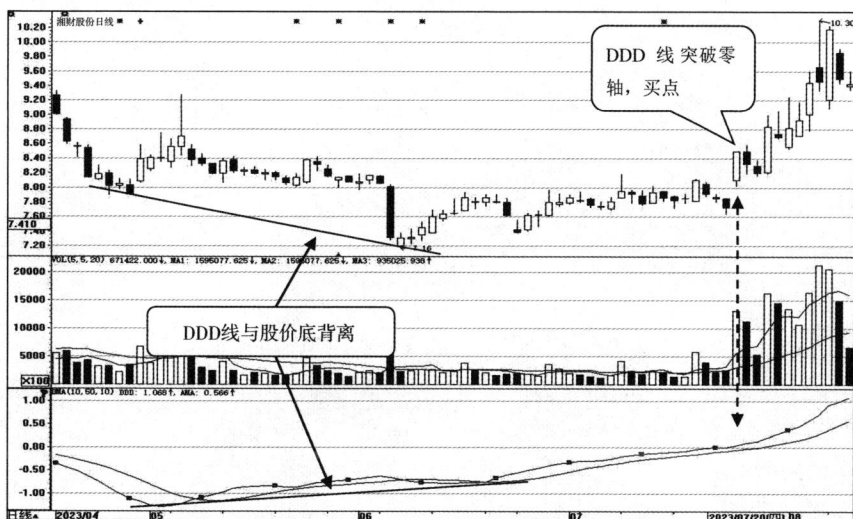

图 11-7　湘财股份日 K 线

实战提高

1. 激进的投资者可以在底背离过程中就逐渐买入股票，待 DDD 线突破零轴时完成建仓。

2．DDD 线与股价在底部形成背离的次数越多，背离持续的时间越长，该形态的看涨信号就越强烈。

3．如果在 DDD 线与股价底背离的同时成交量持续萎缩，就验证了下跌动能越来越弱的信号，此时该形态的看涨信号更加可靠。

4．如果在 DDD 线与股价形成底背离的同时，AMA 线也走出一底比一底高的上涨走势，与股价形成底背离，则该形态的看涨信号会更加可靠。

第 12 章

——

ARBR 指标的买点

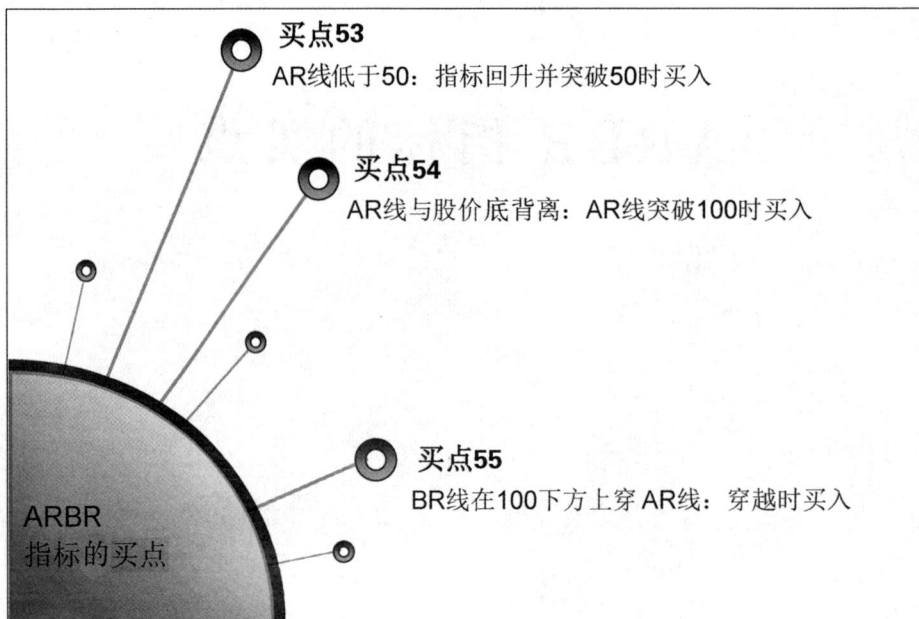

买点53

AR线低于50：指标回升并突破50时买入

买点54

AR线与股价底背离：AR线突破100时买入

买点55

BR线在100下方上穿AR线：穿越时买入

ARBR
指标的买点

指标概览

ARBR 指标（也写作 BRAR 指标）即人气意愿指标，由 AR 线、BR 线两条指标线组成（见图 12-1）。

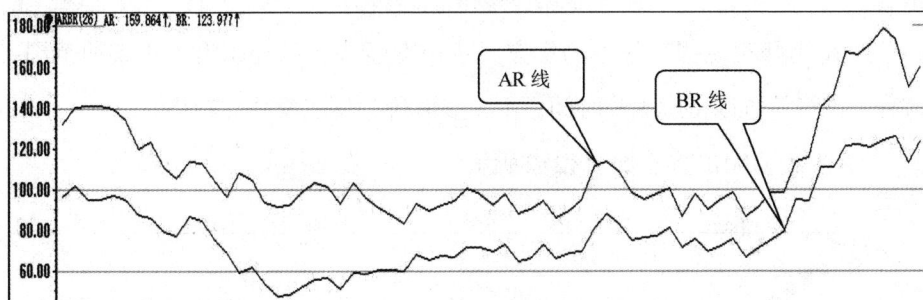

图 12-1　ARBR 指标

ARBR 指标中的 AR 线是用开盘价的相对位置表示买卖人气。具体算法为：最近 n 日最高价与开盘价的差的和除以开盘价与最低价的差的和，所得的比值放大 100 倍。

BR 线是用今日相对于前一交易日收盘价的波动范围表示买卖意愿。具体算法为：最近 n 日内，若某日的最高价高于前一交易日的收盘价，将该日最高价与前一交易日收盘价的差累加到强势和中；若某日的最低价低于前一交易日收盘价，则将前一交易日收盘价与该日最低价的差累加到弱势和中。最后用强势和除以弱势和，所得比值放大 100 倍。

AR 线和 BR 线的位置越高，说明当前市场上的买方人气越强；AR 线和 BR 线的位置越低，说明当前市场上的买方人气越弱。

买点53　AR线低于50：指标回升并突破50时买入

● 技术特征

1. 当AR线低于50时，说明前段时间内股价持续下跌，市场进入超卖状态。

2. 超卖状态说明市场上的卖方力量极度强势，已经超出了正常的范围，这种下跌行情难以持续太长时间，下一步股价有见底反弹的趋势。

AR线低于50的形态如图12-2所示。

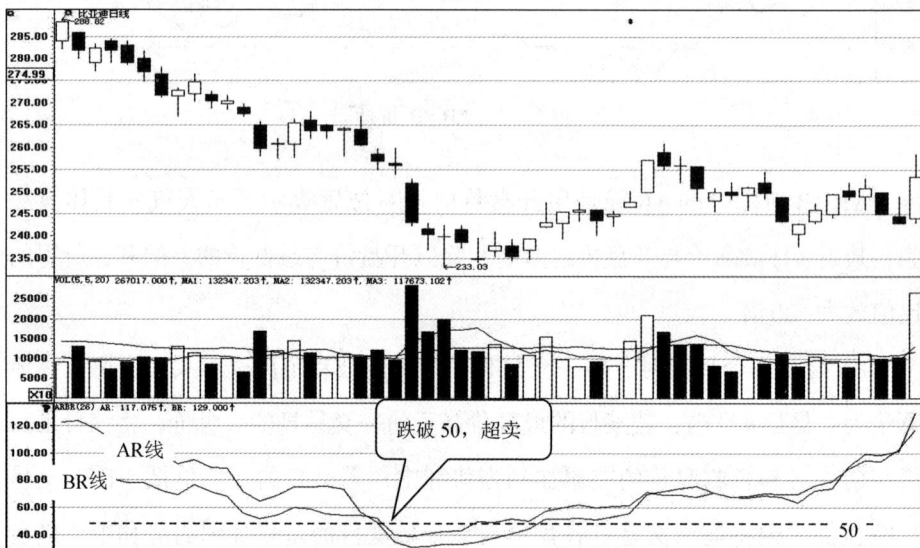

图12-2　AR线低于50

● 买点出击

当AR线在50下方持续一段时间后，如果AR线见底反弹，突破50，就说明之前极度强势的空方力量已经有所减弱，多方力量逐渐增强，股价即将见底反弹。此时投资者可以逢低买入股票。

● 经典案例

如图 12-3 所示，2023 年 4 月中旬，林海股份（600099）股价持续下跌后，其 ARBR 指标中的 AR 线跌破 50，进入超卖区域。这说明此时的下跌行情十分强势，不过这种强势的下跌可能难以持续太长时间。

2023 年 4 月下旬，股价开始反弹向上。5 月 8 日，AR 线向上突破了 50。这说明强势下跌行情已经有减缓的趋势，多方力量开始将股价向上拉升。此时投资者可以积极买入股票。

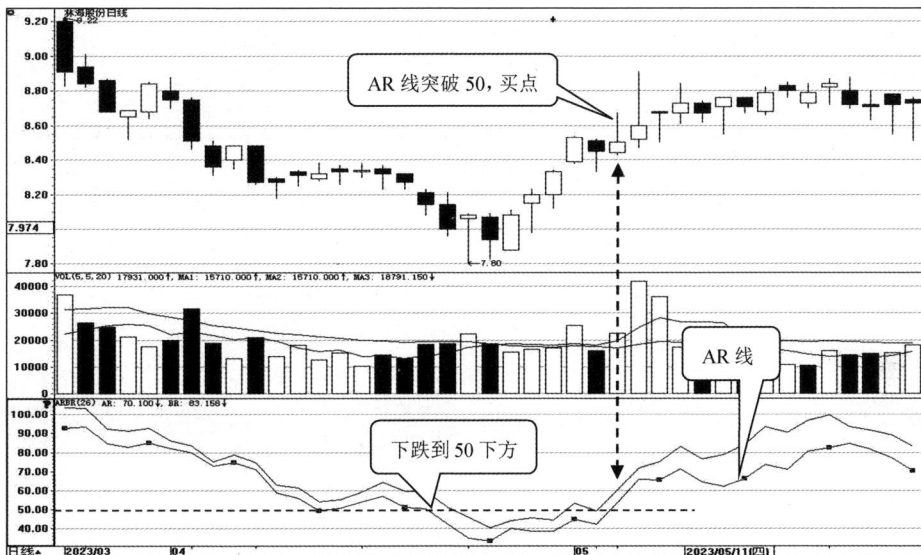

图 12-3　林海股份日 K 线

实战提高

1．如果 BR 线与 AR 线同在 50 下方整理一段时间后，又几乎同时突破 50，则该形态的看涨信号会更加强烈。

2．AR 线在 50 下方整理的时间越久，空方力量就会消耗得越严重，未来一旦股价见底反弹，其上涨空间也就越大。

3．如果AR线在50下方整理时成交量萎缩，突破50后成交量放大，该形态的看涨信号会更加强烈。

4．对于激进的投资者来说，当AR指标在50下方整理时就可以先建立部分仓位，突破50后完成建仓。

买点54　AR线与股价底背离：AR线突破100时买入

● 技术特征

1. 当股价持续下跌、连续创出新低时，如果AR线没有创出新低，反而形成了一底比一底高的走势，二者就形成了底背离形态。

2. 该形态说明股价虽然持续下跌，但打压股价下跌的空方力量减弱，股价将见底。当多方力量进入后，股价会被拉升，这是一个看涨买入信号。

AR线与股价底背离的形态如图12-4所示。

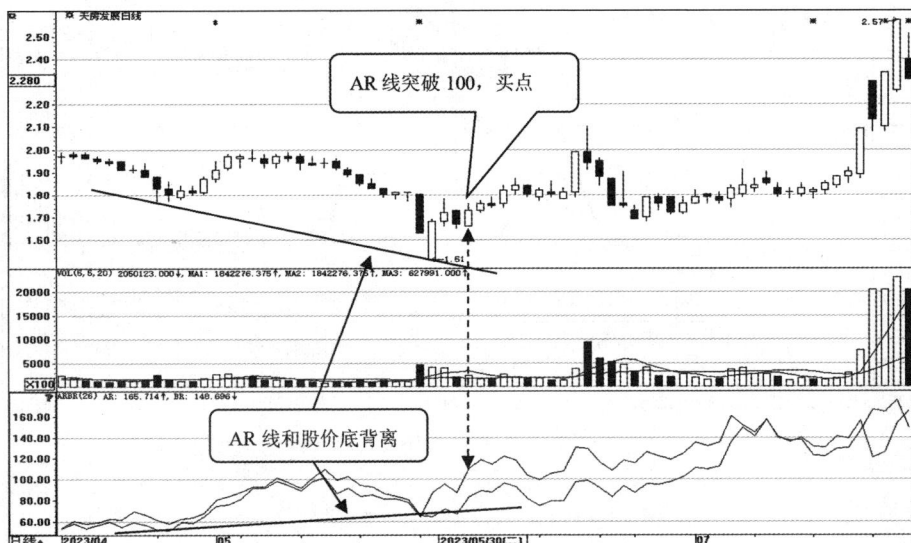

图12-4　AR 线与股价底背离

● 买点出击

AR线与股价底背离，说明虽然股价还在下跌，但卖方力量减弱，买方力量增强。此后AR线突破100，说明双方力量达到均衡，股价开始进入上涨行情。

● 经典案例

如图12-5所示，2023年4月下旬至5月底，天房发展（600322，现为津投城开）股价持续下跌的同时，其ARBR指标中的AR线却形成了一底比一底高的上升走势，二者形成底背离。这样的形态是股价即将见底反弹的信号。

6月2日，底背离完成后AR线突破了100。这说明市场上多空力量已经达到均衡，并且多方力量还有增强的趋势。此时投资者可以积极买入股票。

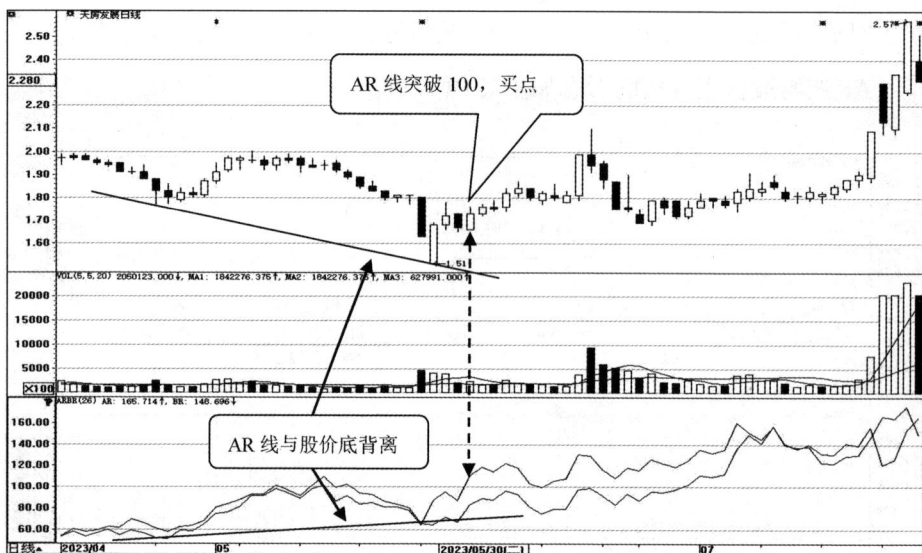

图12-5　天房发展日K线

实战提高

1. 底背离持续的时间越长，未来股价的上涨空间就越大。

2. 如果AR线与BR线都与股价形成了底背离，则看涨信号会更加强烈。

3. 如果底背离时成交量萎缩，AR线突破100时成交量放大，就验证了空方力量萎缩、多方力量增强的信号，该形态的看涨信号会更加可靠。

买点55　BR线在100下方上穿AR线：穿越时买入

● 技术特征

1. 多数情况下，BR线对行情波动的灵敏程度要高于AR线。当上涨行情开始时，BR线往往能先于AR线上升；当下跌行情开始时，BR线也往往能先于AR线下降。

2. 当BR线和AR线都位于100下方时，说明市场正处于弱势行情中。如果此时BR线自下向上穿越AR线，则说明市场有走强的趋势。

BR线在100下方上穿AR线的形态如图12-6所示。

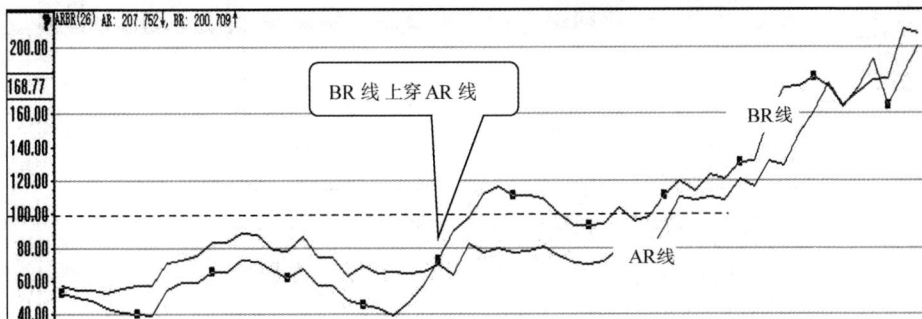

图12-6　BR线在100下方上穿AR线

● 买点出击

当BR线在100下方上穿AR线时，说明市场有上涨的动向，此时投资者可以积极买入股票。

● 经典案例

如图12-7所示，2022年9月，民和股份（002234）股价持续下跌，其AR线、BR线均跌破100。这标志着该股已经进入了弱势下跌行情。

10月10日，BR 线触底后快速放量反弹，自下向上穿越了 AR 线。这说明该股出现了见底反弹的走势，股价将逐渐走强。看到这样的形态后，投资者可以积极买入股票。

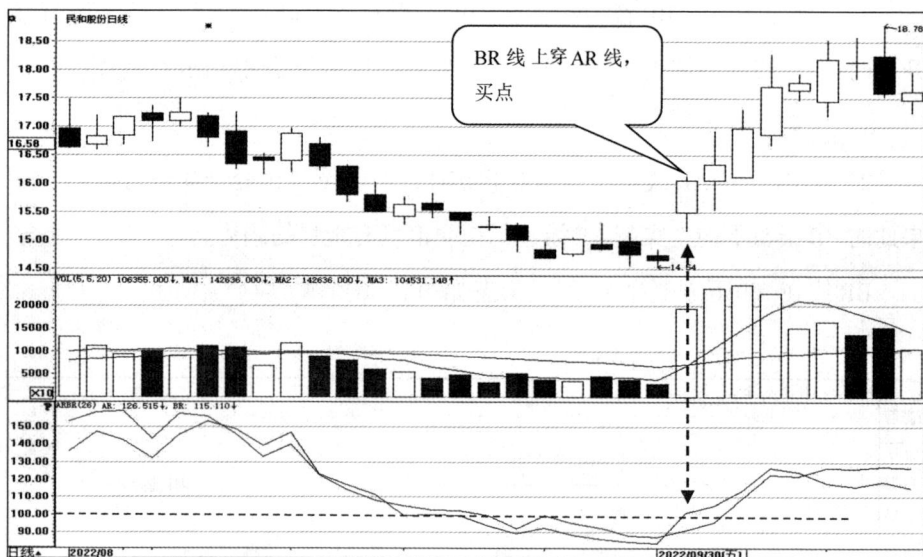

图 12-7　民和股份日 K 线

实 战 提 高

1. 谨慎的投资者可以在 BR 线突破 AR 线时先少量买入股票，等未来 BR 线和 AR 线均向上突破100、上涨行情确定后再加仓买入。

2. BR 线对行情的敏感程度并不是每次都强于 AR 线。有时 AR 线会先于 BR 线见底反弹，并且在整个上涨行情中，BR 线都会处于 AR 线的下方。

3. 有时两条指标线在持续下跌过程中，BR 线的下跌速度较慢，从而被 AR 线自上而下穿越，这也是看涨买入信号。

4. 该形态出现的位置越低，其看涨信号就越强烈。

第 13 章

——

CR 指标的买点

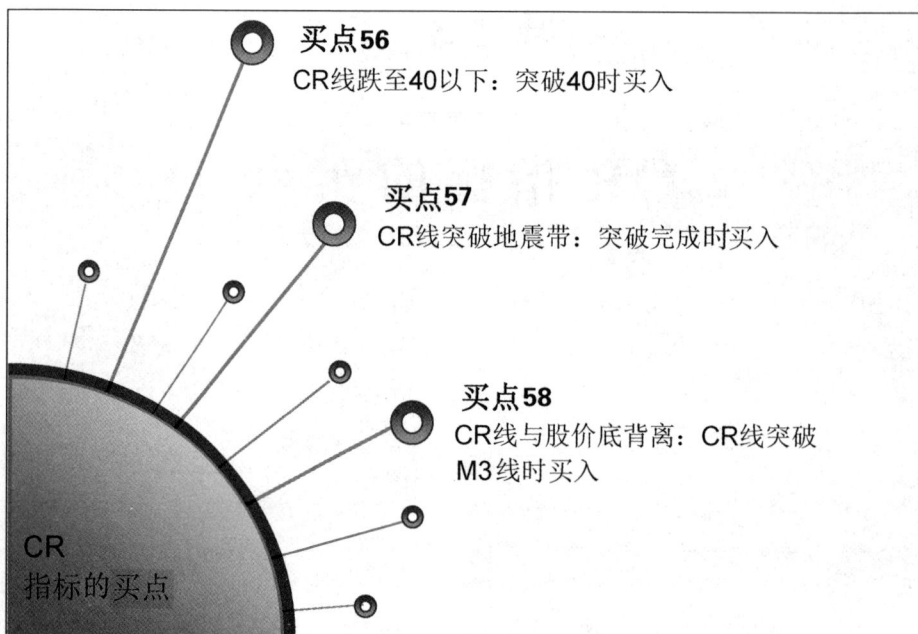

买点56
CR线跌至40以下：突破40时买入

买点57
CR线突破地震带：突破完成时买入

买点58
CR线与股价底背离：CR线突破
M3线时买入

CR
指标的买点

指标概览

CR指标即能量指标，一般由四条曲线组成。其中波动最频繁的曲线为CR线，另外三条波动较缓慢的曲线分别是M1线、M2线和M3线（见图13-1）。

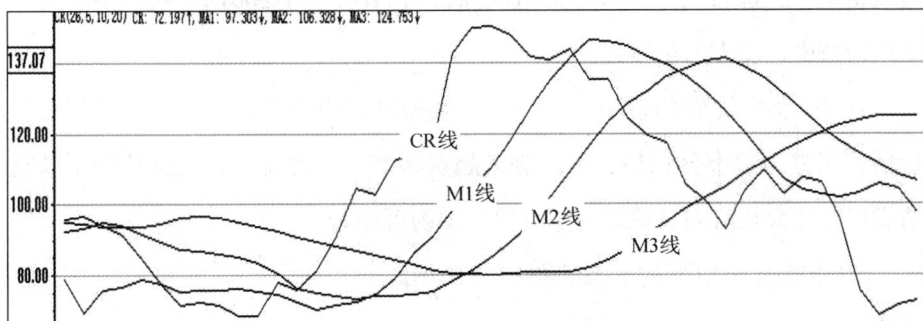

图 13-1　CR 指标

在 n 日内，若某日最高价高于前一日中价（最高价、最低价的均值），将二者的差累加到强势和中；若某日最低价低于前一日中价，将前一日中价与最低价的差累加到弱势和中。强势和除以弱势和，再乘以100，即得CR值。

CR线可以反映一段时间内市场上买卖力量的强弱。当CR线大于100时，说明买方力量较强；CR线小于100时，说明卖方力量较强。CR线位置越高，说明买方力量越强；位置越低，说明卖方力量越强。

CR指标中的M1、M2、M3三条线分别代表了CR线的5日、10日、20日移动平均线。由这三条线组成的区间被称为地震带。地震带会对CR指标形成较强的阻力和支撑作用。

买点56 CR线跌至40以下：突破40时买入

● 技术特征

1. CR线反映一段时间内市场上买卖力量的强弱。当CR线大于100时，说明股价处于上涨行情中，买方力量较强；当CR线小于100时，说明股价处于下跌行情中，卖方力量较强。

2. 当CR线跌至40以下区域时，说明短期内市场经历了一轮快速下跌的行情，卖方力量十分强势，市场进入超卖状态。这种卖方极度强势的下跌行情难以持续太长时间，该股有了见底反弹的可能。

CR线跌至40以下的形态如图13-2所示。

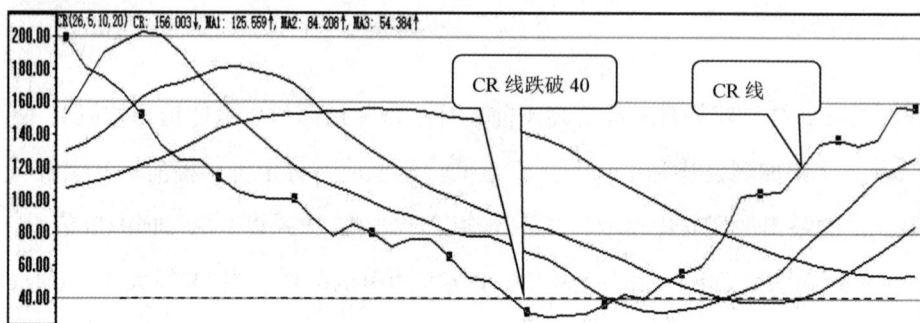

图13-2 CR线跌至40以下

● 买点出击

当CR线跌至40以下时，说明卖方力量极度强势，打压股价持续下跌，市场进入超卖状态，不过这种超卖状态难以持续太长时间。当CR线突破40时，说明强势下跌行情已经有转势迹象。此时投资者可以积极买入股票。

● 经典案例

如图13-3所示，2022年12月下旬，美迪西（688202）股价经过持续下跌行情后，其 CR 线跌破 40。这说明空方力量十分强势，市场进入超卖状态。这种超卖状态难以持续太久，是股价即将见底反弹的信号。

12 月 27 日，股价跳空高开高走，CR 线向上突破 40。这说明打压股价下跌的空方力量有所减弱，强势下跌行情即将结束。此时投资者可以积极买入股票。

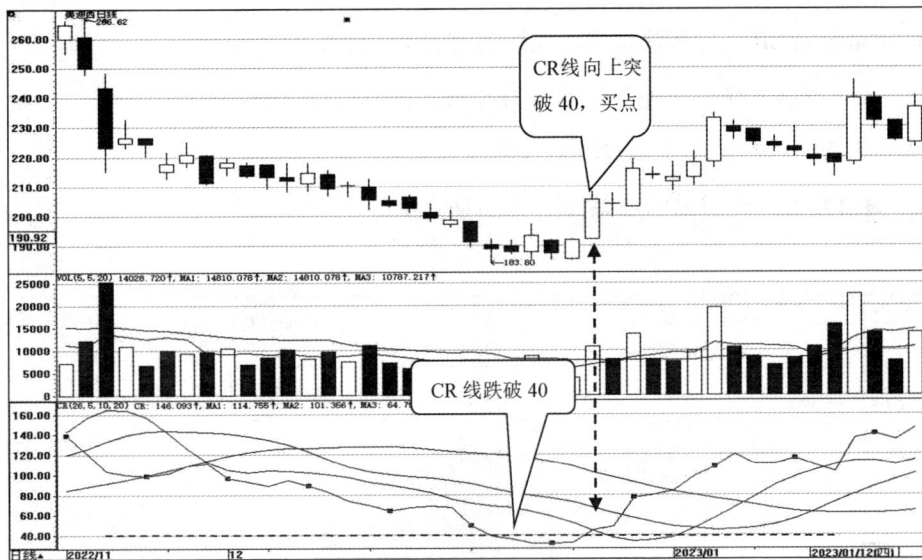

图 13-3　美迪西日 K 线

实战提高

1. CR 线突破 40 只能说明股价下跌速度有所减慢，并不意味着上涨行情一定会开始。如果投资者希望谨慎操作，可以于 CR 线突破 40 时先建立部分仓位，等 CR 线突破 100 后再加仓。

2. CR 线在 40 以下区域整理的时间越长，空方力量就会被消耗得越严重，未来股价上涨时也会有越大的上涨空间。

3. 如果 CR 线跌破 40 后成交量持续萎缩，CR 线突破 40 时成交量放大，就验证了卖方力量逐渐衰弱、买方力量增强的信号。此时该形态的看涨信号会更加可靠。

买点57　CR线突破地震带：突破完成时买入

● 技术特征

1. CR指标中，由M1、M2、M3三条曲线组成的带状区间被称为地震带。地震带会对CR线的涨跌起到较强的阻力或者支撑作用。

2. 一旦CR线突破地震带的阻力区间，就说明股价结束了弱势调整，开始进入强势上涨行情。这是看涨买入信号。

CR线突破地震带的形态如图13-4所示。

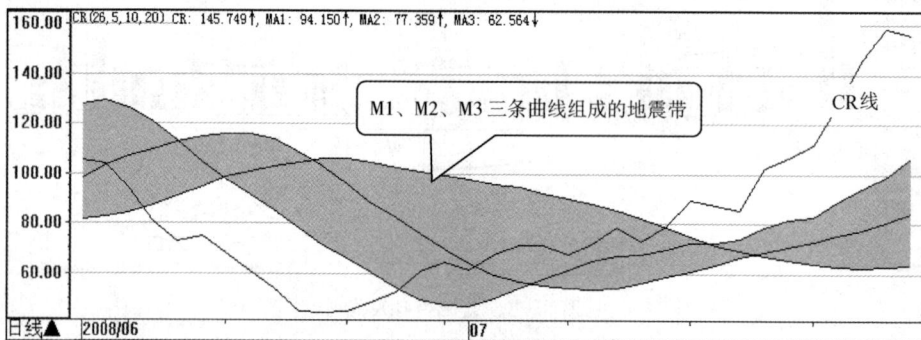

图13-4　CR线突破地震带

● 买点出击

当CR线突破M1、M2、M3三条曲线中最上边的一条，最终完成对地震带的突破时，说明强势上涨行情已经展开。此时投资者可以积极买入股票。

● 经典案例

如图13-5所示，2022年12月底，富奥股份（000030）股价见底反弹，同时其CR指标中的CR线也开始向上突破由M1线、M2线、M3线组成的地震带。

2023 年 1 月 16 日，CR 线突破 M3 线，最终完成对地震带的突破。这标志着多方力量已经克服阻力，未来股价将会被持续向上拉升。此时投资者可以积极买入股票。

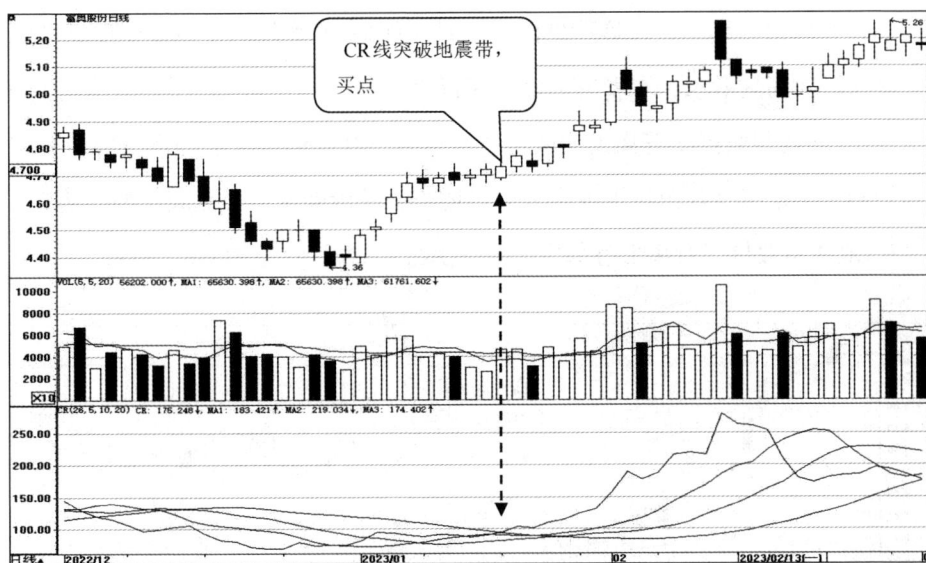

图 13-5　富奥股份日 K 线

实战提高

1．多数情况下，三条曲线中最终被突破的会是波动最慢的 M3 线，但也有个别情况是 M1 线或 M2 线在三条曲线的最上边，CR 线突破该曲线后即完成对地震带的突破。

2．地震带中，M1 线和 M2 线区间对股价的阻力作用较弱，M2 线和 M3 线区间对股价的阻力作用较强。

3．股价对地震带的突破越坚决，说明上涨行情越强势，该形态的看涨信号也就越强烈。

买点58　CR线与股价底背离：CR线突破M3线时买入

● **技术特征**

1. 当股价持续下跌、连续创出新低时，如果CR线没有创新低，反而形成一底比一底高的形态，二者就形成了底背离形态。

2. CR线与股价底背离说明股价虽然持续下跌，但市场上的空方力量有减弱的趋势。未来一旦市场上的多方力量增强，股价即将形成见底反弹的趋势。

CR线与股价底背离形态如图13-6所示。

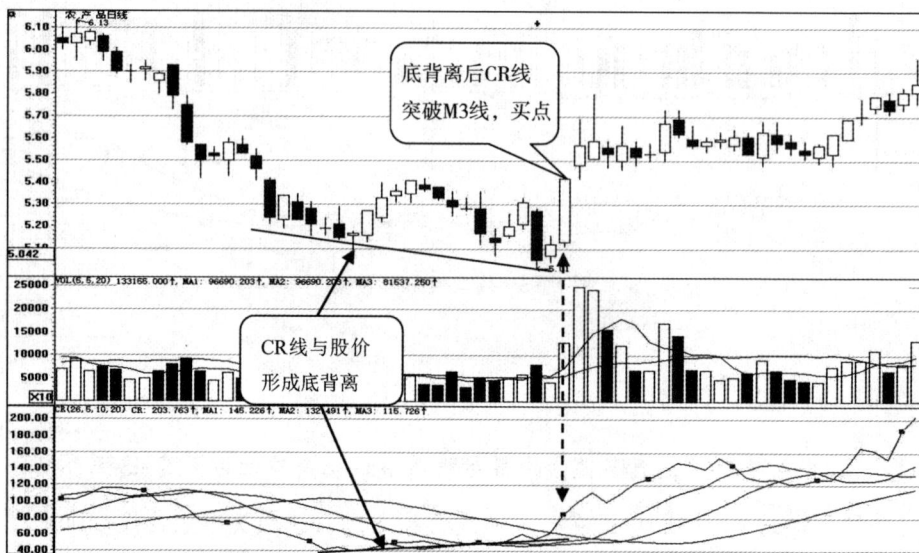

图13-6　CR线与股价底背离

● **买点出击**

CR线与股价底背离后，如果能够继续上涨并突破M3线，完成对地震带的突破，说明多方力量开始持续拉升股价。此时投资者可以积极买入股票。

● 经典案例

如图 13-7 所示，2023 年 5 月底至 6 月底，中洲控股（000042）股价下跌的过程中，CR 线却形成了一底比一底高的走势，二者形成底背离形态。这样的形态说明股价虽然下跌，但是打压股价的空方力量越来越弱，是未来股价将见底反弹的信号。

2023 年 6 月 28 日，底背离后 CR 线突破了 M3 线，完成对地震带的突破。这说明下跌行情结束，股价开始强势上涨。此时投资者可以积极买入股票。

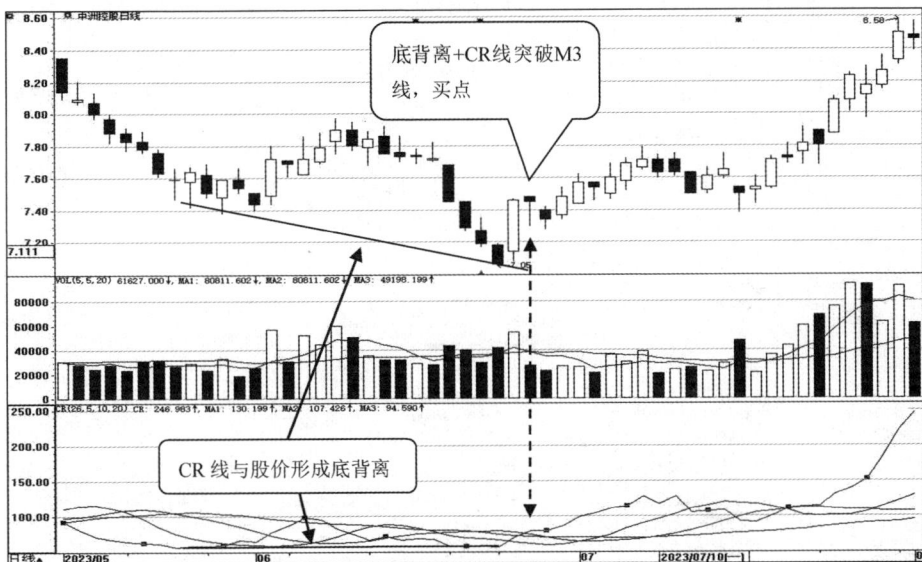

图 13-7　中洲控股日 K 线

🍀 实战提高

1. 激进型投资者可以在底背离形成过程中就逐渐买入股票，等 CR 线突破 M3 线时完成建仓。

2. 投资者可以将底背离形态与 CR 线突破地震带的形态结合起来，综合多方面因素判断买入点。

3. 如果在底背离过程中成交量持续萎缩，而 CR 线向上突破时成交量放大，就验证了卖方力量减弱、买方力量增强的信号。此时该形态的看涨信号会更加可靠。

第 14 章

——

VR 指标的买点

——

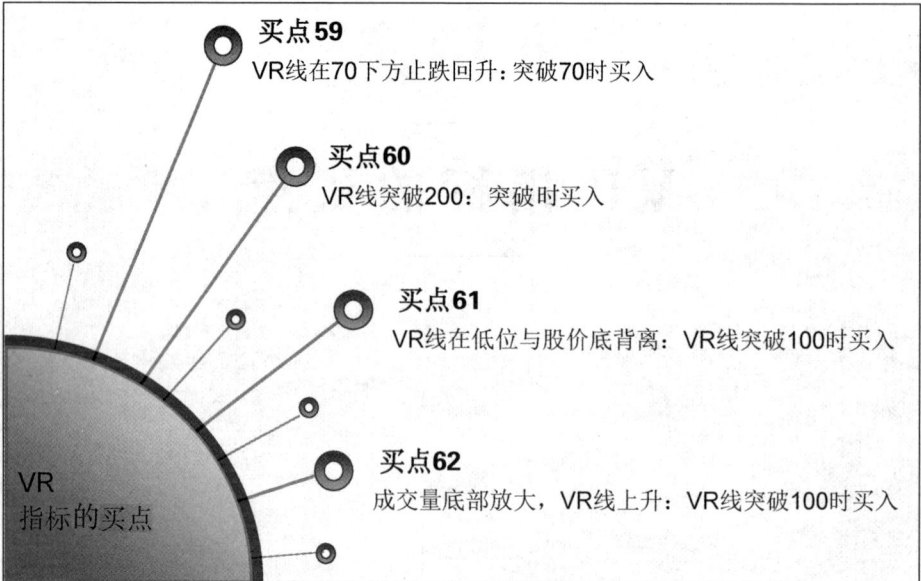

买点59

VR线在70下方止跌回升：突破70时买入

买点60

VR线突破200：突破时买入

买点61

VR线在低位与股价底背离：VR线突破100时买入

买点62

成交量底部放大，VR线上升：VR线突破100时买入

VR
指标的买点

指标概览

VR 指标即容量比率指标。该指标只有一条指标线，即 VR 线（见图 14-1）。

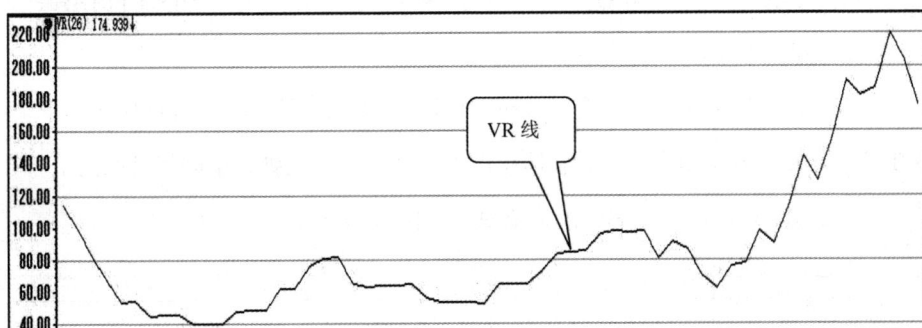

图 14-1　VR 指标

VR 指标通过统计上涨和下跌时的成交量变化情况，来衡量市场上多空双方力量的强弱。

在 n 日内，若某日收阳（收盘价高于开盘价），将该日成交量累加到强势和中；若收阴，将该日成交量累加到弱势和中。若平盘，则将该日成交量一半累加到强势和中，一半累加到弱势和中。最后，计算强势和与弱势和的比，并放大 100 倍，即得到 VR 指标值。

VR 指标值高，说明股价放量上涨，是多方强势的信号；指标值低，说明股价放量下跌，是空方力量强势的信号。

买点59　VR线在70下方止跌回升：突破70时买入

● **技术特征**

1. VR线的位置越低，说明市场上的空方力量越强。当VR线跌破70时，说明股价正在被空方强势打压，进入超卖行情。不过，这种超卖行情不会持续太长时间，未来股价将有反弹行情出现。

2. 当VR线在70下方止跌回升时，说明强势下跌行情已经接近尾声。一旦VR线突破70，就说明多方开始将股价向上拉升，这是反弹行情即将开始的信号。

VR线在70下方止跌回升的形态如图14-2所示。

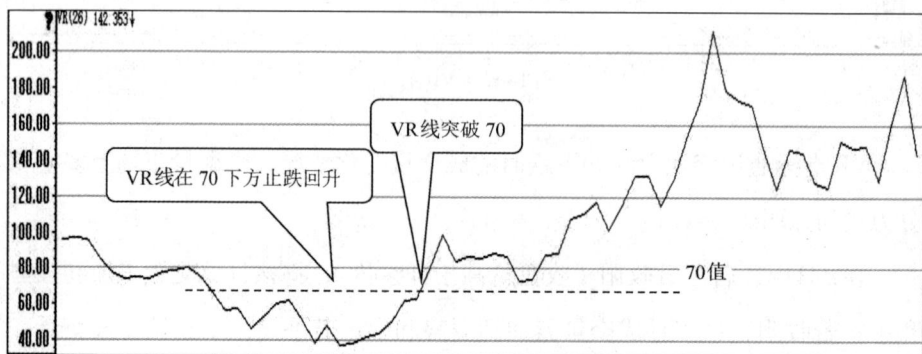

图14-2　VR线在70下方止跌回升

● **买点出击**

当VR线突破70时，说明多方力量开始将股价向上拉升，反弹行情即将开始。此时投资者可以积极买入股票。

● **经典案例**

如图14-3所示，2022年10月下旬，皇庭国际（000056）股价持续下跌一段时间后，其VR线跌破70。这样的形态说明空方力量持续打压股价，市场进入了超卖行情。不过，这种行情可能难以持续。

11 月 7 日，VR 线见底回升突破了 70。这说明多方力量已经开始拉升股价，上涨行情即将开始。此时投资者可以积极买入股票。

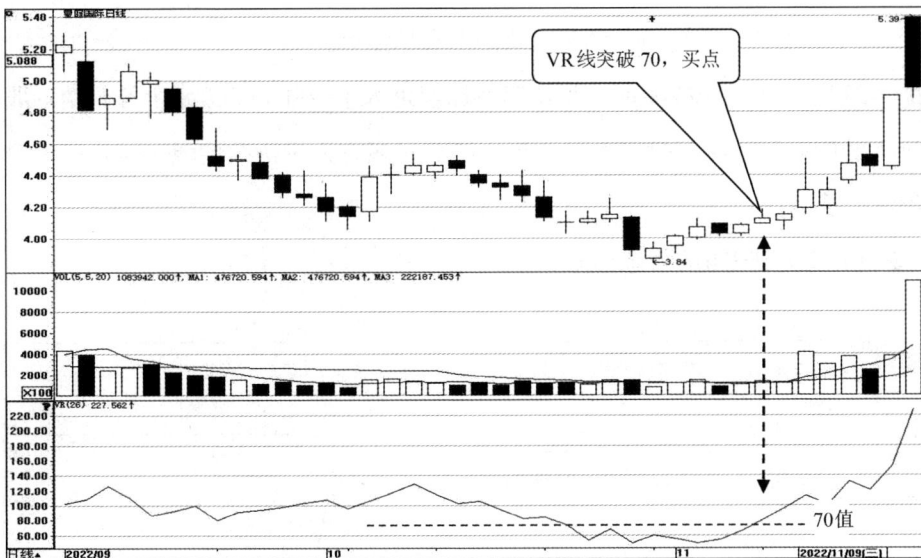

图 14-3　皇庭国际日 K 线

实战提高

1．VR 线在 70 下方持续时间越长，空方力量就会被消耗得越严重，未来股价见底反弹时，往往就能够有越大的上涨空间。

2．如果投资者希望谨慎操作，可以在 VR 线突破 70 时先建立部分仓位，等其突破 100、上涨行情开始后再加仓。

3．当 VR 线突破 70 时，如果股价也同步向上突破了前期重要的阻力位，则该形态的看涨信号会更加强烈。

4．如果 VR 线在 70 下方整理时成交量萎缩，VR 线向上突破 70 时成交量放大，就验证了空方力量萎缩、多方力量增强的信号。此时该形态的看涨信号会更加可靠。

买点60 VR线突破200：突破时买入

● 技术特征

1. VR线的位置越高，说明股票的上涨越强势。

2. 当VR线突破200时，说明市场已经进入十分强势的放量上涨行情。股价上涨的同时不断有投资者追高买入股票，多方力量持续增强。这是股价会继续上涨的信号。

VR线突破200的形态如图14-4所示。

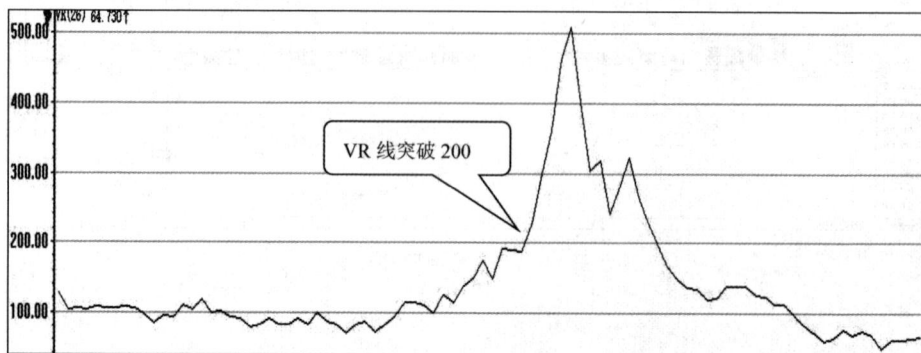

图14-4 VR线突破200

● 买点出击

VR线突破200说明强势上涨的行情已经开始，此时投资者可以积极买入股票。

● 经典案例

如图14-5所示，2021年8月开始，华数传媒（000156）的股价进入稳健上涨行情，同时期VR指标的曲线也持续上升。

9月2日，该指标线突破200。这标志着强势的放量上涨行情已经开始，此时投资者可以积极买入股票。

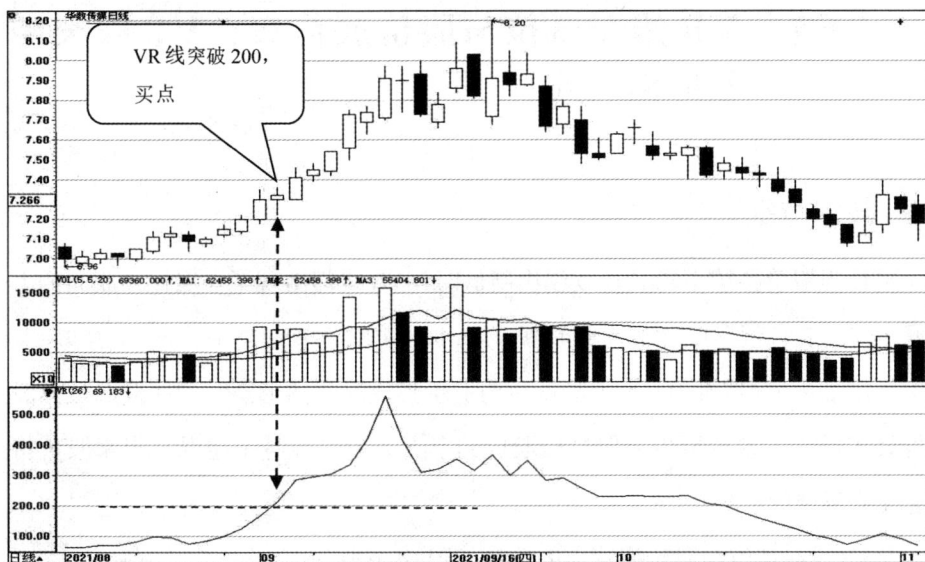

图 14-5　华数传媒日 K 线

🍀 实战提高

1．VR 线向上突破 200 时上涨越坚决，该形态的看涨信号也就越强烈。如果突破前曲线多次在 200 附近遇阻，投资者则要提防假突破出现。

2．如果 VR 线突破 200 后继续强势上涨，突破 500，说明市场进入了超买行情，短期内有见顶下跌的可能。此时投资者要注意控制风险。

3．有时股价连续几个交易日放量涨停，这会将 VR 指标快速向上推升，此时投资者如果追高买入，需要严格控制风险。

买点61　VR线在低位与股价底背离：VR线突破 100时买入

● **技术特征**

1. 当股价持续下跌、连续创出新低时，VR线却出现了一底比一底高的上升走势，二者就形成了底背离形态。

2. 如果VR线在100下方的低位与股价形成底背离形态，说明此时虽然股价处于弱势下跌行情中，但打压股价的空方力量已经越来越弱。未来股价将有见底反弹的趋势。

VR线在低位与股价底背离的形态如图14-6所示。

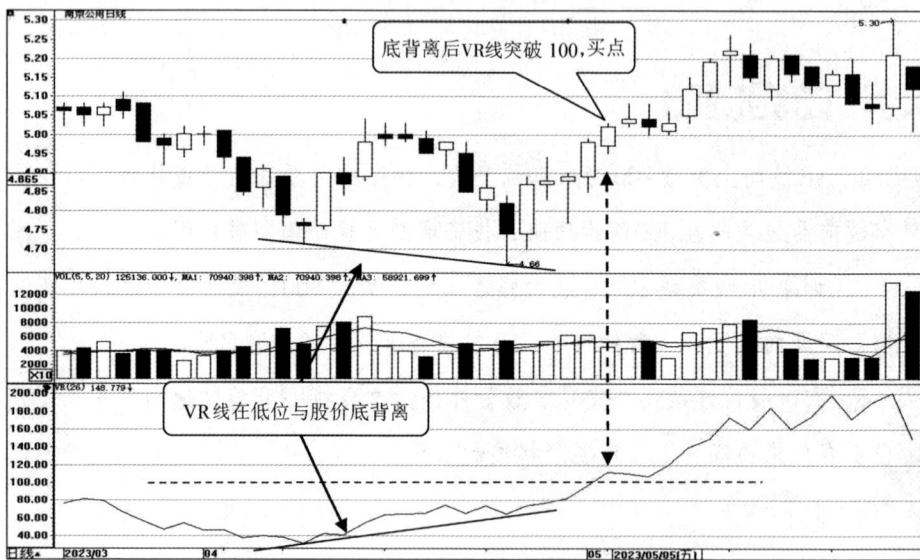

图14-6　VR线在低位与股价底背离

● **买点出击**

底背离形态完成后，如果VR线持续上涨，突破了100，就说明股价已经开始走强。此时是投资者买入股票的机会。

● 经典案例

如图 14-7 所示，2023 年 6 月，焦作万方（000612）的 VR 线与股价形成了底背离形态。在背离过程中，VR 线一直位于 100 下方的低位。这样的形态说明股价虽然持续下跌，但是打压股价的空方力量越来越弱，未来股价将可能见底反弹。

底背离完成后，VR 线持续上涨。7 月 4 日，VR 线突破 100。这说明弱势下跌行情已经结束，股价开始上涨。此时投资者可以积极买入股票。

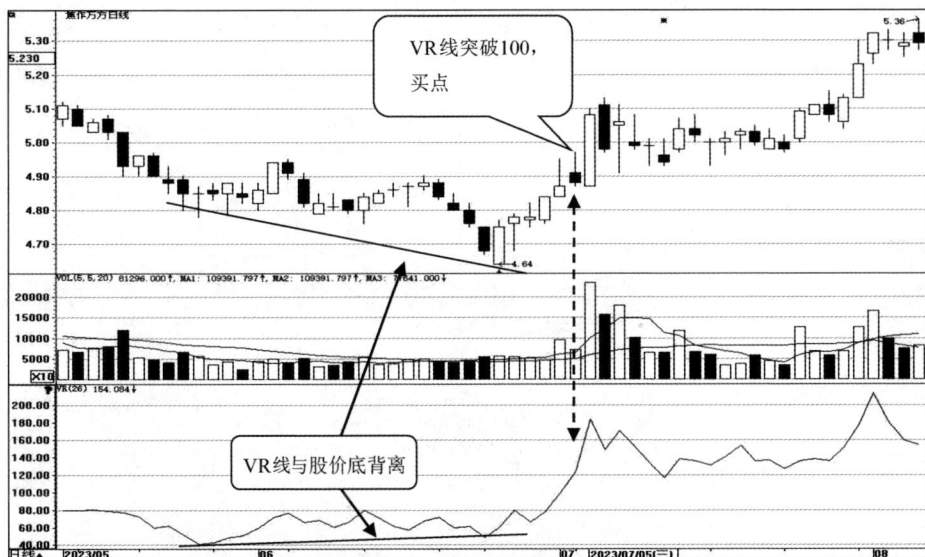

图 14-7　焦作万方日 K 线

🎋 实战提高

1. 底背离开始时 VR 线的位置越低，该形态的看涨信号就越可靠。如果底背离开始时 VR 线在 50 以下，背离过程中突破了 50，则该形态的看涨信号十分强烈。

2. VR 线与股价在低位背离持续的时间越长，背离次数越多，该形态的看涨信号就越强烈。

3. 如果底背离过程中成交量持续萎缩，底背离完成后 VR 线上升时成交量放大，就验证了空方力量减弱、多方力量增强的信号。此时该形态的看涨信号会更加可靠。

买点62 成交量底部放大，VR线上升：VR线突破100时买入

● 技术特征

1. 在股价下跌一段时间后，VR线往往会下降到100下方的低位区域。

2. 当股价在底部区域持续整理时，如果成交量放大，说明市场上的多空力量激烈争夺。如果此时VR线上升，则表示股价上涨时有放量趋势，下跌时有缩量趋势，这是多方力量在争夺中占据优势的信号。

3. 如果成交量在底部持续放大，同时VR线持续上升，说明不断有新的多方力量进入。这样的形态出现在底部区域，是股价见底反弹的信号。

成交量底部放大，VR线上升的形态如图14-8所示。

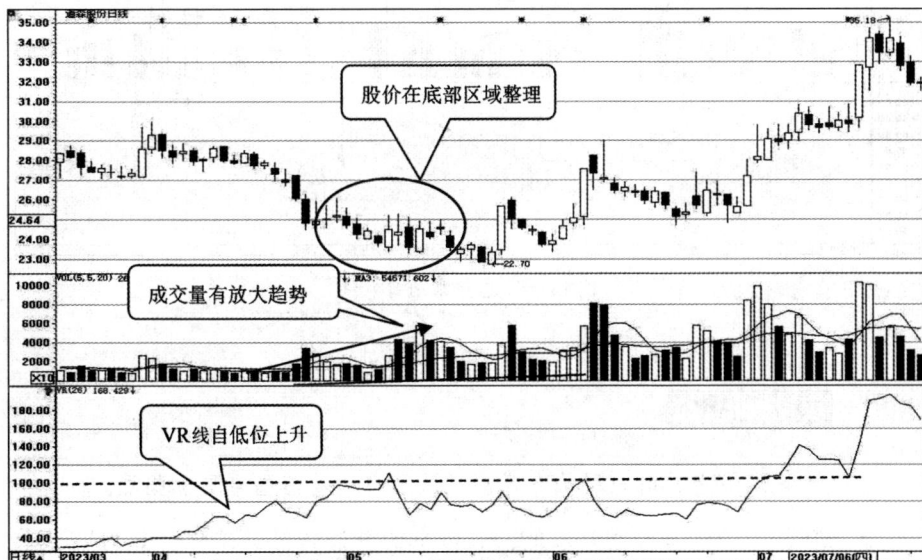

图14-8 成交量底部放大，VR线上升

● 买点出击

当VR线突破100时，说明股价已经进入了上涨行情，买点出现。

● 经典案例

如图14-9所示，2022年8月初，志邦家居（603801）股价经过持续下跌后，在底部持续震荡整理。在整理过程中，成交量逐渐放大，VR线也持续上升。这说明不断有新的多方力量进入，是股价将见底反弹的信号。

8月30日，VR线突破100。这说明多方已经开始将股价强势向上拉升，股价进入上涨行情。此时投资者可以积极买入股票。

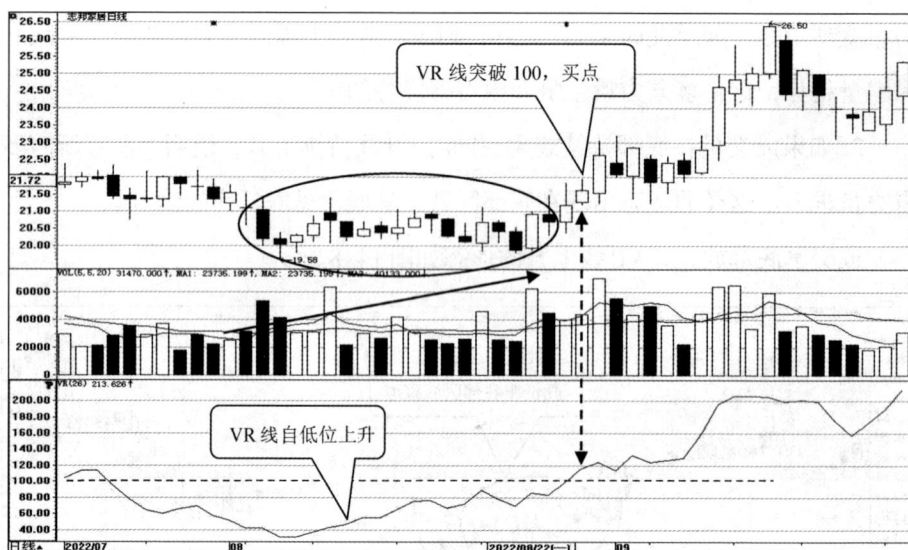

图14-9　志邦家居日K线

🍀 实战提高

1. 如果VR线上升时与股价底背离，该形态的看涨信号更加强烈。

2. VR线见底反弹的位置越低，该形态的看涨信号就越强。如果VR线在50以下区域见底反弹，则该形态的看涨信号会十分强烈。

3. 如果VR线突破100后能继续上涨，很快就突破了200，则说明拉升股价的多方力量十分强势。此时投资者可以积极加仓买入股票。

第 15 章

PSY 指标的买点

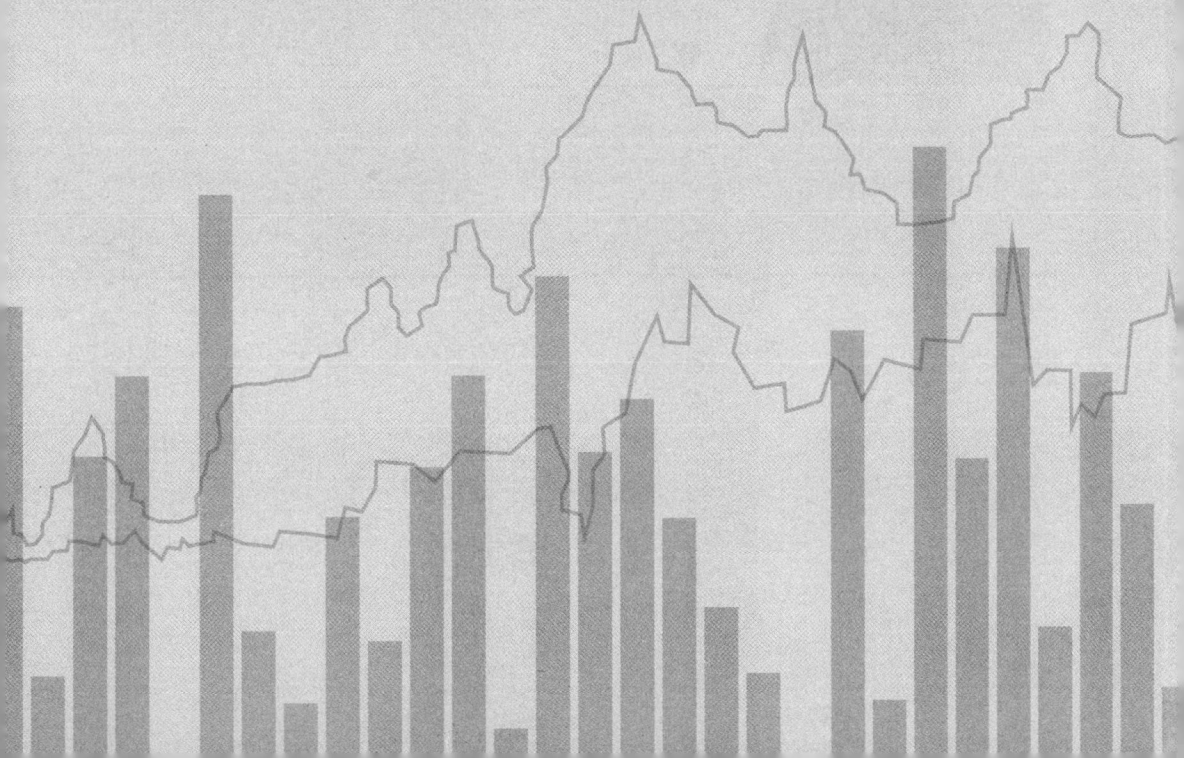

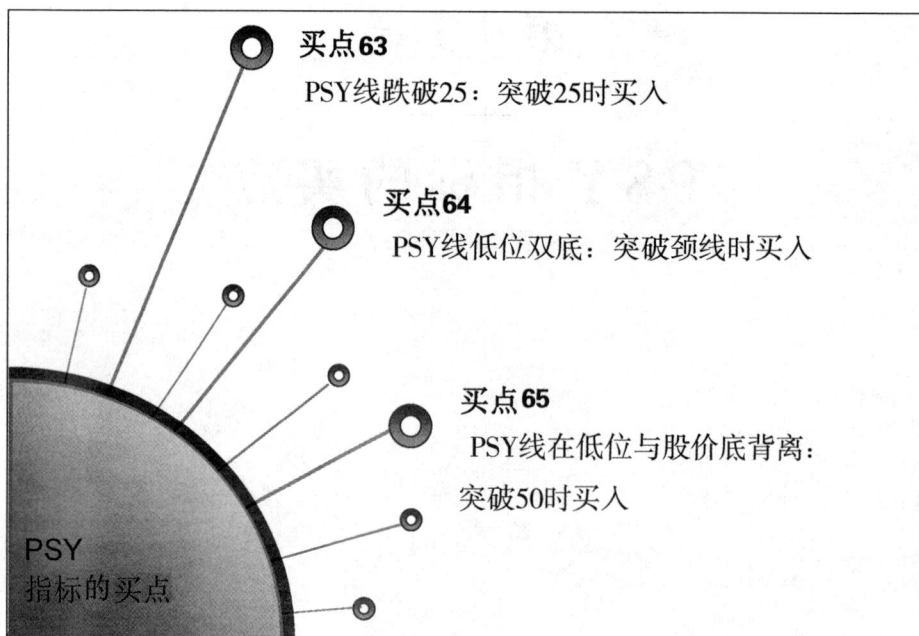

买点63

PSY线跌破25：突破25时买入

买点64

PSY线低位双底：突破颈线时买入

买点 65

PSY线在低位与股价底背离：

突破50时买入

PSY

指标的买点

指标概览

PSY指标即心理线指标。该指标只有一条指标线，即PSY线（见图15-1）。

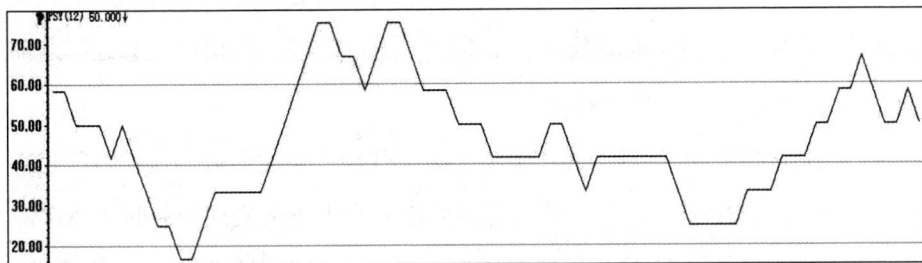

图 15-1 PSY 指标

PSY指标利用一段时间内市场上涨的天数与该段时间的总天数的比值曲线来研判市场上多空双方力量的对比情况。

在股票市场上，人们对后市行情的心理预期分为两种。

一种是在趋势刚刚确定时，人们的心理预期与市场趋势的涨跌成正比。即趋势上涨，心理预期也看多；趋势下跌，心理预期也看空。

另一种是随着趋势发展，当前一种心理预期达到极端时，逆反心理就会开始起作用。即上涨趋势发展到极端时，人们转而看空；下跌趋势发展到极端时，人们转而看多。这种逆反心理可能使股价的运行趋势反转。

心理线指标就是通过当前行情涨跌来测量市场心态。

买点 63　PSY 线跌破 25：突破 25 时买入

● **技术特征**

1. PSY 线的正常波动区间为 25~75。当指标线在这个区间内波动时，说明股价处于正常行情中，此时投资者不会产生逆反心理，行情往往会延续之前的趋势运行。

2. 当 PSY 线跌破 25 时，说明市场上的下跌趋势极度强势。这种下跌趋势会刺激投资者产生逆反心理，转而看多后市，在市场上表现为有越来越多的投资者开始抄底买入股票。等持有逆反心理的投资者积累到一定的数量后，股价将见底反弹。

PSY 线跌破 25 的形态如图 15-2 所示。

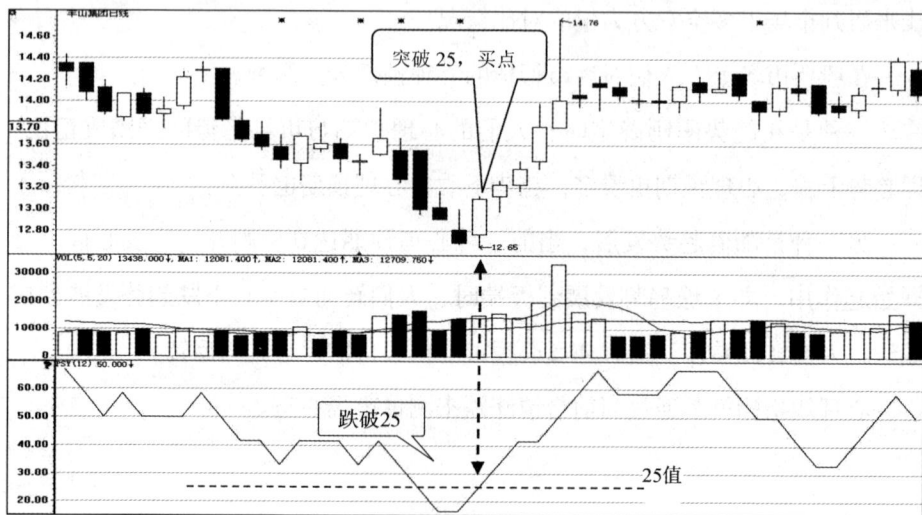

图 15-2　PSY 线跌破 25

● **买点出击**

当 PSY 线突破 25 时，说明已经有大量投资者开始做多买入股票，股价有被向上拉升的趋势。此时投资者可以积极买入股票。

● **经典案例**

如图15-3所示，2023年6月底，顾家家居（603816）股价持续下跌后，PSY线跌破25。这样的形态说明股价经过持续下跌后，已经有可能刺激到了投资者的逆反心理。未来可能会有大量投资者抄底买入股票。

7月7日，PSY线向上突破25。这标志着抄底买盘已经积累到一定数量，并且开始将股价向上拉升。此时投资者可以积极买入股票。

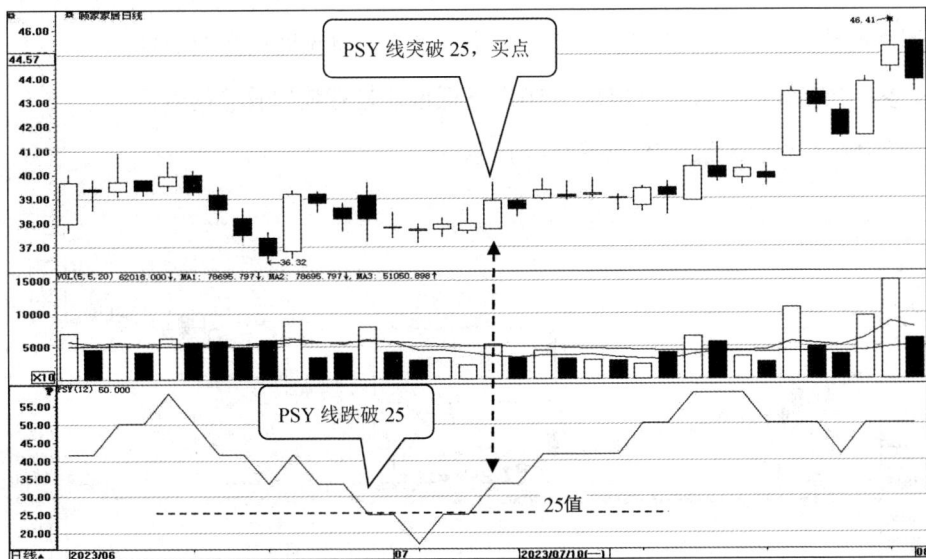

图15-3　顾家家居日K线

🍀 **实战提高**

1. 如果投资者选择的参数为12，PSY线跌破25就说明过去12个交易日中有超过8个交易日股价下跌。

2. PSY线可能在等于25的位置持续几个交易日。该指标线突破25后，才是有效的看涨买入信号。

3. PSY线的多空平衡点是50。谨慎的投资者可在PSY线突破25时先建立部分仓位，等PSY线突破50、上涨趋势确定后再加仓。

买点64 PSY线低位双底：突破颈线时买入

● 技术特征

1. 如果PSY线连续两次下跌都在几乎同一位置获得支撑，就形成了双底形态。自第一个底部回调时所形成的高点做水平线，可以得到双底形态的颈线。

2. PSY线双底形态说明经过一段时间下跌行情后，投资者看空后市的心理逐渐动摇，转而开始看多后市。这是未来股价将见底反弹的信号。

3. PSY线的双底只有出现在50以下低位才是有效的看涨信号。

PSY线低位双底形态如图15-4所示。

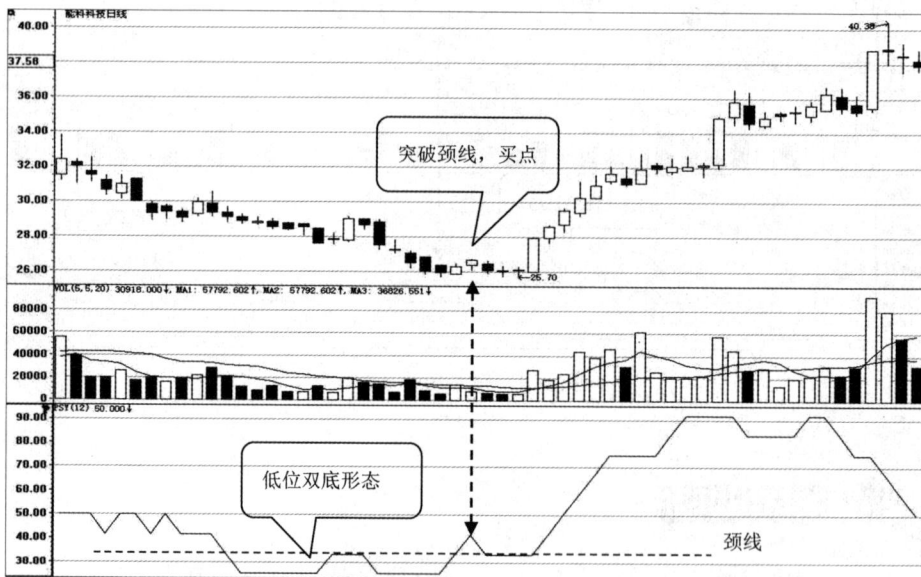

图15-4 PSY线低位双底

● 买点出击

当PSY线突破颈线时，说明大量投资者已经转向做多，股价即将进入上涨行情。此时投资者可以积极买入股票。

● **经典案例**

　　如图 15-5 所示，2022 年 10 月中旬，松炀资源（603863）股价持续下跌一段时间后，PSY 线在 50 以下的低位形成了双底形态。这样的形态说明经过一段时间下跌后，投资者看空后市的心理逐渐动摇，转而开始看多后市。这是未来股价将见底反弹的信号。

　　2022 年 10 月 18 日，PSY 线向上突破双底形态的颈线。这说明已经有大量投资者开始买入股票，股价即将见底反弹。此时投资者可以积极买入股票。

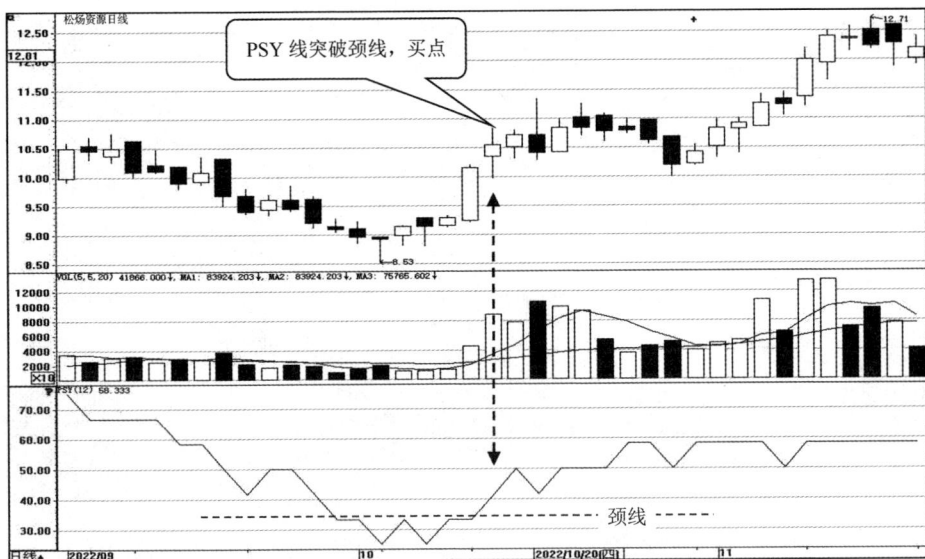

图 15-5　松炀资源日 K 线

🍀 **实战提高**

　　1．PSY 线双底出现的位置越低，该形态的看涨信号就越强。如果双底形态以 25 为颈线，PSY 线突破颈线的同时也突破了 25，则该形态会形成十分强烈的看涨信号。

　　2．有时 PSY 线的双底也会演变为三重底、头肩底等形态，这都是有效的看涨买入信号。

3. 如果在双底形成过程中成交量持续萎缩，最终PSY线突破颈线时成交量放大，则验证了投资者不再看空、转而看多后市的信号。此时该形态的看涨信号会更加强烈。

4. 如果PSY线突破颈线后没有快速上涨突破50，则说明上涨行情并不十分强势。此时投资者应该注意控制风险。

买点 65　PSY 线在低位与股价底背离：突破 50 时买入

● **技术特征**

1. 当股价持续下跌时，如果 PSY 线没有下跌，反而形成了一底比一底高的形态，二者就形成了底背离形态。

2. 当 PSY 线在 50 以下的低位与股价形成底背离形态时，说明经过持续的下跌行情后，虽然股价还在持续下跌，但是市场上的投资者并不像之前一样极度看空后市，部分投资者开始转而看好后市。等看好后市的投资者积累到一定数量后，股价即将见底反弹。

PSY 线在低位与股价形成底背离的形态如图 15-6 所示。

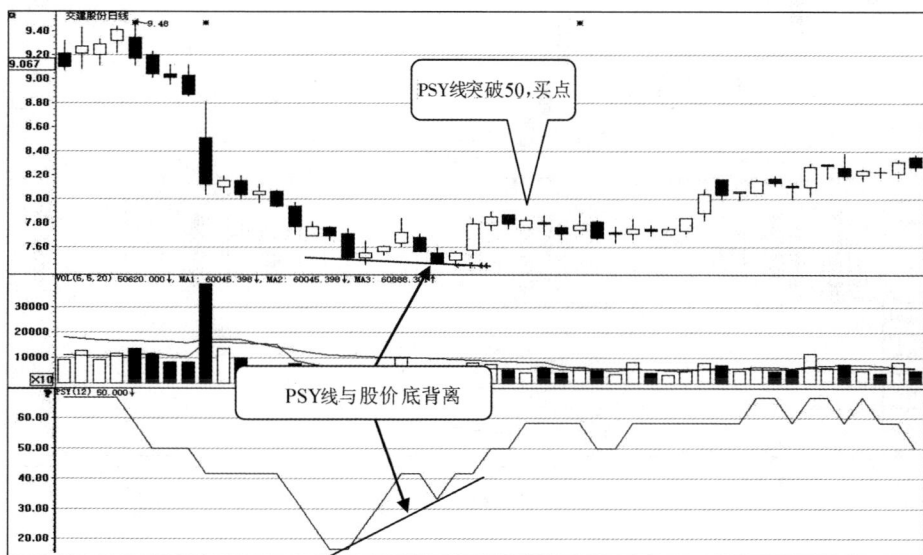

图 15-6　PSY 线在低位与股价形成底背离

● **买点出击**

PSY 线在 50 以下低位与股价形成底背离后，当指标线向上突破 50 时，说明看多后市的投资者已经占据优势，股价开始上涨。此时投资者可以积极买入股票。

● 经典案例

如图15-7所示，2023年4月下旬至5月下旬，在新华网（603888）股价持续下跌的过程中，PSY线却没有下跌，二者形成了底背离形态。这样的形态说明股价虽然持续下跌，但很多投资者已经开始看好后市，是未来股价将见底反弹的信号。

5月31日，PSY线向上突破50。这说明多方已经开始将股价向上拉升，上涨行情开始。此时投资者可以积极买入股票。

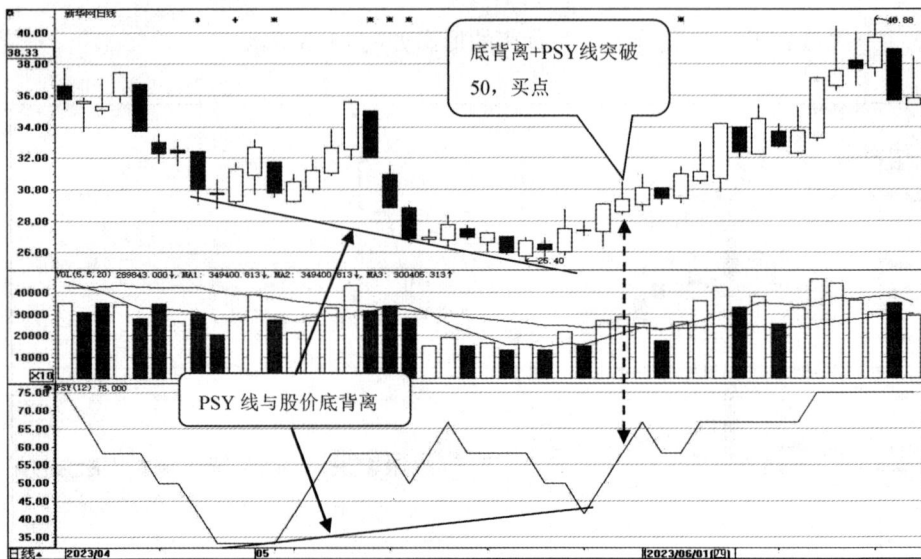

图15-7　新华网日K线

实战提高

1. 底背离开始时PSY线的位置越低，背离形态完成后股价的上涨空间也就越大。

2．因为 PSY 线只会在几个固定的位置上变动，所以非常标准的"一底比一底高"的形态比较少见。只要股价持续下跌时 PSY 线能够横盘或者缓慢地上升，投资者就可以认为底背离形态已经出现。

3．如果在底背离过程中成交量持续萎缩，底背离完成后 PSY 线上升时成交量放大，就验证了空方力量减弱、多方力量增强的信号。此时该形态的看涨信号会更加可靠。

第 16 章

——

BBI 指标的买点

——

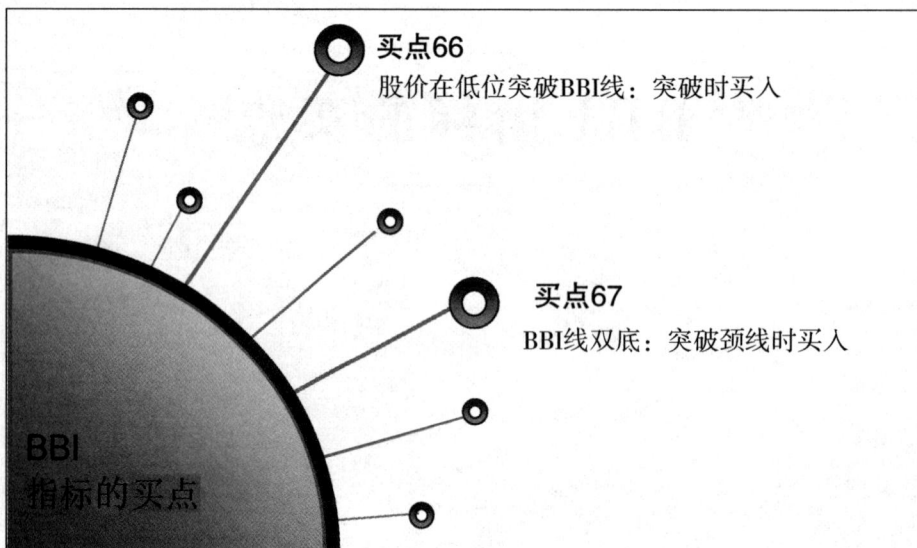

买点66

股价在低位突破BBI线：突破时买入

买点67

BBI线双底：突破颈线时买入

BBI
指标的买点

指标概览

BBI 指标即多空指数。该指标与均线指标相同，都是与股价叠加在一起的技术指标。BBI 指标只有一条指标线，即 BBI 线（见图 16-1）。

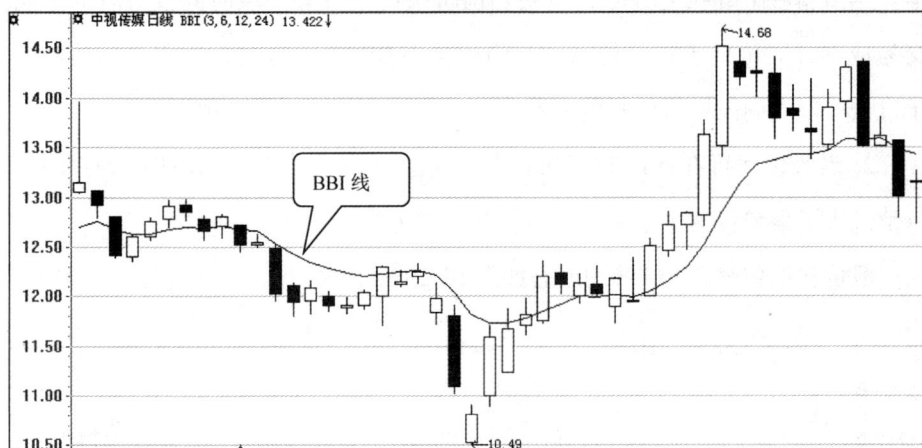

图 16-1　BBI 指标

BBI 线是多条移动平均线的平均线，其计算方法为：3 日平均价加 6 日平均价加 12 日平均价加 24 日平均价，其和除以 4。

与移动平均线相比，BBI 指标能够更好地反映股价在一段时间内的整体运行趋势。此外，因为该指标被应用得较少，投资者使用该指标时也能更好地避免庄家骗线的影响。

BBI 指标的具体应用方法与移动平均线指标基本一致。

买点66 股价在低位突破BBI线：突破时买入

● 技术特征

1. BBI指标值可以近似地代表一段时间内所有投资者交易股票的平均成本。当股价在BBI线上方时，说明当前价格高于过去一段时间投资者的平均交易成本，股价处于强势行情中。当股价在BBI线下方时，说明当前价格低于过去一段时间投资者的平均交易成本，股价处于弱势行情中。

2. 当股价运行在低位时，如果自下向上突破了BBI线，说明市场由弱势行情进入了强势行情中。未来股价将会持续上涨。

股价在低位突破BBI线的形态如图16-2所示。

图16-2 股价在低位突破BBI线

● 买点出击

当股价突破BBI线时，说明市场已经进入了强势行情，此时投资者可以积极买入股票。股价突破BBI线后，可能会有小幅回抽。如果股价回抽到BBI线附近获得支撑再次上涨，投资者可以加仓买入股票。

● 经典案例

如图16-3所示，春秋电子（603890）在持续下跌过程中，其股价一直处于BBI线下方。这说明该股此时处于弱势下跌行情中。2022年10月13日，股价向上放量突破BBI线，这是股价由下跌行情进入上涨行情的信号，此时投资者可以买入股票。10月25日，股价回抽后在BBI线附近获得支撑，再次上涨。这是对之前突破形态的确认，投资者可以加仓买入。

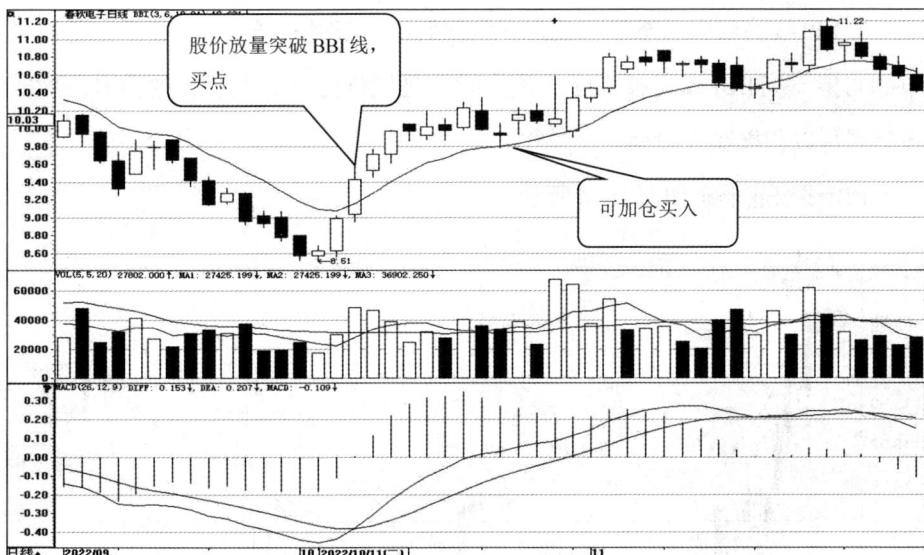

图16-3　春秋电子日K线

🍀 实战提高

1．BBI指标是短线操作指标。当股价跌破BBI线时，投资者应该卖出股票。如果未来股价突破了BBI线，投资者可以再将卖出的股票买回。

2．若股价突破BBI线时成交量放大，该形态的看涨信号更加可靠。

3．股价突破BBI线之前，如果多次上涨到BBI线附近遇阻下跌，就验证了BBI线对股价的阻力作用。此后当股价突破BBI线时，看涨信号更加可靠。

买点67　BBI线双底：突破颈线时买入

● **技术特征**

　　1. 在底部区域，如果BBI线连续两次在几乎同一个位置获得支撑，则形成了双底形态。双底形态中的两个底部的最低位置基本水平。投资者以BBI线第一次回调的高点为基础做水平线，可以得到双底的颈线。

　　2. BBI线的双底形态说明股价下跌到低位后获得较强支撑，下跌趋势有结束的可能。当BBI线突破双底的颈线时，是股价已经见底反弹的信号。此时投资者可以积极买入股票。

　　BBI线双底形态如图16-4所示。

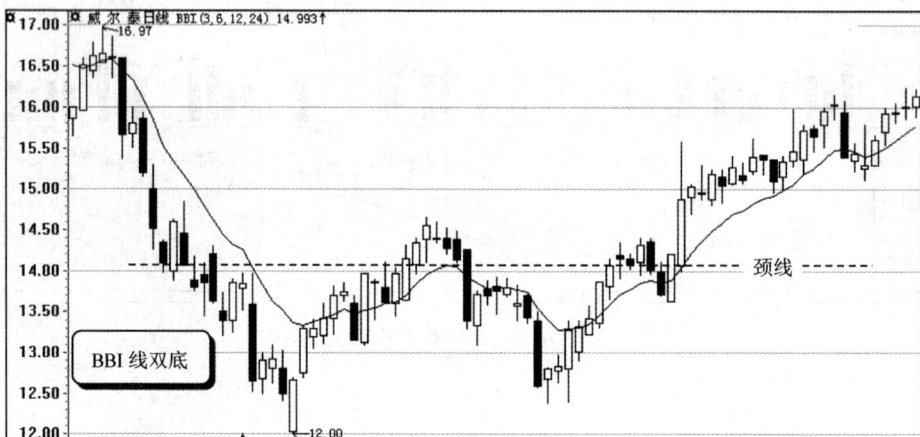

图16-4　BBI线双底

● **买点出击**

　　当BBI线突破双底形态的颈线时，说明股价已经进入了上涨行情。此时投资者可以积极买入股票。BBI线突破颈线后可能小幅回抽，当回抽到颈线位置获得支撑时，是投资者加仓买入股票的机会。

● 经典案例

如图 16-5 所示，2022 年 10 月至 11 月，中持股份（603903）的 BBI 线连续两次下跌到几乎同一价位反弹，形成了双底形态。这是股价下跌后获得强力支撑的信号。

11 月 4 日，BBI 线突破了双底形态的颈线。这是股价见底反弹的信号，此时投资者可以积极买入股票。

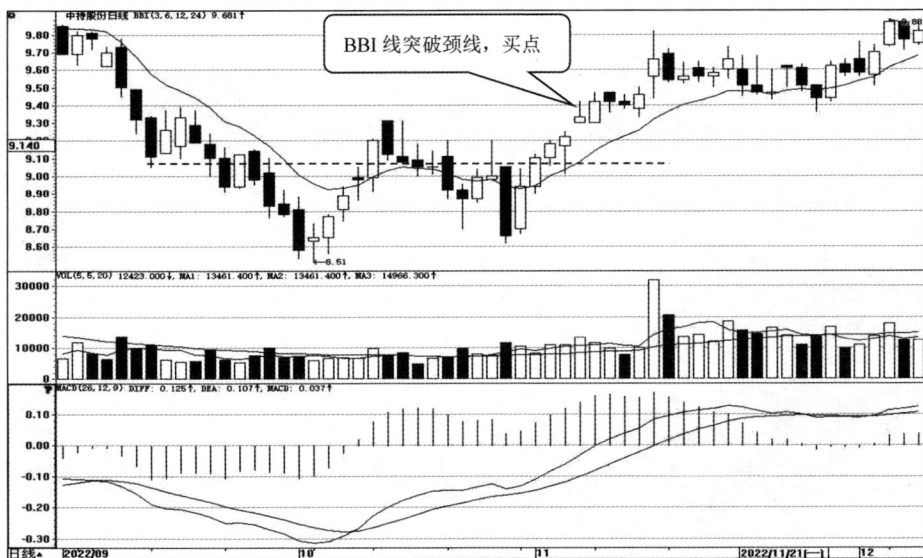

图 16-5　中持股份日 K 线

实战提高

1. 与双底类似的形态还有三重底、头肩底等。当 BBI 线在底部形成这些形态时，同样是有效的看涨买入信号。

2. 双底形态只有出现在股价下跌一段时间之后的底部区域，才是有效的看涨信号。

3. BBI 线突破颈线后，可能没有回抽，这样也就没有第二个买点出现。

4．如果双底中第二个底的成交量小于第一个底的成交量，且曲线突破颈线时成交量放大，就验证了股价见底反弹的信号。此时该形态的看涨信号会更加可靠。

第 17 章

——

EXPMA 指标的买点

——

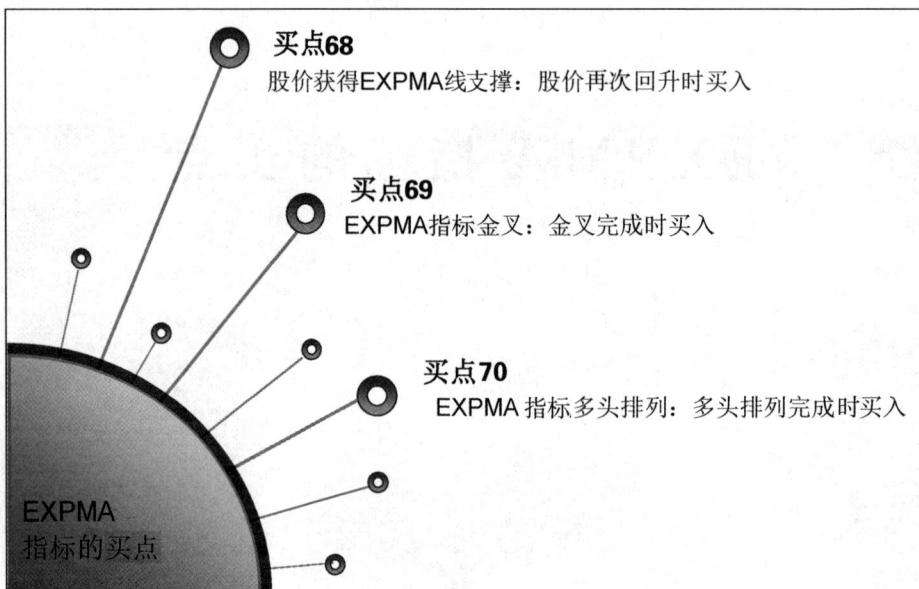

买点68
股价获得EXPMA线支撑：股价再次回升时买入

买点69
EXPMA指标金叉：金叉完成时买入

买点70
EXPMA指标多头排列：多头排列完成时买入

EXPMA
指标的买点

指标概览

EXPMA 指标即指数平均数指标。该指标的形态与移动平均线指标类似，都是由3~5条与K线纠缠在一起的曲线组成的（见图17-1）。

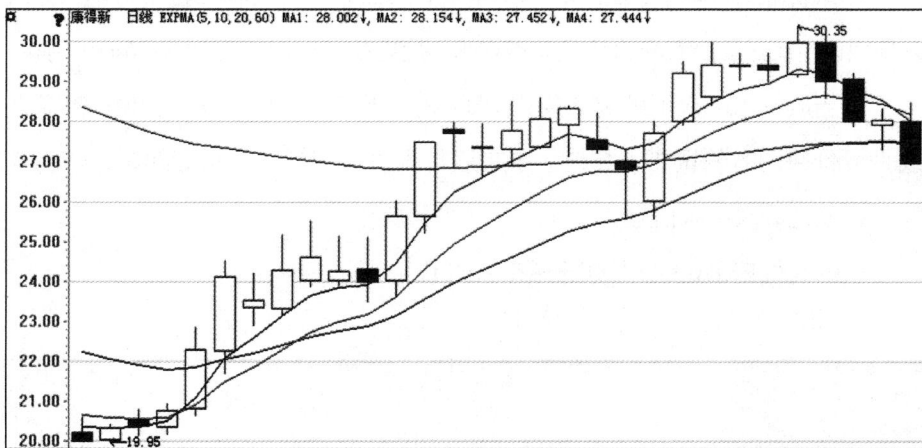

图17-1　EXPMA 指标

EXPMA 指标与移动平均线指标的不同之处在于EXPMA 指标强调了当期行情的影响，即时间距离越近的收盘价对指标线的影响也就越强。因此，该指标对趋势的变化会更加敏感。

EXPMA 指标的具体用法与移动平均线指标大致相同。

买点68 股价获得EXPMA线支撑：股价再次回升时 买入

● 技术特征

1. 股价涨跌过程中，EXPMA线会对股价形成较强的支撑或阻力作用。不过，具体股价能在哪条EXPMA线附近获得支撑，投资者需要借助之前的行情做出判断。

2. 当股价第一次下跌到某条EXPMA线附近获得支撑上涨时，说明这条曲线是股价回调时的重要支撑线。未来股价再次回调到这条指标线附近获得支撑时，就是看涨买入信号。

股价获得EXPMA线支撑的形态如图17-2所示。

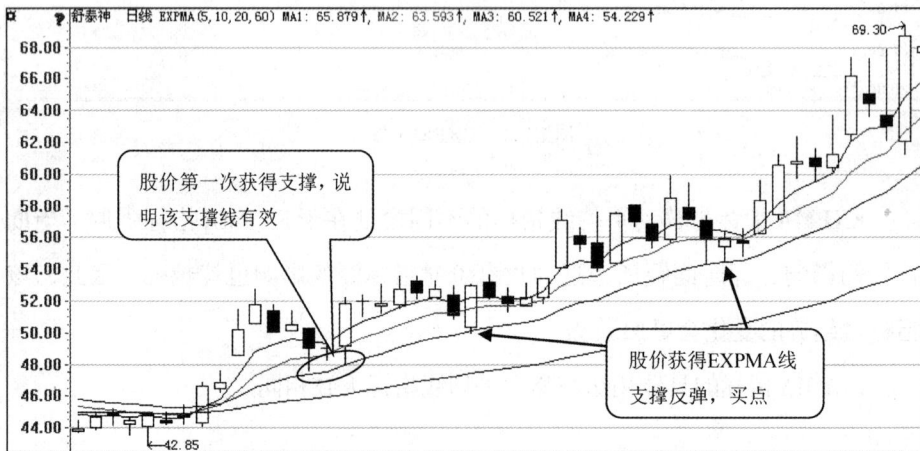

图17-2 股价获得EXPMA线支撑

● 买点出击

投资者确定某条EXPMA线对股价有支撑作用后，当股价再次下跌到该EXPMA线位置获得支撑反弹时，投资者可以积极买入股票。

● **经典案例**

　　如图 17-3 所示，金桥信息（603918）股价经过小幅回调后，于 2023 年 2 月 24 日获得 20 日 EXPMA 线的支撑后再次上涨。这说明 20 日 EXPMA 线是股价上涨过程中重要的支撑线。

　　随后，该股持续上涨。3 月 17 日，股价下跌时再次在 20 日 EXPMA 线位置获得支撑后上涨。因为该曲线之前已经被验证是支撑线，当股价开始上涨时，投资者可以积极买入股票。

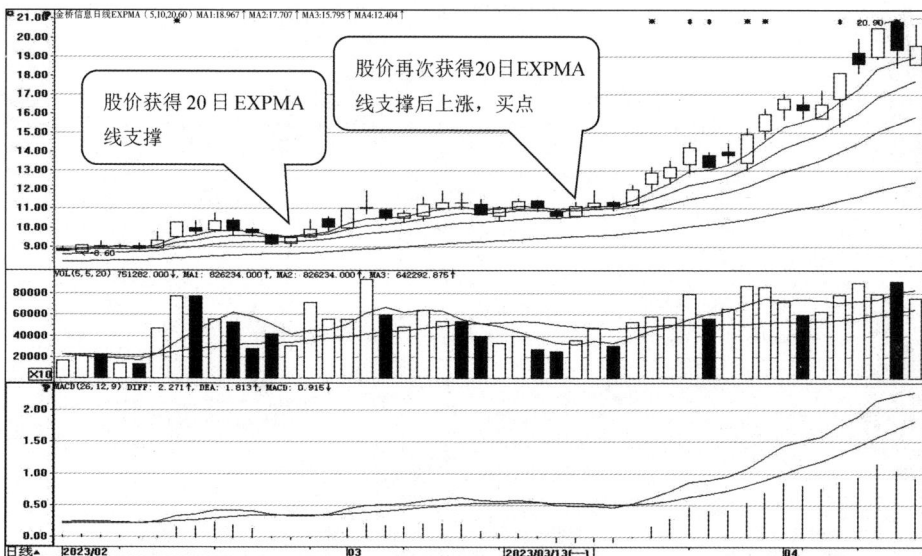

图 17-3　金桥信息日 K 线

🍀 **实战提高**

　　1. 除了前期股价获得支撑的 EXPMA 线，在前期下跌行情中对股价有较强阻力作用的 EXPMA 线也可能在上涨过程中对股价形成有效支撑。

　　2. 股价获得支撑的 EXPMA 线周期越长，未来股价获得支撑后上涨的空间也就越大。

3．股价可能短暂地跌破EXPMA线支撑，只要跌破幅度不大，且持续时间不超过3个交易日，投资者就可以认为该支撑线依然有效。

4．不同周期的EXPMA线之间也会起到一定的阻力或支撑作用。当短期EXPMA线在长期EXPMA线附近获得支撑时，也是有效的看涨买入信号。

买点 69　EXPMA 指标金叉：金叉完成时买入

● 技术特征

1. 当短期 EXPMA 线自下向上突破中长期 EXPMA 线时，就形成了 EXPMA 指标的金叉形态。

2. 当短期 EXPMA 线位于中长期 EXPMA 线下方时，说明投资者交易股票的价格越来越低，股价处于下跌行情中。当短期 EXPMA 线位于中长期 EXPMA 线上方时，说明投资者交易股票的价格越来越高，股价处于上涨行情中。

3. 一旦短期 EXPMA 线自下向上突破中长期 EXPMA 线，就说明股价由下跌趋势进入上涨趋势，这是看涨买入信号。

EXPMA 指标金叉形态如图 17-4 所示。

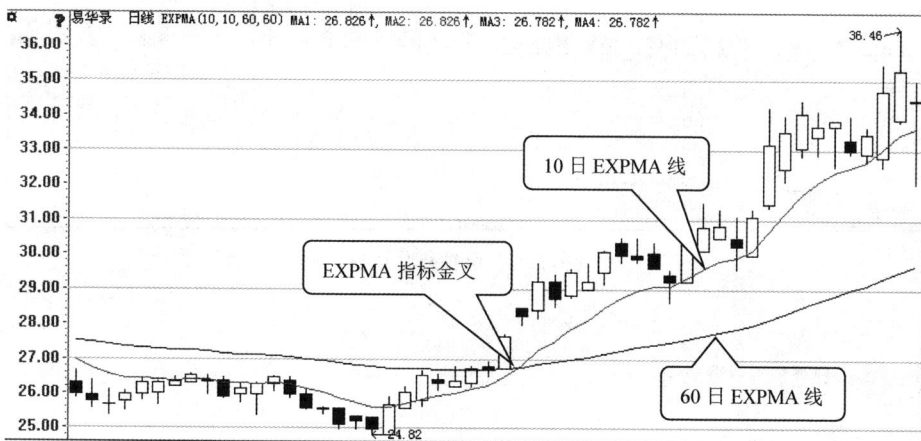

图 17-4　EXPMA 指标金叉

● 买点出击

当金叉形态完成时，说明股票已经由下跌行情进入上涨行情。此时投资者可以积极买入股票。

● 经典案例

如图17-5所示，中科软（603927）经过一段时间下跌后见底反弹。2022年10月14日，其股价放量上涨，同时10日EXPMA线突破了60日EXPMA线，形成金叉形态。这个形态说明该股已经由下跌行情进入上涨行情，是看涨买入信号。金叉完成后，投资者可以积极买入股票。

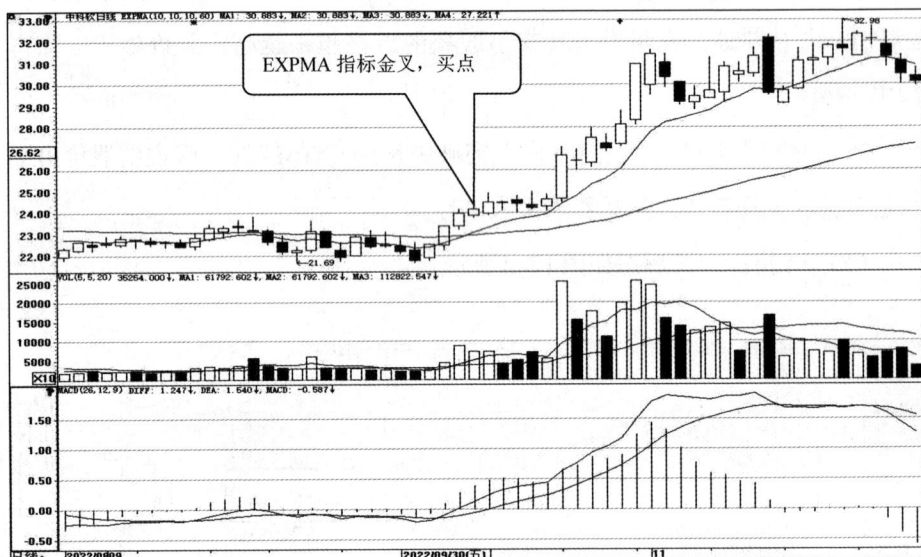

图17-5　中科软日K线

🍀 实战提高

1. 投资者选择的EXPMA指标的周期越长，其发出的看涨信号就越准确。但缺点是其看涨信号会比较滞后。

2. 如果在较短时间内多条EXPMA线都完成了金叉，则该形态的看涨信号会更加强烈。

3. 如果EXPMA指标完成金叉的同时成交量大幅放大，且MACD指标也完成了金叉，则该形态的看涨信号会更加强烈。

4．如果之前短期EXPMA线在长期EXPMA线下方持续整理，且多次上升到长期EXPMA线位置都遇到阻力，则金叉形态一旦完成，股价会有较大的上涨空间。

买点70 EXPMA指标多头排列：多头排列完成时买入

● **技术特征**

1. 当EXPMA指标的短期曲线在中期曲线上方、中期曲线在长期曲线上方时，就形成了多头排列形态。如投资者选择的周期依次为5日、10日、20日、60日，当四条EXPMA曲线从上到下依次为5日线、10日线、20日线、60日线时，就形成了EXPMA指标的多头排列形态。

2. EXPMA指标形成多头排列形态，说明最近一段时间内股价持续上涨，当前市场处于强势的上涨行情中。多头排列形态完成后，投资者可以积极买入股票。

EXPMA指标多头排列形态如图17-6所示。

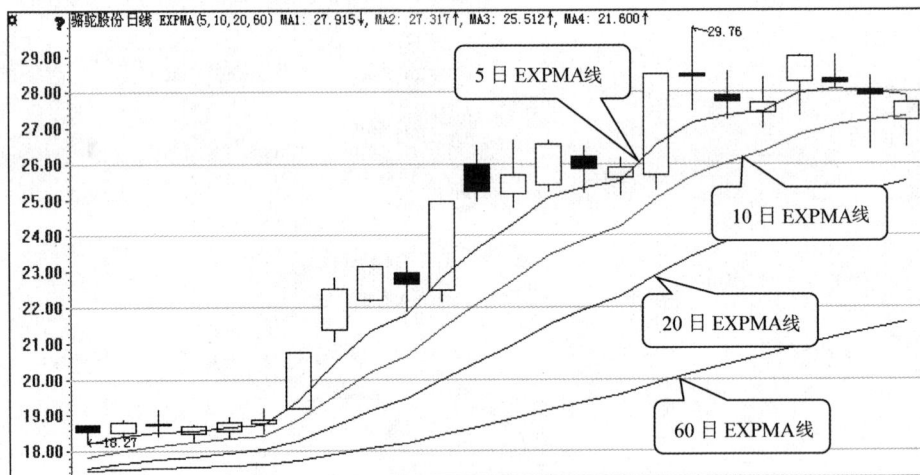

图17-6　EXPMA指标多头排列

● **买点出击**

EXPMA指标的多头排列形态一旦形成，就说明市场已经进入了十分强势的上涨行情。此时投资者可以积极买入股票。

● 经典案例

　　如图 17-7 所示，长源东谷（603950）经过持续下跌行情后见底反弹。在反弹过程中，其短期 EXPMA 线向上突破中期 EXPMA 线，中期 EXPMA 线向上突破长期 EXPMA 线，逐渐完成了 EXPMA 指标的多头排列形态。这样的形态说明市场上短期内的平均股价持续上涨，是股价已经进入强势上涨行情的信号。

　　2022 年 11 月 15 日，20 日 EXPMA 线突破 60 日 EXPMA 线，金叉形态最终完成。此时投资者可以积极买入股票。

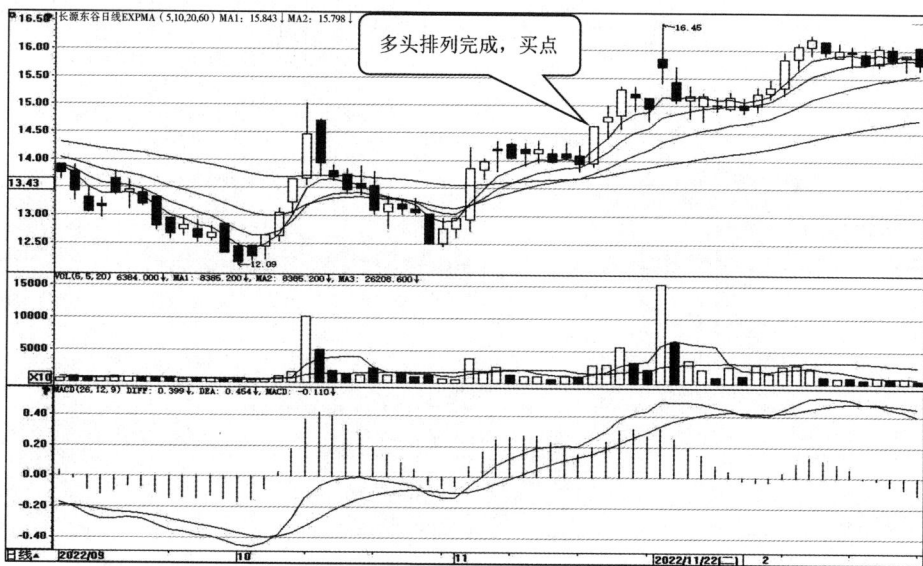

图 17-7　长源东谷日 K 线

🎁 实战提高

　　1．EXPMA 指标多头排列最终完成的标志可能是短期 EXPMA 线突破中期 EXPMA 线，也可能是中期 EXPMA 线突破长期 EXPMA 线。

2．形成多头排列的过程实际上是多个不同周期EXPMA线形成金叉形态的组合。激进的投资者可以在每个金叉完成时都适当买入股票。

3．多头排列形成过程中EXPMA线的波动幅度越小、多头排列形成得越快，该形态的看涨信号就越强烈。

4．如果多头排列形成过程中成交量持续放大，说明市场上的多方力量持续强势，此时该形态的看涨信号会更加可靠。

第 18 章

TRIX 指标的买点

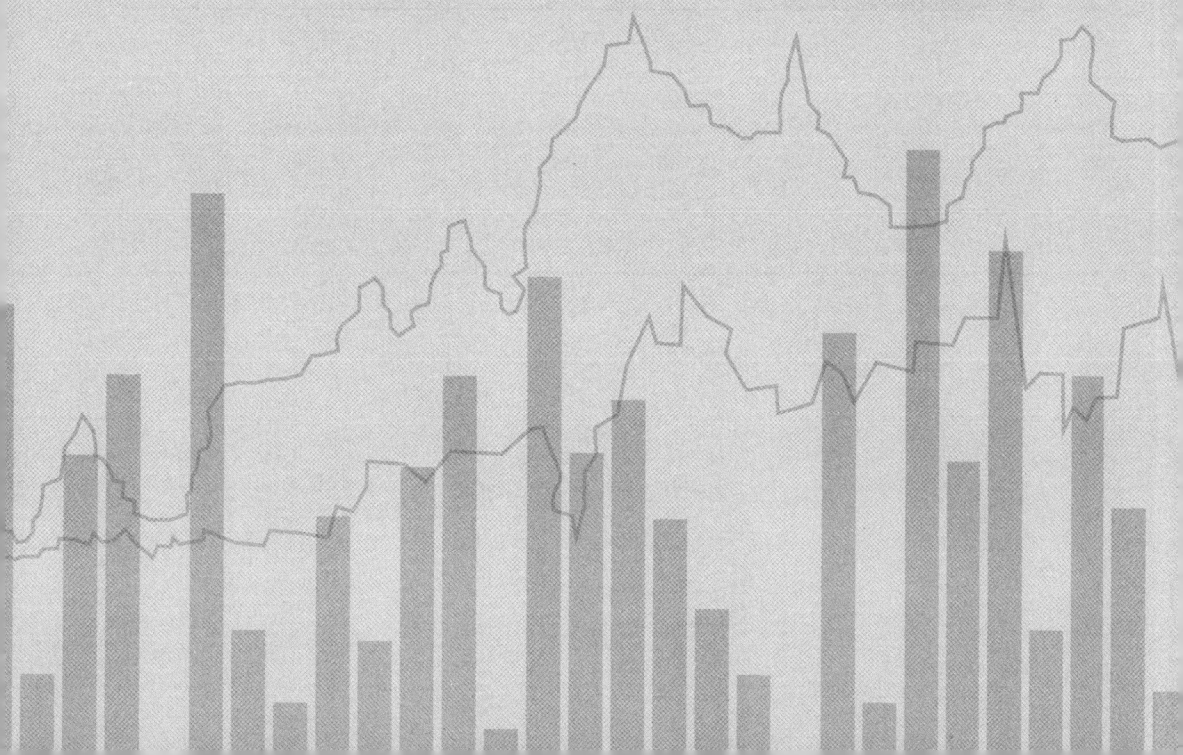

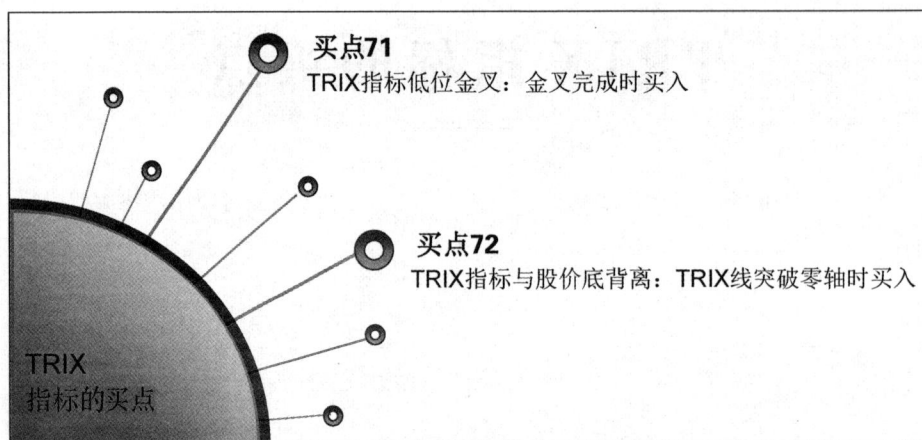

买点71
TRIX指标低位金叉：金叉完成时买入

买点72
TRIX指标与股价底背离：TRIX线突破零轴时买入

TRIX
指标的买点

指标概览

TRIX 指标即三重指数平滑平均线指标。该指标包括两条指标线，分别是 TRIX 线和 TRMA 线。其中波动较快的是 TRIX 线，波动较慢的是 TRMA 线（见图 18–1）。

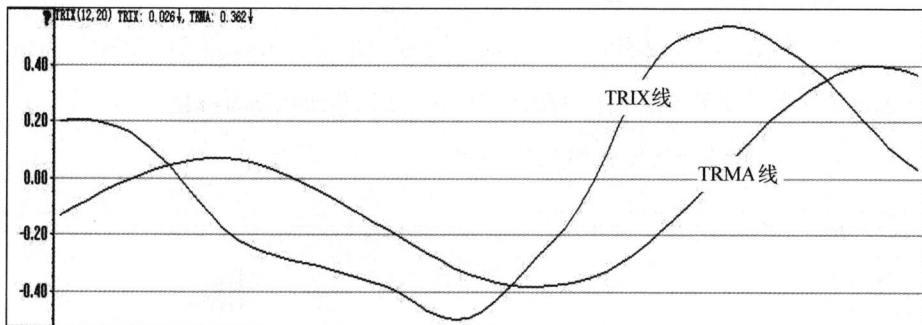

图 18–1　TRIX 指标

TRIX 指标在计算时，首先连续三次计算收盘价的 n 日平滑移动平均值，记为 TR。TRIX 的计算公式为：（当日 TR– 前一日 TR）除以前一日 TR × 100。TRMA 线则表示 TRIX 线的 m 日移动平均线。

因为在计算过程中连续三次计算平滑移动平均值，所以该指标可以过滤掉一些短期波动的信号，避免交易次数过于频繁，造成部分无利润的买卖。该指标发出的信号更适合中长线投资者买卖股票时使用。

买点71　TRIX指标低位金叉：金叉完成时买入

● 技术特征

1. 在股价下跌一段时间之后的低价区域，如果TRIX指标的TRIX线自下向上突破TRMA线，就形成了低位金叉形态。

2. 低位金叉必定会出现在零轴以下的区域。

3. TRIX指标金叉说明股价上涨的速度越来越快，未来会持续上涨。当该形态出现在股价下跌一段时间后的低位时，是非常强烈的看涨信号。

TRIX指标低位金叉形态如图18-2所示。

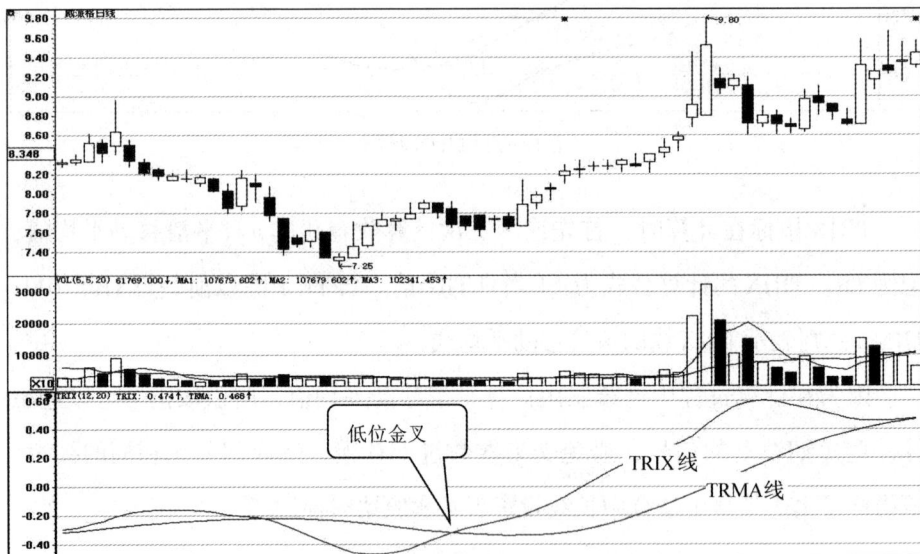

图18-2　TRIX指标低位金叉

● 买点出击

当TRIX指标的低位金叉完成时，投资者可以积极买入股票。

● 经典案例

如图18-3所示，哈森股份（603958）经过一段时间的下跌后，其TRIX指标在零轴下方整理。2023年4月28日，随着股价反弹，TRIX指标在低位完成了金叉形态，说明股价上涨的速度加快，投资者可以积极买入股票。

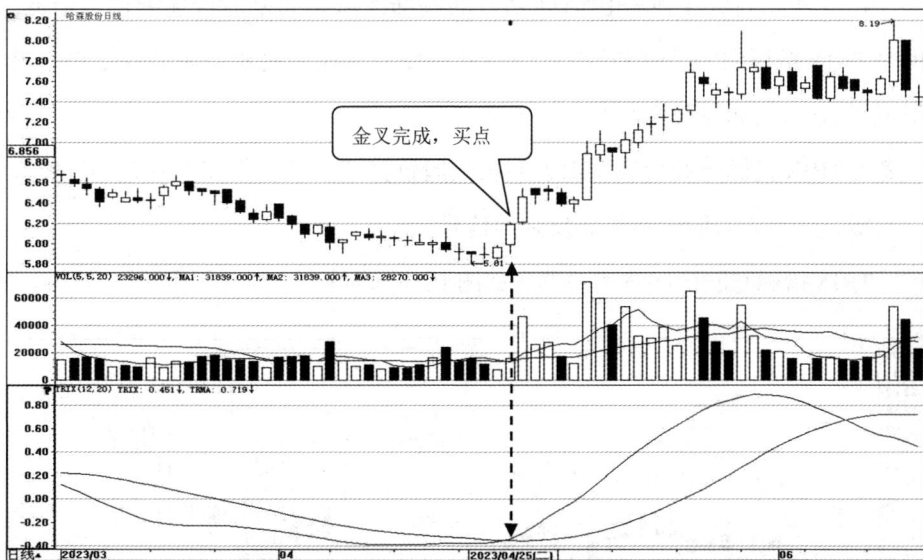

图18-3　哈森股份日K线

🍀 实战提高

1．如果TRIX金叉出现时股价已有较大涨幅，金叉在零轴上方完成，未来股价继续上涨的空间可能比较有限。投资者买入股票后应该谨慎操作。

2．如果TRIX指标完成低位金叉后，很快又在稍高的位置再次形成一个金叉，这被称为二次金叉形态。二次金叉形态是更加强的看涨信号。

3．TRIX低位金叉出现在零轴下方，越接近零轴，看涨信号越强烈。

4．如果金叉形成的同时成交量放大，说明买方力量强势，看涨信号更加可靠。

买点72　TRIX指标与股价底背离：TRIX线突破零轴时买入

● **技术特征**

1. 在股价持续下跌一段时间之后的底部区域，如果股价连续创出新低，但是TRIX指标的TRIX线却没有创新低，反而形成一底比一底高的走势，就形成了TIRX指标与股价底背离的形态。

2. TRIX指标与股价底背离说明虽然股价持续下跌，但其下跌趋势已经有所减缓，这是未来股价将见底反弹的信号。

TRIX指标与股价底背离的形态如图18-4所示。

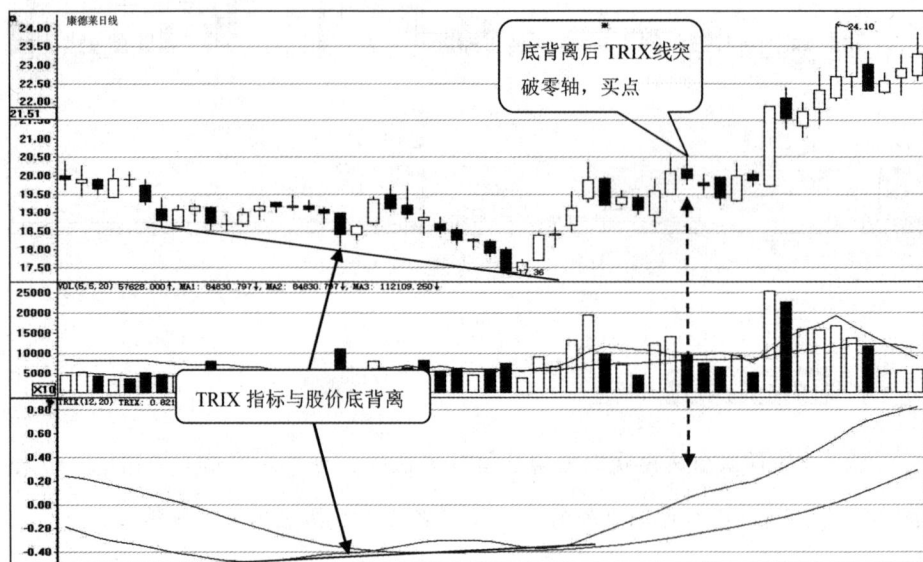

图18-4　TRIX指标与股价底背离

● **买点出击**

底背离完成后，当TRIX线向上突破零轴时，说明股价已经进入了上涨行情。此时投资者可以积极买入股票。

● 经典案例

如图 18-5 所示，2023 年 4 月至 6 月，威奥股份（605001）股价持续下跌。与此同时，其 TRIX 线却形成了一底比一底高的上涨走势。这样的形态说明虽然股价持续下跌，但是其下跌动能有所减弱，未来股价将见底反弹。

7 月 6 日，经过一段上涨行情后，TRIX 线突破零轴。这说明股价已经进入持续的上涨行情。此时投资者可以积极买入股票。

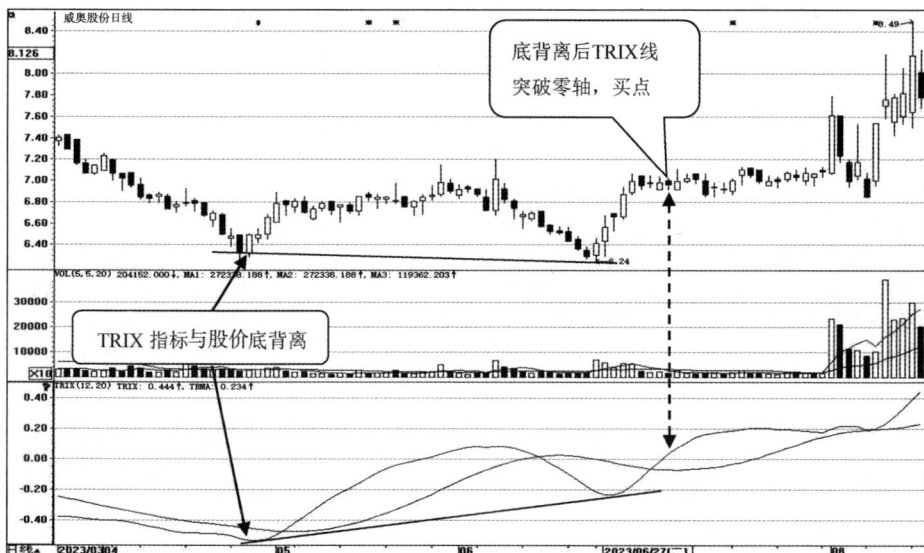

图 18-5 威奥股份日 K 线

实战提高

1. 底背离形态开始时 TRIX 线的位置越低，底背离完成后股价的上涨空间也就越大。

2．如果在底背离形成过程中 TRIX 线已经突破零轴，一旦确定背离完成，投资者就可以积极买入股票。

3．如果底背离形成过程中成交量持续萎缩，底背离完成后成交量放大，就验证了空方力量衰弱、多方力量增强的信号。此时该形态的看涨信号会更加强烈。

第 19 章

SAR 指标的买点

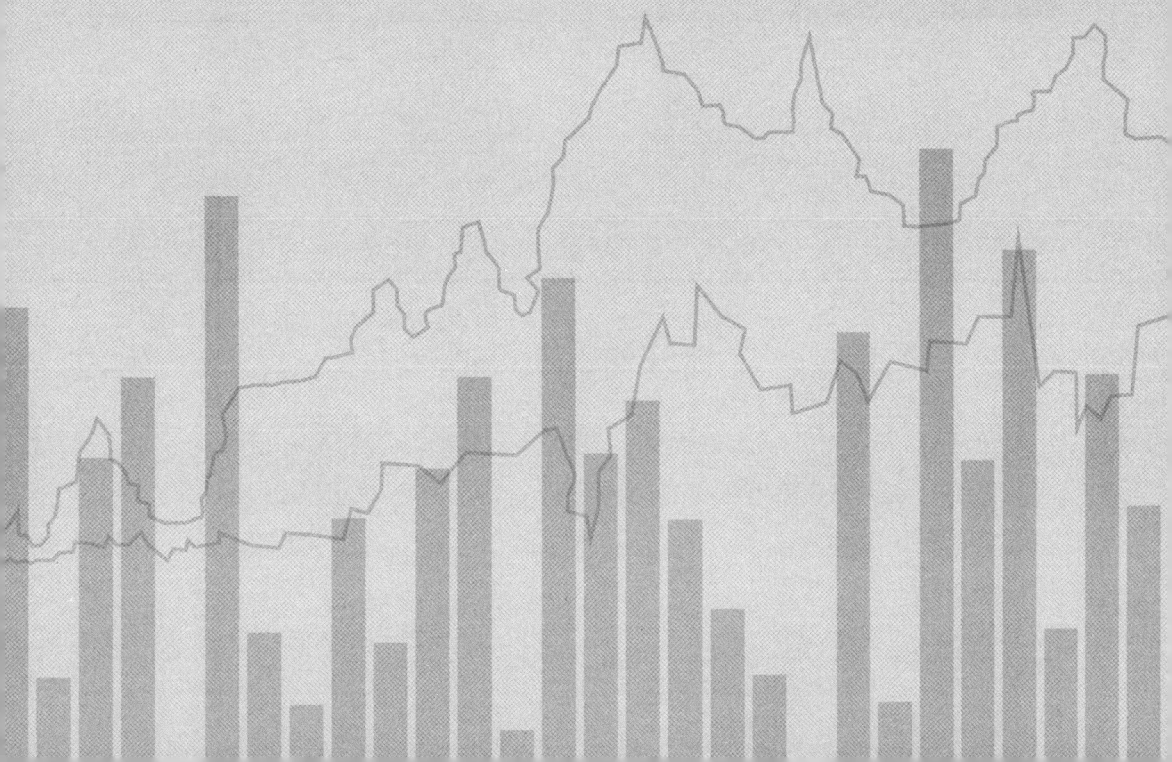

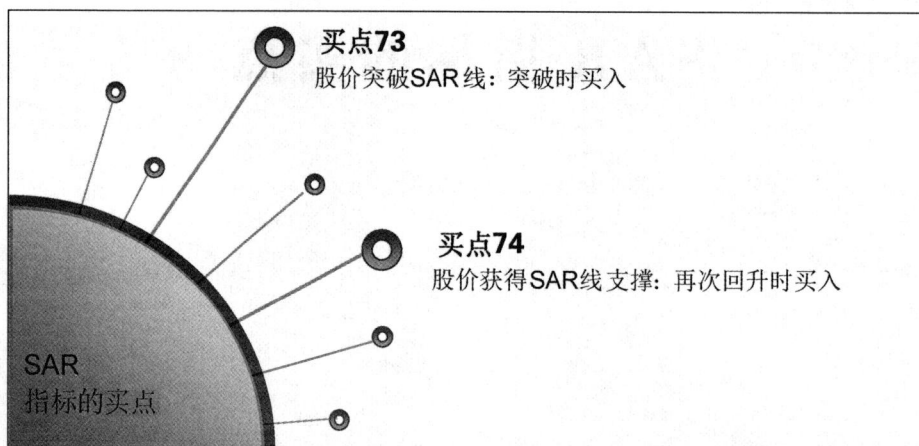

买点73
股价突破SAR线：突破时买入

买点74
股价获得SAR线支撑：再次回升时买入

SAR
指标的买点

指标概览

SAR指标即抛物转向指标的简称。该指标由一组围绕股价上下波动的点状线组成（见图19-1）。

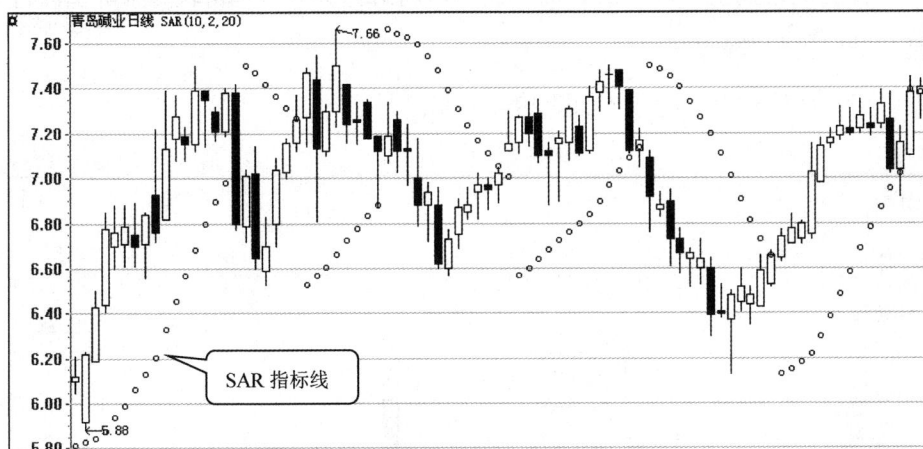

图 19-1　SAR 指标

当股价位于SAR指标线上方时，SAR指标显示为红色的点状线，说明此时股价处于强势上涨行情中。当股价位于SAR指标线下方时，SAR指标显示为绿色点状线，说明此时股价处于弱势下跌行情中。

买点73　股价突破SAR线：突破时买入

● 技术特征

1. SAR线运行在股价上方，某个交易日股价向上突破SAR线。

2. 当股价向上突破SAR线时，说明市场由弱势下跌行情转为强势上涨行情。此时投资者可以积极买入股票。

股价突破SAR线的形态如图19-2所示。

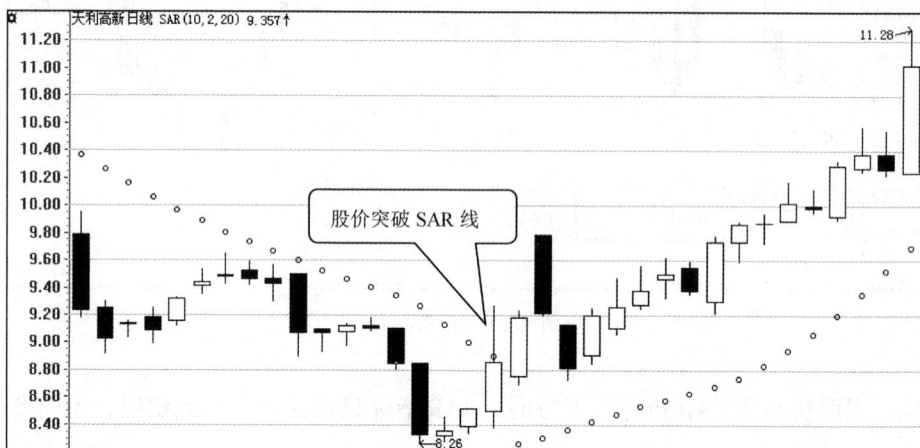

图19-2　股价突破SAR线

● 买点出击

突破形态完成后，当股价移动到SAR线上方时，就说明上涨行情已经开始。此时投资者可以积极买入股票。

● 经典案例

如图19-3所示，百龙创园（605016）经过一段时间的见底反弹行情后，2023年1月9日，其股价向上突破SAR线。这样的形态说明该股已经由下跌行情转为上涨行情，是看涨买入信号。

在突破形成的当天，投资者就可以积极买入股票。

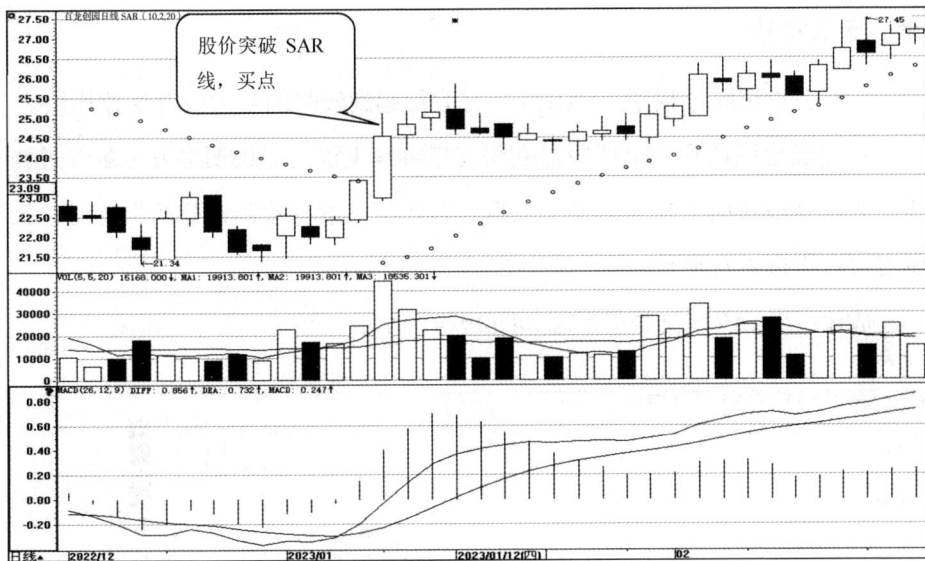

图19-3 百龙创园日K线

🍀 实战提高

1．股价突破SAR线后，SAR线移动到股价下方，离股价距离越远，该形态的看涨信号就越强烈。

2．SAR线与股价的对比关系是以当日最高价或者最低价来衡量的。只要当日最高价突破SAR线，即完成突破。不过，如果当日收盘前股价大幅回落，形成较长的上影线，则说明突破并不果断，此时投资者应该谨慎操作。

3．如果股价突破SAR线的同时成交量快速放大，说明市场上的多方力量持续增强，此时该形态的看涨信号会更加强烈。

买点74　股价获得SAR线支撑：再次回升时买入

● 技术特征

1. 在股价涨跌过程中，SAR线会对股价起到较强的阻力或者支撑作用。

2. 当股价回调到SAR线附近获得支撑继续上涨时，说明多方力量经过修正后再次将股价向上拉升，未来上涨行情还将继续。看到这样的形态时，投资者可以积极买入股票。

股价获得SAR线支撑的形态如图19-4所示。

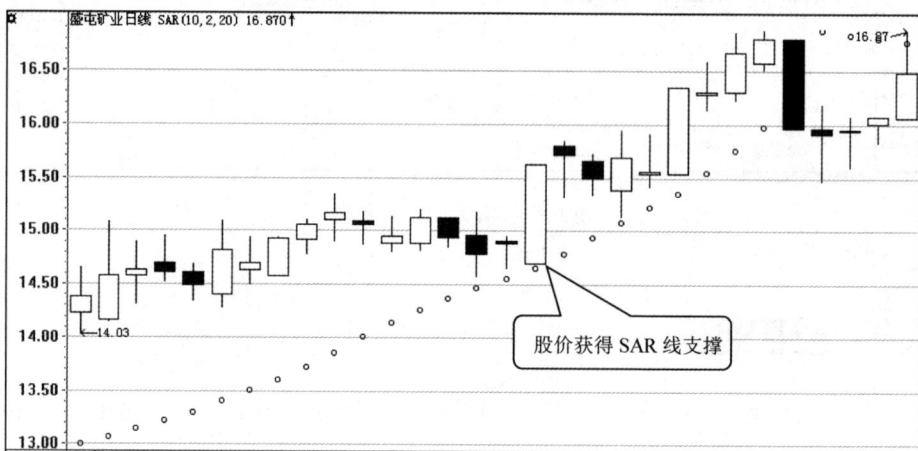

图19-4　股价获得SAR线支撑

● 买点出击

当股价获得支撑后再次上涨时，就是投资者买入股票的机会。

● 经典案例

如图19-5所示，2021年12月底至2022年1月初，成都银行（601838）股价在经过一段上涨行情后小幅回调，逐渐接近SAR线。2022年1月5日，当股价下跌到 SAR 线附近时并没有向下跌破，而是获得支撑后放量上涨。这样的形态说明多方力量经过调整后再次将股价向上拉升，股价仍处于上涨行情中。当股价获得支撑后上涨时，投资者可以积极买入股票。

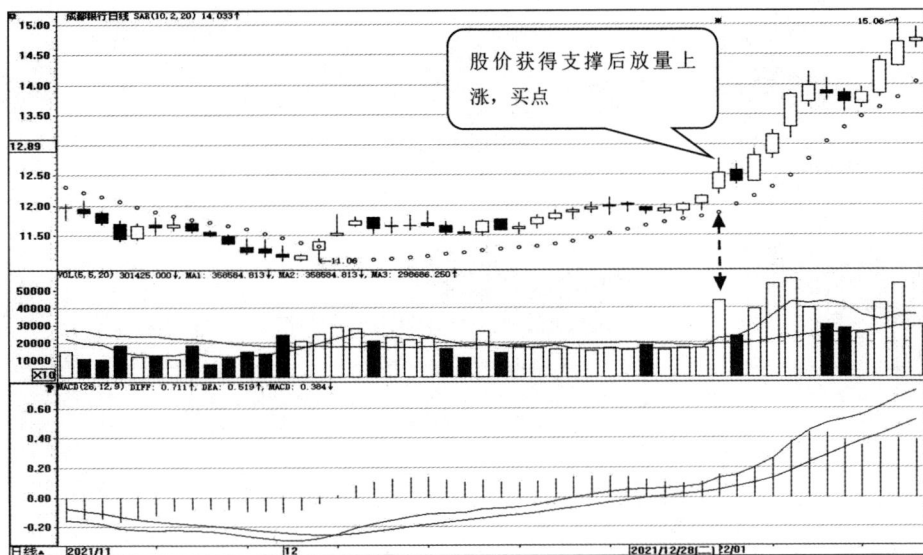

图 19-5 成都银行日 K 线

实战提高

1．在上涨行情中，股价可能连续在 SAR 线位置获得支撑，沿该曲线持续上涨。

2．有时股价可能会短暂地跌破 SAR 线，但随后一个交易日，股价就大幅上涨，再次突破 SAR 线。这样的情况下，投资者也可以认为该支撑线有效。

3．如果股价向 SAR 线靠拢时成交量萎缩，在 SAR 线获得支撑后再次上涨时成交量放大，则该形态的看涨信号会更加可靠。

第 20 章

ASI 指标的买点

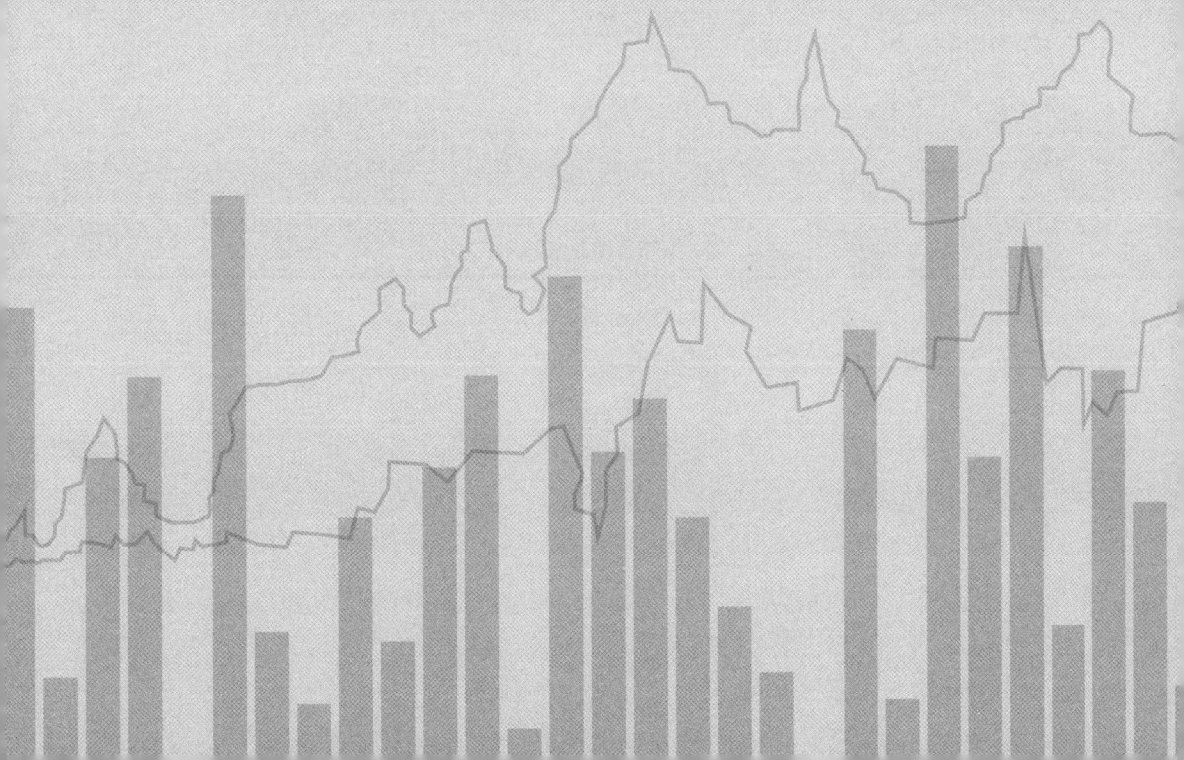

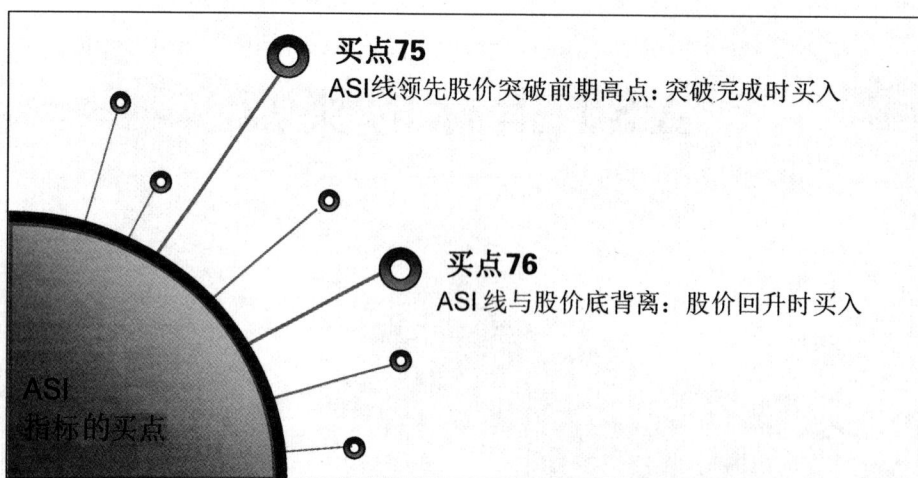

买点75
ASI线领先股价突破前期高点：突破完成时买入

买点76
ASI 线与股价底背离：股价回升时买入

ASI
指标的买点

指标概览

ASI指标即震动升降指标。该指标包括两条曲线，其中波动比较频繁的是ASI线，比较平缓的是MASI线（见图20-1）。

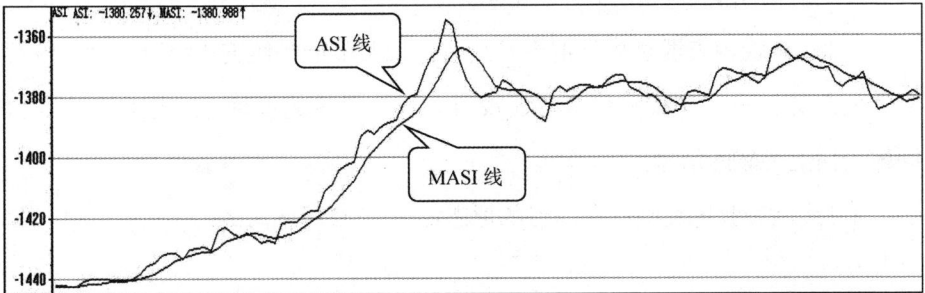

图 20-1　ASI 指标

该指标中的ASI线是以开盘价、最高价、最低价、收盘价为基础计算出的一条曲线。该曲线几乎和股价同步波动，投资者可以将其作为判断股价走向的领先指标。MASI线是ASI线的移动平均线，投资者可以将其作为ASI线的辅助指标。

买点75 ASI线领先股价突破前期高点：突破完成时买入

● **技术特征**

1. 股价上涨到前期高点附近遇到阻力，正在蓄势向上突破。ASI线领先股价突破了前期几乎同一时间形成的高点。

2. 当ASI线领先股价突破前期高点时，说明市场已经进入结束整理、继续上涨的趋势，只是这种趋势暂时还没有表现在股价的波动上。这是未来股价同样会向上突破的信号。

ASI线领先股价突破前期高点的形态如图20-2所示。

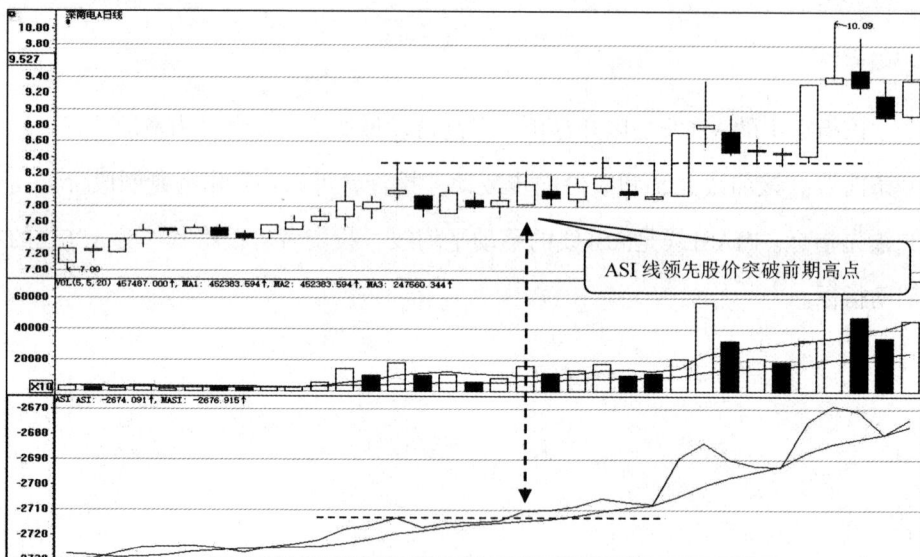

图20-2 ASI线领先股价突破前期高点

● **买点出击**

在股价突破前，如果ASI线完成突破，则投资者可以积极买入股票。

● 经典案例

如图 20-3 所示，2022 年 5 月 20 日，方大集团（000055）股价反弹时第一次上涨受阻后，形成了一个阶段高点。同时其 ASI 线也形成了类似的高点。随后，股价在前期高点下方蓄势上涨。6 月 21 日，在股价完成对前期高点的突破前，ASI 线已经形成突破。这样的形态说明股价已经形成了向上突破的趋势，短期内也会像 ASI 线一样向上突破。当 ASI 线突破完成时，投资者可以积极买入股票。

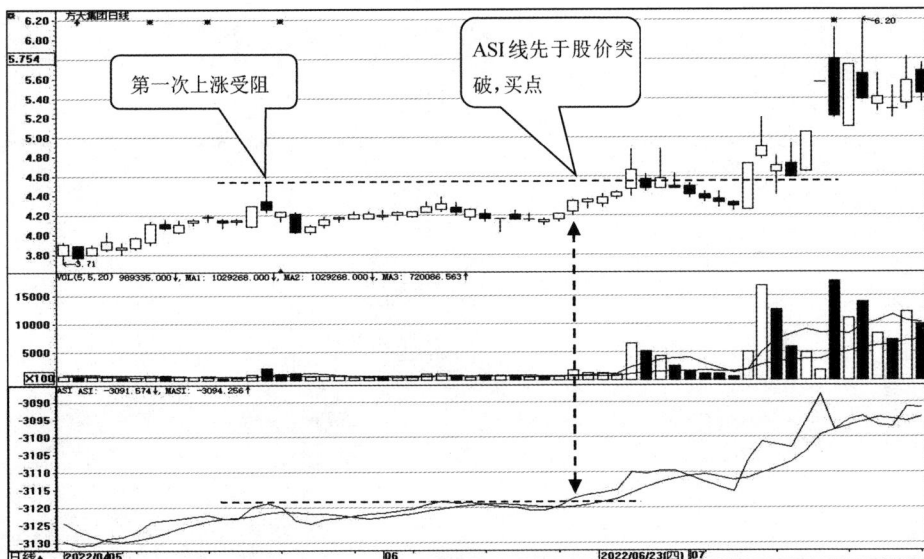

图 20-3　方大集团日 K 线

🍀 实战提高

1．为了尽量规避风险，谨慎的投资者可以在 ASI 线完成突破时先建立部分仓位，等股价真正完成突破后再加仓。

2．除了前期高点，ASI 线领先股价完成突破形成看涨信号的还包括下跌趋势线、黄金分割线等重要的阻力线。

3．股价在前期高点下方持续整理的时间越长，一旦形成突破后其上涨的空间就会越大。

4．如果 ASI 线突破前期高点时成交量已经开始放大，则该形态的看涨信号会更加强烈。

买点76　ASI线与股价底背离：股价回升时买入

● **技术特征**

1. 在股价下跌一段时间后的底部区域，如果股价连续下跌，创出新低，而ASI线却没有创出新低，反而形成了一底比一底高的上涨形态，则形成了股价与ASI线的底背离形态。

2. 当ASI线与股价底背离完成时，说明虽然股价持续下跌，但是已经出现见底反弹的趋势。底背离形态完成后，股价有望进入上涨行情。

ASI线与股价底背离的形态如图20-4所示。

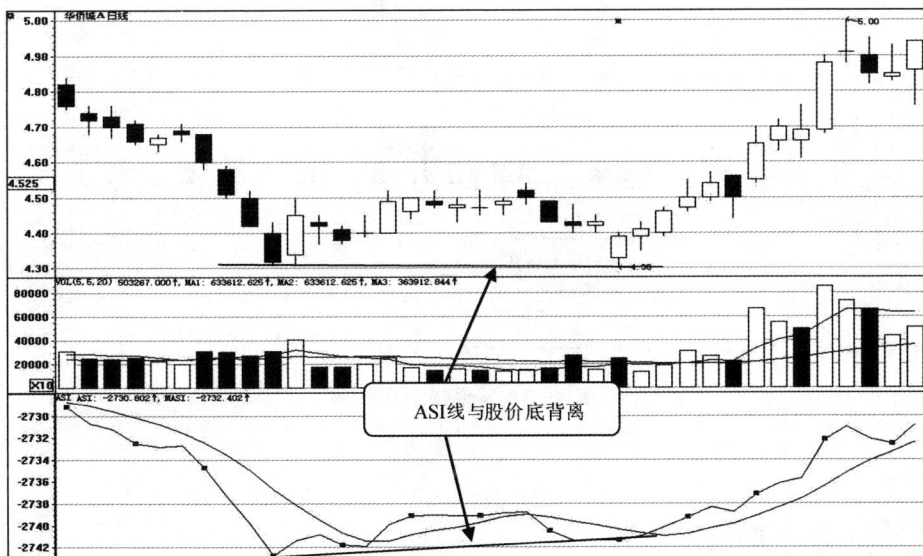

图20-4　ASI线与股价底背离

● **买点出击**

当底背离完成后，股价开始回升时，投资者可以积极买入股票。

● 经典案例

如图20-5所示，2023年5月，富通信息（000836）股价下跌一段时间后，在底部形成了下跌走势，而ASI线形成了上涨走势，这样的形态说明虽然股价还在下跌，但是该股已经具备了上涨趋势。这是未来股价将见底反弹的信号。5月26日，股价上涨，同时K线形成曙光初现的看涨形态。此时投资者可以积极买入股票。

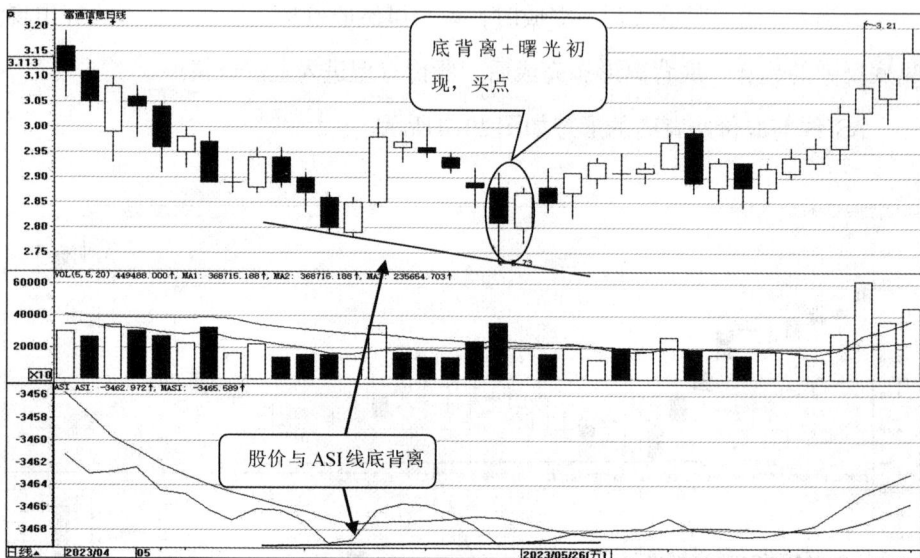

图20-5　富通信息日K线

🍀 实战提高

1. 当股价快速下跌时，如果ASI线持续横盘整理或者下跌的速度很慢，也可以当作底背离判断。

2. 在找具体买点时，投资者可以结合K线形态、成交量、均等综合判断。

3. 如果在底背离过程中成交量萎缩，底背离完成后成交量放大，说明市场上的空方力量衰弱，多方力量增强。该形态的看涨信号会更加强烈。

第 21 章

———

BIAS 指标的买点

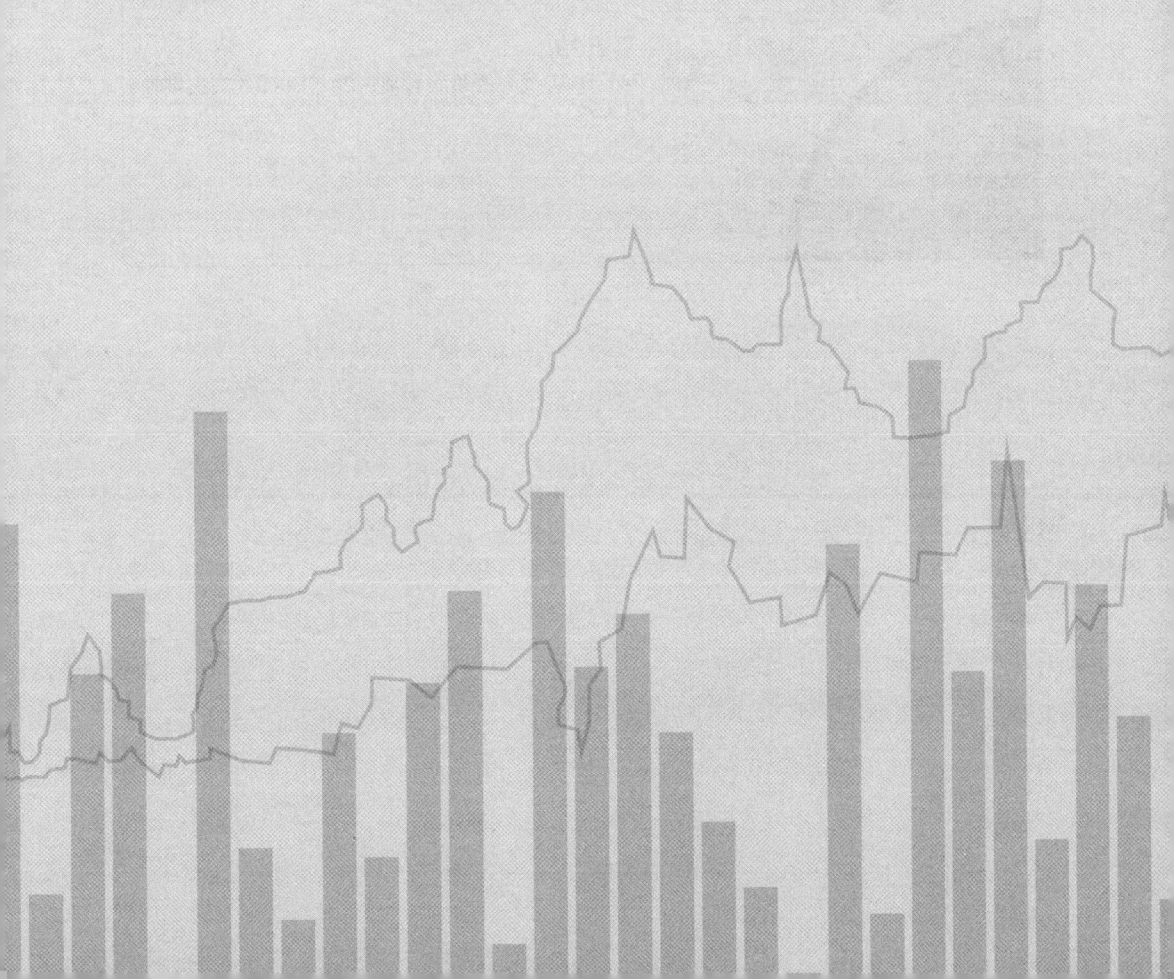

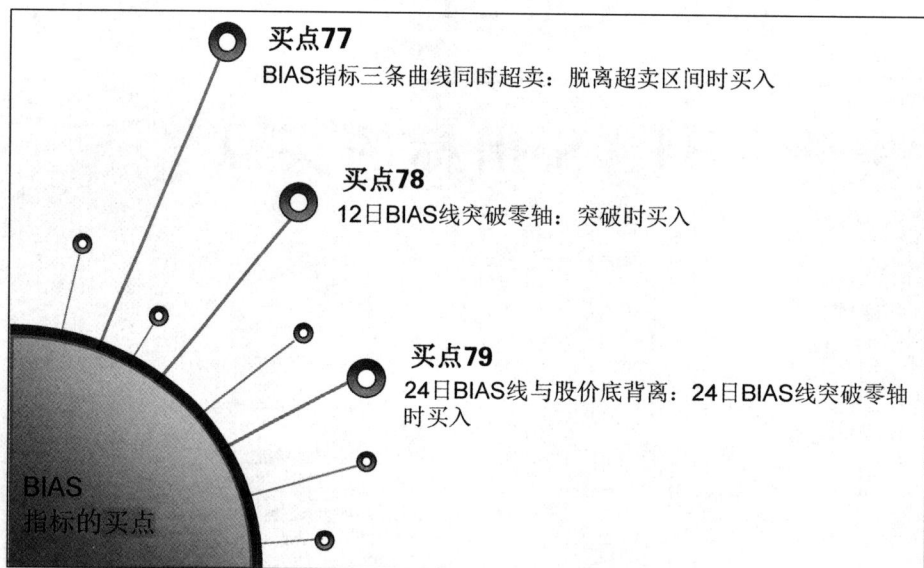

买点77
BIAS指标三条曲线同时超卖：脱离超卖区间时买入

买点78
12日BIAS线突破零轴：突破时买入

买点79
24日BIAS线与股价底背离：24日BIAS线突破零轴时买入

BIAS
指标的买点

指标概览

BIAS指标即乖离率指标的简称。该指标由三条曲线组成，分别为不同周期的BIAS线。其中，周期越短的BIAS线，其波动速度越快（见图21-1）。

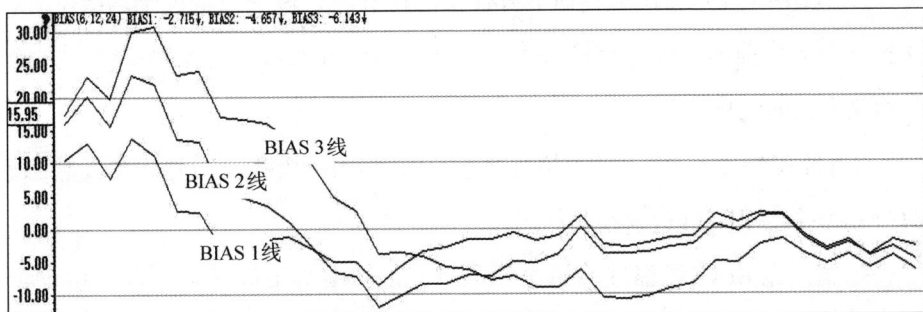

图 21-1　乖离率指标

乖离率指标表示当日收盘价与相应周期移动平均线之间的偏离程度。该指标大于0时，说明股价在移动平均线上方；指标小于0时，说明股价在移动平均线下方。

正的乖离率越大，表示短期获利筹码越多，未来股价遭到获利卖盘打压的可能性也就越大；负的乖离率越大，表示短期内有抄底资金拉升股价的可能性越大。

买点77　BIAS指标三条曲线同时超卖：脱离超卖区间时买入

● 技术特征

1. 当BIAS指标线跌到零轴下方很低的位置时，说明股价位于均线下方，并且已经大幅偏离均线，市场进入了超卖状态。此时股价有见底反弹、开始向均线靠拢的趋势。

2. 6日BIAS线跌破-5进入超卖状态，12日BIAS线跌破-7进入超卖状态，24日BIAS线跌破-11进入超卖状态。

3. 当三条BIAS线都进入超卖状态时，说明整个市场已经进入了超卖状态。这是未来股价将见底反弹的信号。

BIAS指标三条曲线同时超卖的形态如图21-2所示。

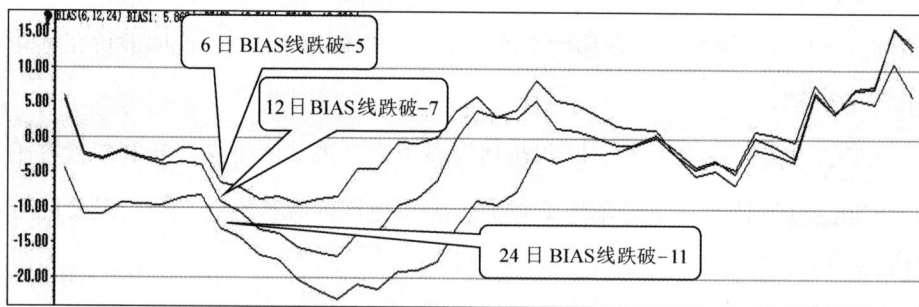

图21-2　BIAS指标三条曲线同时超卖

● 买点出击

当三条BIAS线均见底反弹，离开超卖区间时，说明市场的超卖状态已经结束，股价有见底反弹的趋势。此时投资者可以积极买入股票。

● 经典案例

如图 21-3 所示，经过持续的下跌行情后，五粮液（000858）BIAS 指标的三条曲线相继进入超卖状态。这说明整个市场上的卖方力量已经极度强势，未来股价将有见底反弹的可能。在随后的行情中，当三条 BIAS 指标线均离开各自的超卖区间时，投资者可以选择买入股票。

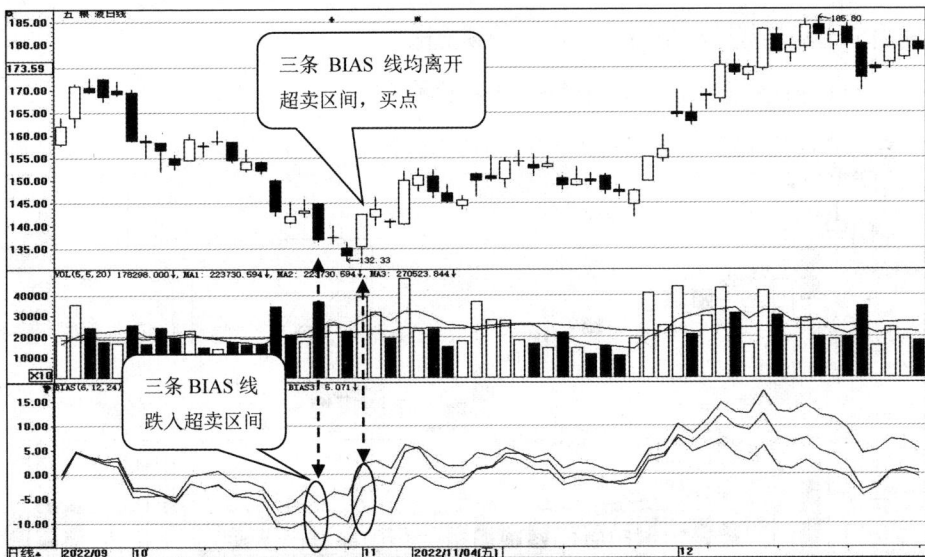

图 21-3　五粮液日 K 线

实战提高

1. 如果三条指标线同时离开超卖区间，该形态的看涨信号会更加强烈。

2. 如果三条指标线在较长一段时间内相继离开超卖区间，激进型的投资者可以在这个过程中逐渐买入股票。

3. 谨慎的投资者可以在 BIAS 线结束超卖时先关注后市，等 BIAS 线向上突破零轴时，再积极买入股票。

4. 如果 BIAS 指标超卖时成交量持续萎缩，超卖结束后成交量放大，则该形态的看涨信号会更加强烈。

买点78 12日BIAS线突破零轴：突破时买入

● **技术特征**

1. 12日BIAS线表示收盘价与12日均线之间的距离。

2. 当12日BIAS线突破零轴时，说明股价自下向上突破了12日均线，短期内的上涨趋势已经形成，股价将持续上涨。

12日BIAS线突破零轴的形态如图21-4所示。

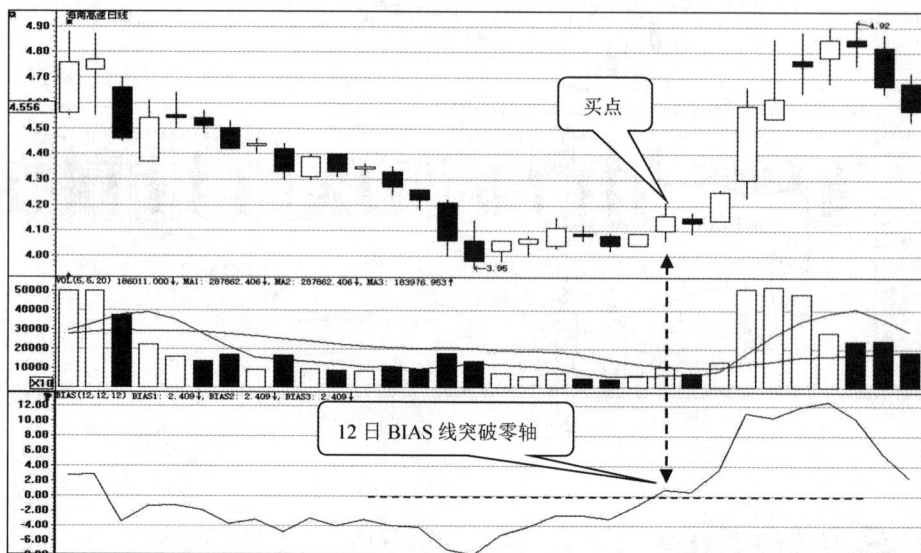

图21-4 12日BIAS线突破零轴

● **买点出击**

当12日BIAS线突破零轴时，说明短期的上涨趋势已经确定。此时投资者可以积极买入股票。12日BIAS线突破零轴后可能回抽，但一般不会跌破零轴，会再次获得支撑上涨。当BIAS线回抽到零轴再次上涨时，是投资者加仓买入股票的机会。

● 经典案例

如图 21-5 所示，华联股份（000882）股价持续下跌，其 12 日 BIAS 线在零轴下方整理。2023 年 7 月 6 日，12 日 BIAS 线向上突破了零轴，标志着股价突破 12 日均线，短期内市场已经进入上涨行情。投资者可以积极买入。2023 年 7 月 17 日，12 日 BIAS 线回抽到零轴附近后获得支撑，再次上涨，这是对之前突破形态的确认，投资者可以加仓买入。

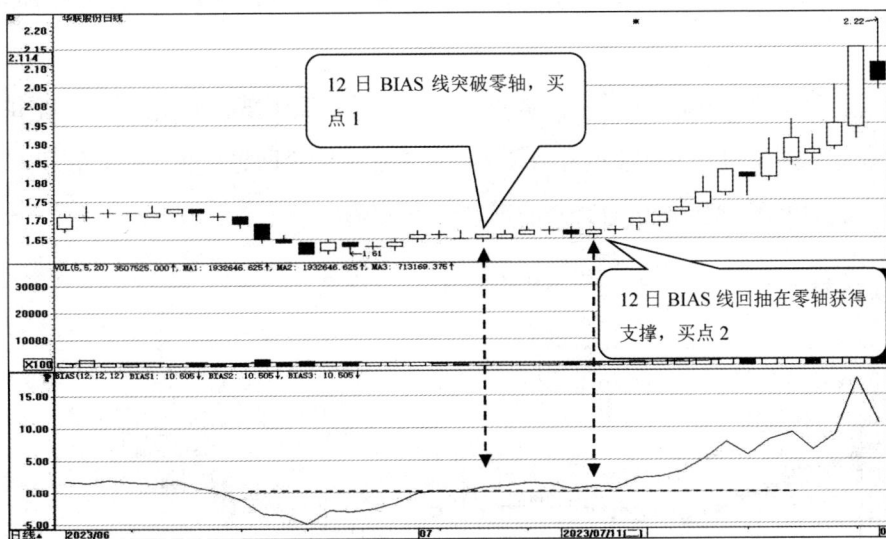

图 21-5　华联股份日 K 线

🏵 实战提高

1．如果 12 日 BIAS 线突破零轴前在零轴曾遇阻下跌，说明零轴是 12 日 BIAS 线的阻力线。该阻力线一旦被突破，其看涨信号会更加强烈。

2．短线投资者可以选择 6 日 BIAS 线作为参考标准；中线投资者可以选择 12 日 BIAS 线作为参考标准。

3．如果 6 日、12 日、24 日 BIAS 线同时突破零轴，说明股价同时突破了 6 日、12 日、24 日三条均线。该形态是十分强烈的看涨信号。

4．当 BIAS 线向上突破时如果成交量放大，看涨信号会更强烈。

买点 79　24 日 BIAS 线与股价底背离：24 日 BIAS 线突破零轴时买入

● 技术特征

1. 当股价在下跌行情中连续创出新低时，如果 24 日 BIAS 线没有创出新低，反而形成了一底比一底高的上升走势，就形成了 BIAS 指标的底背离形态。

2. 24 日 BIAS 线与股价底背离说明虽然股价持续下跌，但股价与均线间的距离却逐渐缩短，下跌速度有减缓的趋势。这是股价即将见底反弹的信号。

24 日 BIAS 线与股价底背离的形态如图 21-6 所示。

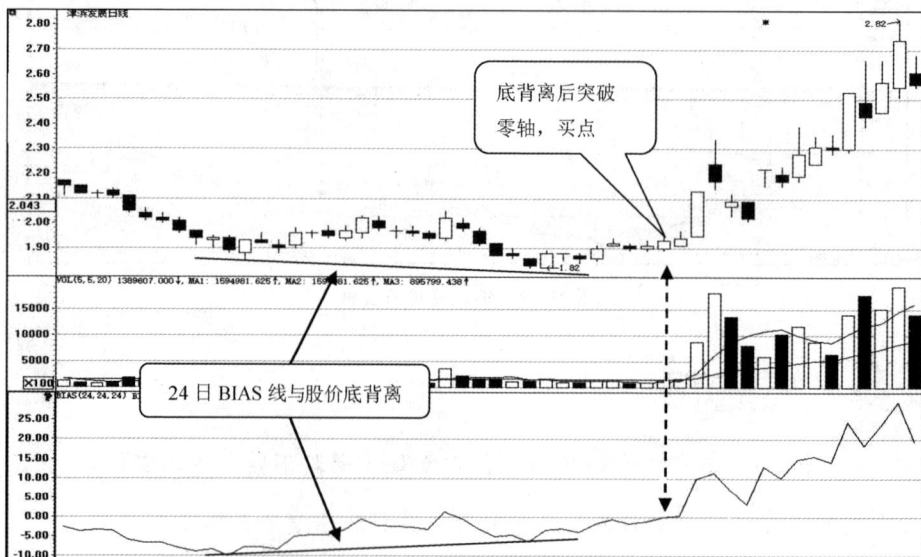

图 21-6　24 日 BIAS 线与股价底背离

● 买点出击

底背离形态完成后，当 24 日 BIAS 线持续上涨、向上突破零轴时，说明股价已经上涨到 24 日均线上方，上涨行情开始。此时投资者可以积极买入股票。

● 经典案例

如图 21-7 所示，2022 年 9 月下旬至 10 月下旬，现代投资（000900）股价持续下跌过程，24 日 BIAS 线却逐渐上涨，二者形成底背离形态。这样的形态说明股价下跌速度减缓，未来有见底反弹的趋势。

11 月 1 日，24 日 BIAS 线突破了零轴。这样的形态说明股价已经结束下跌，进入上涨行情。此时投资者可以积极买入股票。

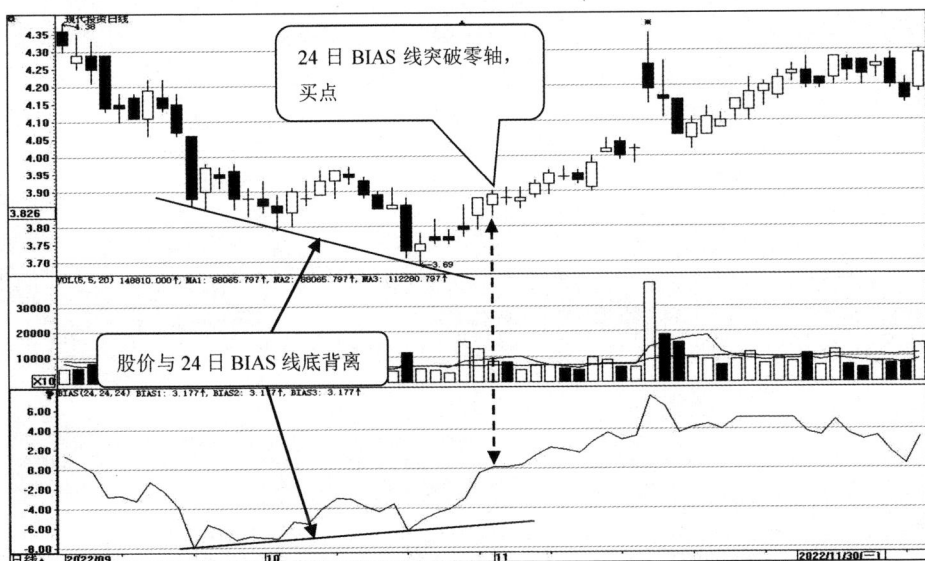

图 21-7　现代投资日 K 线

🍀 实战提高

1. 底背离开始时 24 日 BIAS 线的位置越低，未来股价的上涨空间就越大。24 日 BIAS 线最好自 -11 下方开始上涨。

2.24日BIAS线与股价底背离的次数越多，背离持续的时间越长，未来出现一波大级别上涨行情的可能性就越大。

3.如果24日BIAS线与股价底背离的同时，6日、12日BIAS线都与股价形成了底背离形态，则该形态的看涨信号会更加可靠。

4.如果BIAS线与股价底背离的过程中成交量持续萎缩，背离完成后成交量放大，该形态的看涨信号会更加可靠。

第 22 章

EMV 指标的买点

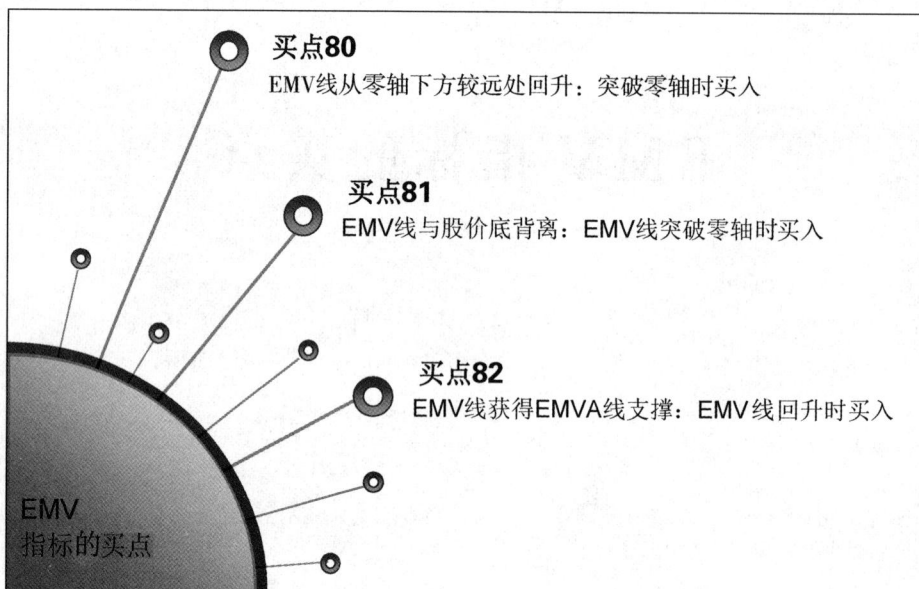

买点80
EMV线从零轴下方较远处回升：突破零轴时买入

买点81
EMV线与股价底背离：EMV线突破零轴时买入

买点82
EMV线获得EMVA线支撑：EMV线回升时买入

EMV
指标的买点

指标概览

EMV 指标即简易波动指标。该指标包括两条曲线，分别是波动速度较快的 EMV 线和波动较平缓的 EMVA 线。其中 EMVA 线是 EMV 线的移动平均线（见图 22-1）。

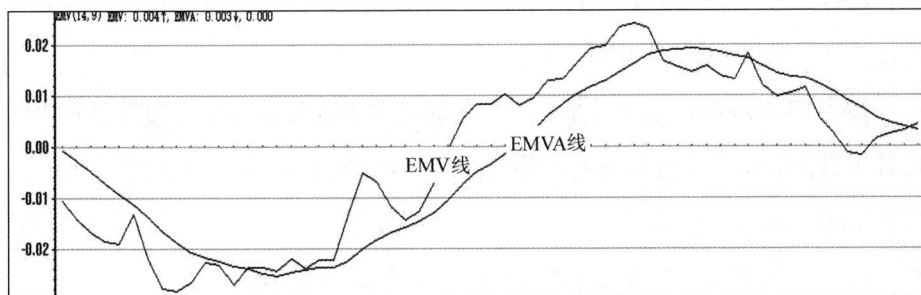

图 22-1　EMV 指标

EMV 指标根据成交量和股价的变化得出。如果较少的成交量便能推动股价上涨，则 EMV 数值会升高；相反，如果股价下跌时仅伴有较少的成交量，则 EMV 数值会降低；倘若股价不涨不跌，或者股价的上涨和下跌都伴有较大的成交量，则 EMV 的数值会趋近于零。

买点80　EMV线从零轴下方较远处回升：突破零轴时买入

● 技术特征

1. 在股价下跌的过程中，买方人气不断地萎靡退缩，导致成交量逐渐减少，EMV线也会持续下跌。直到股价下跌至某一个合理支撑区时，抄底买单促使成交量再度活跃，EMV线会见底反弹。

2. 当EMV线由负值上升至趋近于零时，表示部分信心坚定的资金成功地扭转了股价的跌势，行情有反转趋势。当EMV线突破零轴时，说明股价已经完全反转。

EMV线从零轴下方较远处回升的形态如图22-2所示。

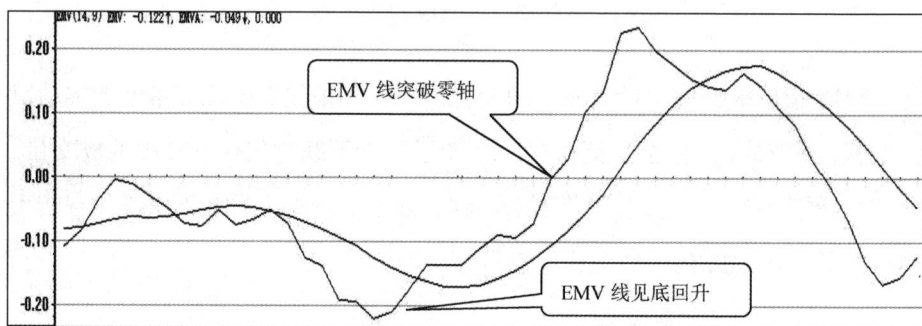

图22-2　EMV线从零轴下方较远处回升

● 买点出击

当EMV线突破零轴时，说明该股已经进入了强势上涨行情。此时投资者可以积极买入股票。

● 经典案例

如图22-3所示，2023年4月下旬至5月下旬，特发信息（000070）股价下跌一段时间后，其EMV线下跌到低位。EMV线见底回升，这是股价即将见底反弹的信号。

5月24日，EMV线上涨一段时间后突破了零轴。此时短期内的强势上涨行情已经可以确定，投资者可以积极买入股票。

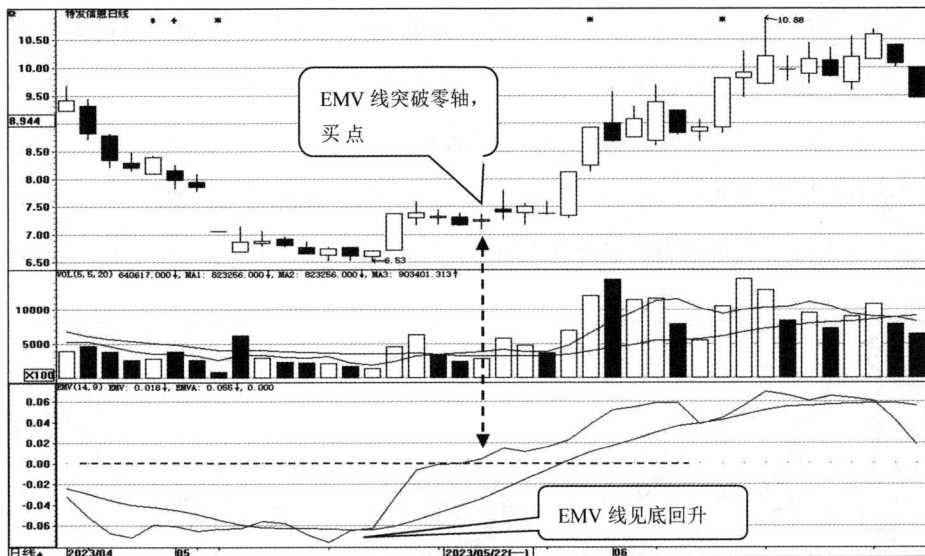

图 22-3　特发信息日 K 线

实战提高

1.该信号只能指导投资者短线操作。投资者买入股票后，一定要保持短线操作思路。一旦股价走弱，就应该果断将手中的股票卖出。

2．EMV线见底回升时的位置越低，该形态的看涨信号就越强烈。

3．EMV线自底部开始的上涨越强势，该指标线突破零轴后的看涨信号也就越强。判断指标线上涨是否强势的标准是，自底部开始至突破零轴的过程中，EMV线和EMVA线总共完成了几次金叉。金叉次数越少，说明上涨过程中的回调越少，上涨越强势。

买点81 EMV线与股价底背离：EMV线突破零轴时买入

● **技术特征**

1. 当股价持续下跌、创出新低时，如果EMV线没有创新低，反而形成了一底比一底高的上升走势，二者就形成了底背离形态。

2. EMV线与股价底背离形态说明随着股价持续下跌，成交量逐渐放大，这是有抄底资金进入的信号。该信号完成后，股价即将见底反弹。

EMV线与股价底背离的形态如图22-4所示。

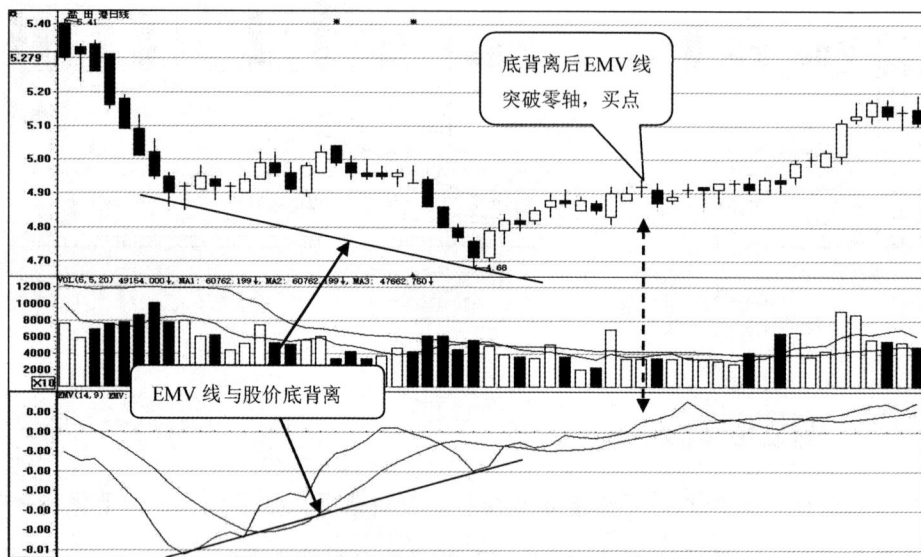

图22-4 EMV线与股价底背离

● **买点出击**

底背离形态完成后，当EMV线向上突破零轴时，说明强势上涨行情已经开始。此时投资者可以积极买入股票。

● **经典案例**

　　如图 22-5 所示，2023 年 5 月，岭南控股（000524）股价持续下跌，EMV 线却持续上涨，二者形成底背离形态。这个形态说明随着股价下跌，有抄底资金逐渐进入，未来股价将见底反弹。

　　2023 年 6 月 1 日，EMV 线突破零轴。这是股价已经开始强势上涨的信号。此时投资者可以积极买入股票。

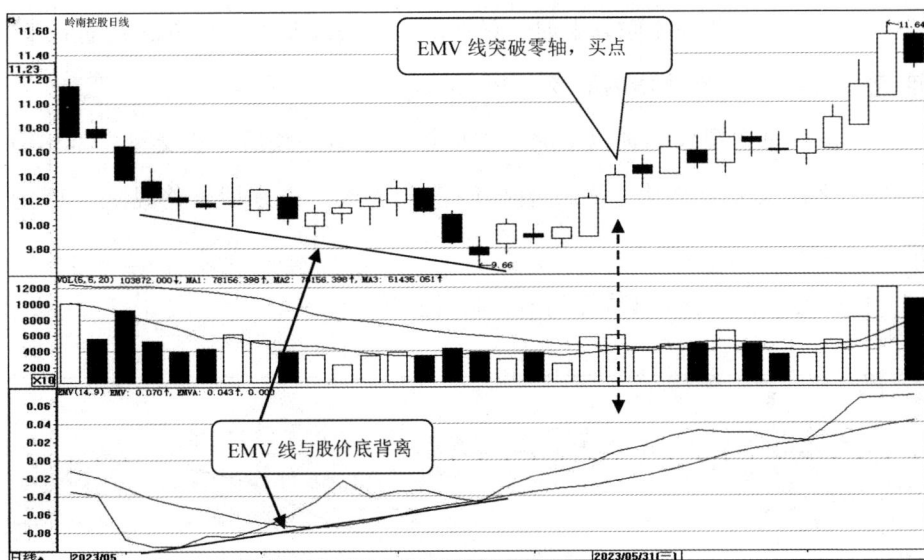

图 22-5　岭南控股日 K 线

🍀 **实战提高**

　　1．当 EMV 线突破零轴时，股价往往已经有了较大幅度的上涨。因此，激进的投资者可以在底背离形态确定后就买入股票。

　　2．底背离开始时 EMV 线的位置越低，底背离持续的时间越长，则该形态的看涨信号就越强烈。

买点82 EMV线获得EMVA线支撑：EMV线回升时买入

● 技术特征

1. 当EMVA线持续上升时，EMV线在EMVA线上方小幅回调，回调到EMVA线附近获得支撑上升，再次远离EMVA线。

2. 该形态出现在零轴以上时，说明股价经过缩量整理后再次放量上涨。这是未来股价会继续上涨的信号。

3. 该形态出现在零轴以下时，说明股价放量下跌后，成交量先是逐渐萎缩，之后又持续放大。这是有抄底资金进入、未来股价将见底反弹的信号。

EMV线获得EMVA线支撑的形态如图22-6所示。

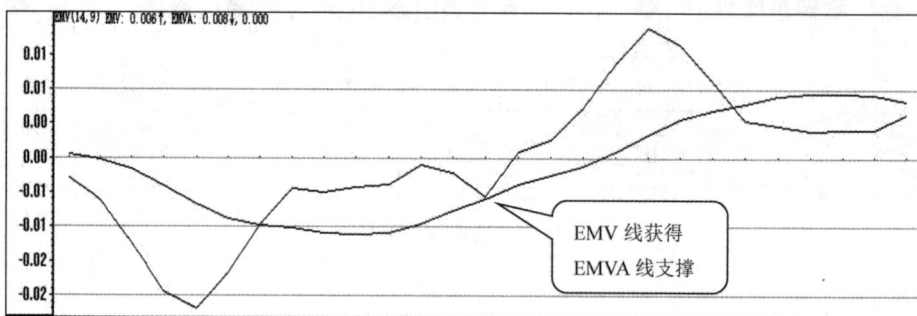

图22-6 EMV线获得EMVA线支撑

● 买点出击

当EMV线在EMVA线附近获得支撑后再次上升时，投资者可以积极买入股票。

● 经典案例

如图 22-7 所示，2022 年 5 月上旬，通威股份（600438）股价上涨之后回调，其 EMV 线逐渐向 EMVA 线靠拢。这是股价正在缩量整理的信号。

5 月 13 日，EMV 线在 EMVA 线位置获得支撑后再次上升。这是股价即将再次上涨延续上涨趋势的信号，投资者可以积极买入股票。

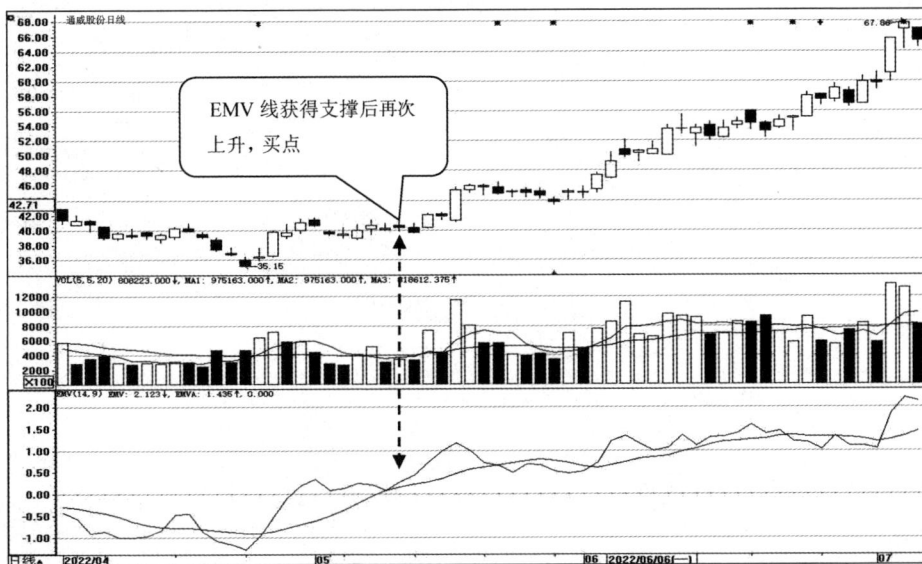

图 22-7　通威股份日 K 线

实战提高

1．只有 EMV 线再次远离 EMVA 线，才是有效的买入信号。

2．有时 EMV 线可能会略微跌破 EMVA 线，只要跌破的幅度不深且持续时间不长，投资者就可以认为该位置的支撑有效。

3．在零轴上方，当 EMV 线在 EMVA 线附近获得支撑时，其看涨信号强度要超过在零轴下方出现的同样的形态。

第 23 章

ROC 指标的买点

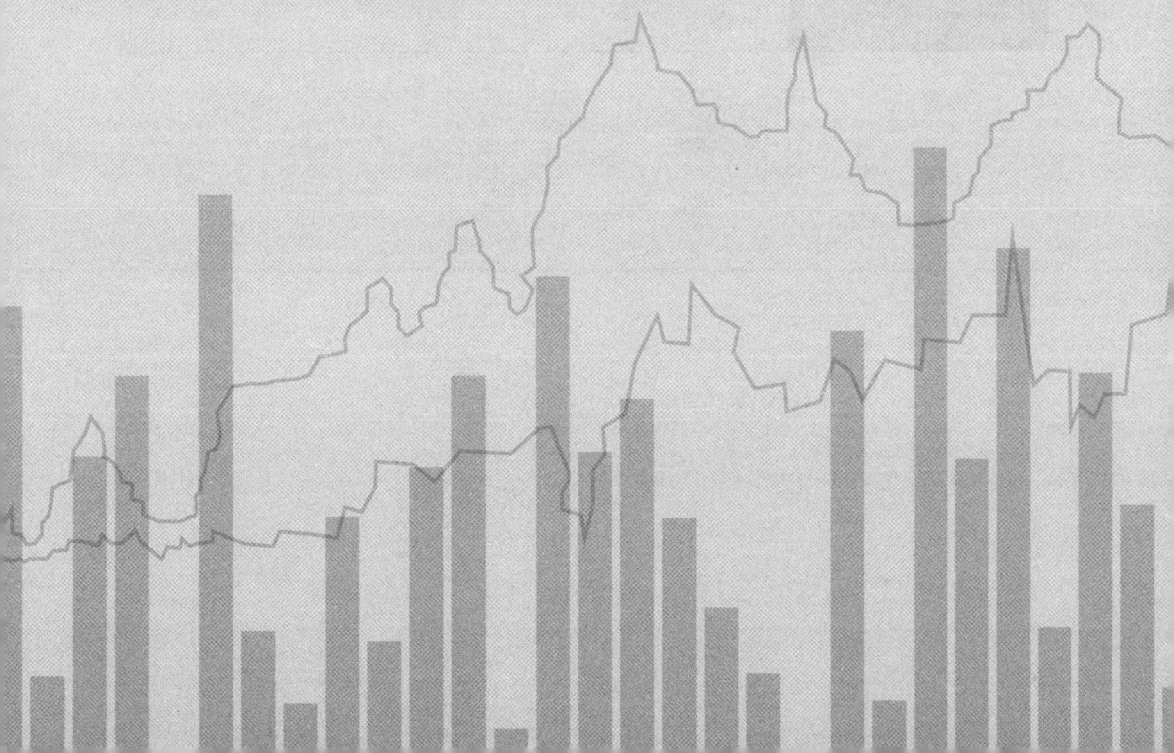

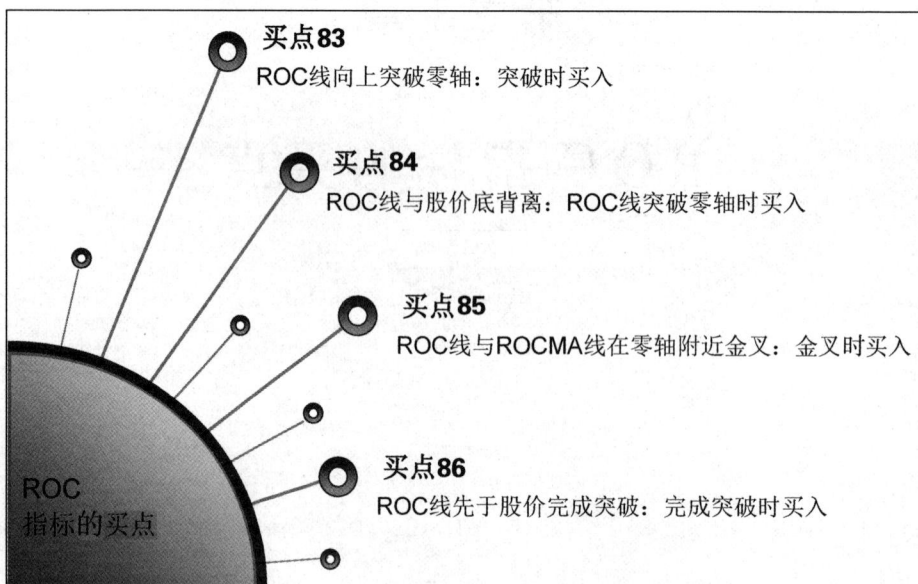

买点83
ROC线向上突破零轴：突破时买入

买点84
ROC线与股价底背离：ROC线突破零轴时买入

买点85
ROC线与ROCMA线在零轴附近金叉：金叉时买入

买点86
ROC线先于股价完成突破：完成突破时买入

ROC
指标的买点

指标概览

ROC指标即变动速率指标。该指标包括两条指标线，分别是波动较快的ROC线和波动较慢的ROCMA线。其中ROCMA线是ROC线的移动平均线（见图23-1）。

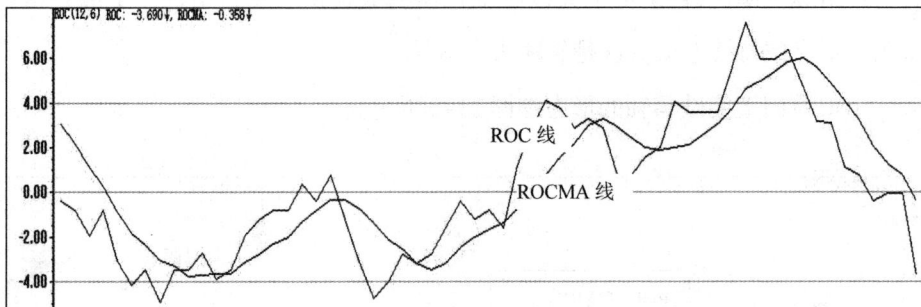

图 23-1 ROC指标

ROC指标线反映当日收盘价与n日前收盘价的对比情况。当ROC值大于0时，说明当前股价比n日前的收盘价高，且曲线位置越高，当日收盘价与n日前的相比就高出越多。当ROC值小于0时，说明当日收盘价比n日前的收盘价低，且曲线位置越低，当日收盘价与n日前的相比就低得越多。

买点83 ROC线向上突破零轴：突破时买入

● **技术特征**

1. 当ROC线在零轴上方时，说明当日收盘价比n日前的收盘价有所上涨，股价处于上涨行情中。

2. 如果ROC线自下向上突破零轴，说明股价由下跌行情进入上涨行情，未来股价有望持续上涨。这是看涨买入信号。

ROC线向上突破零轴的形态如图23-2所示。

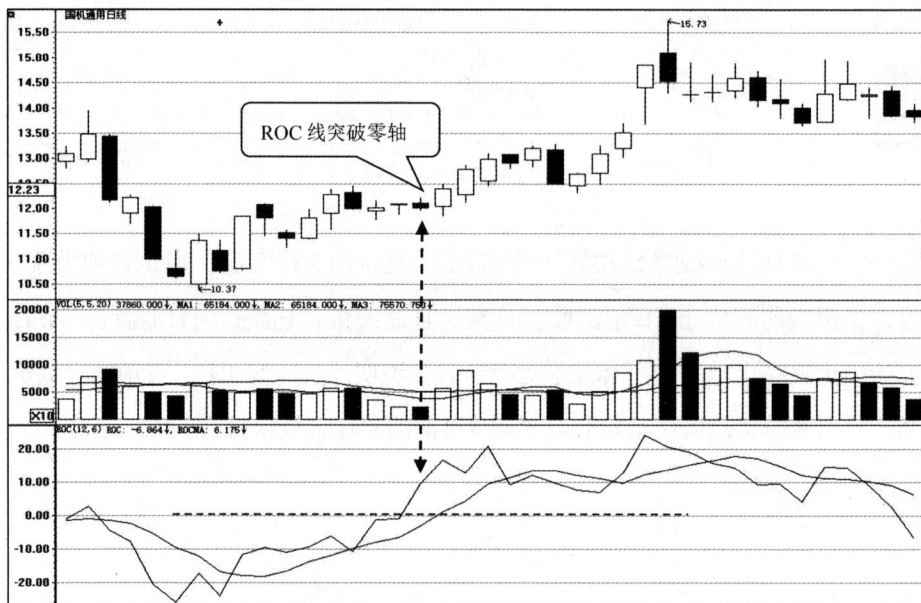

图23-2 ROC线向上突破零轴

● **买点出击**

当ROC线自下向上突破零轴时，说明股价进入上涨行情。此时投资者可以积极买入股票。

● 经典案例

如图 23-3 所示，2022 年 4 月中下旬，国机通用（600444）股价下跌一段时间后，其 ROC 线见底回升。

5 月 16 日，ROC 线向上突破零轴。这说明该股由下跌行情进入上涨行情。当该形态完成时，投资者可以积极买入股票。

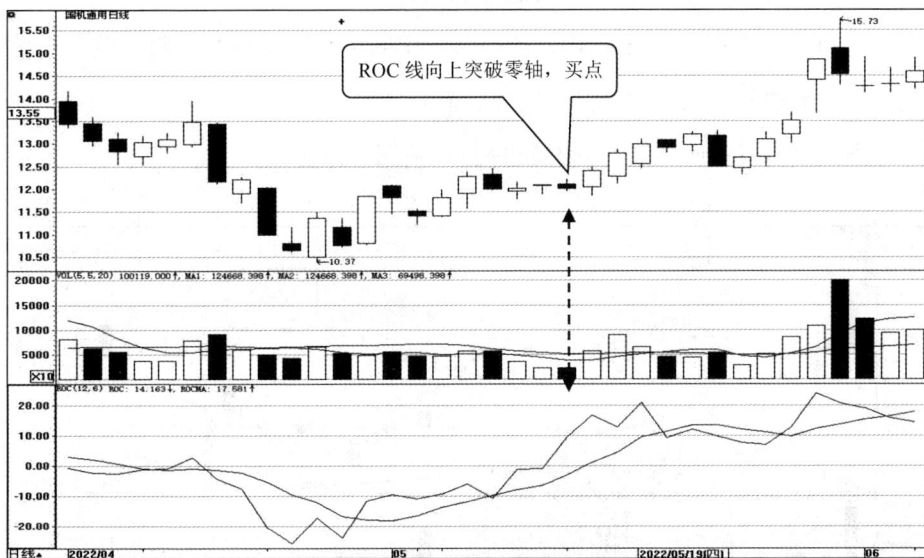

图 23-3　国机通用日 K 线

🍀 实战提高

1．ROC 线向上突破得越坚决，该指标的看涨信号也就越强烈。

2．如果 ROC 线之前曾在零轴位置遇到阻力，说明该位置是 ROC 线上涨重要的阻力。未来 ROC 线能够突破零轴时，其看涨信号会更加强烈。

3．当 ROC 线突破零轴时，如果成交量持续放大，则说明市场上的多方力量持续增强，此时该形态的看涨信号会更加强烈。

买点84　ROC线与股价底背离：ROC线突破零轴时买入

● 技术特征

1. 当股价持续下跌、创出新低时，如果ROC线没有创新低，反而形成了一底比一底高的上升走势，二者就形成了底背离形态。

2. ROC线与股价形成底背离形态时，说明虽然股价持续下跌，但下跌动能已经越来越弱，未来股价将有见底反弹的趋势。

ROC线与股价底背离的形态如图23-4所示。

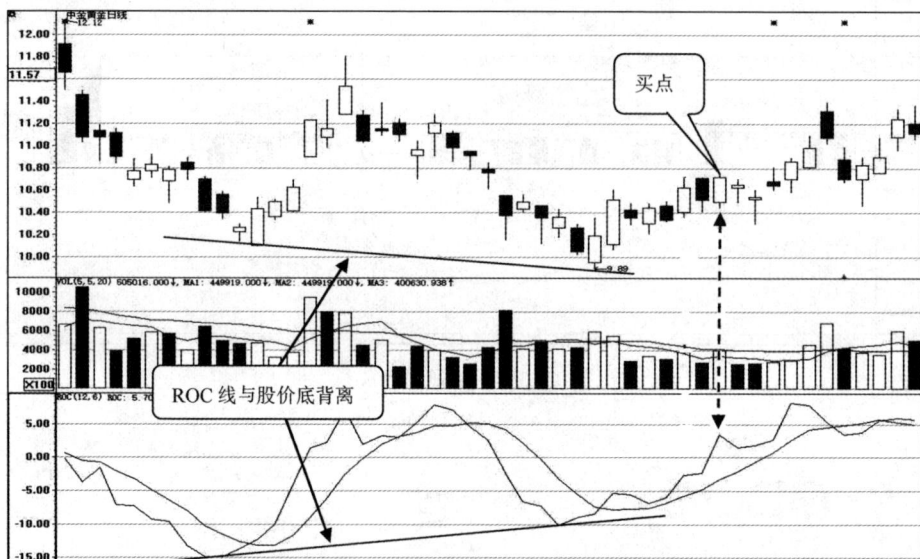

图23-4　ROC线与股价底背离

● 买点出击

底背离形态确定后，当ROC线持续上涨、突破零轴时，说明上涨行情已经开始。此时投资者可以积极买入股票。

● 经典案例

如图23-5所示，2022年9月下旬至11月初，中铁工业（600528）股价下跌过程中，其ROC线却连续上涨，二者形成了底背离形态。这样的形态说明虽然股价还在下跌，但是其下跌动能已经越来越弱。

ROC线持续上涨一段时间后，于2022年11月4日突破了零轴。这是股价已经走强的标志，此时投资者可以积极买入股票。

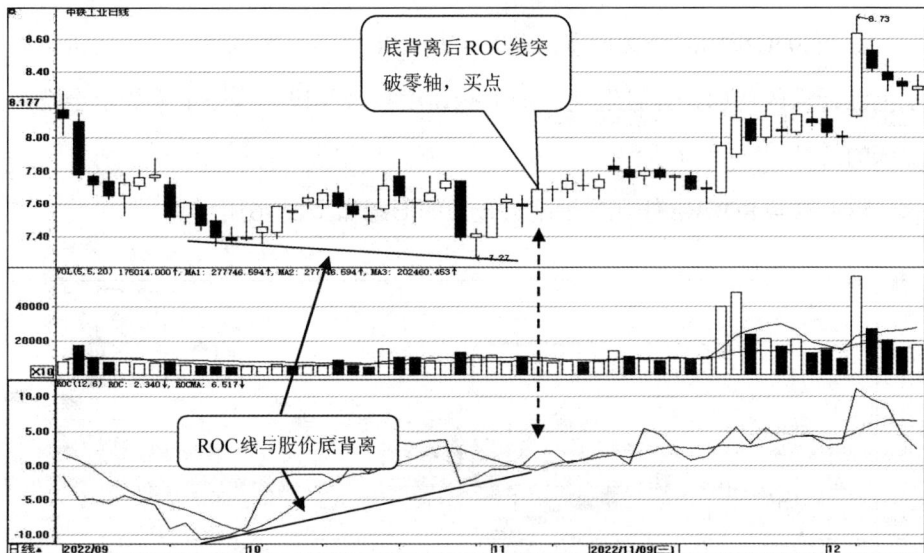

图23-5　中铁工业日K线

🍀 实战提高

1. 如果在底背离确定前ROC线已经突破了零轴，投资者可以参照其他技术指标进行判断。

2. 底背离开始时ROC线的位置越低，底背离持续的时间越长，股价未来的上涨空间就越大。

3. 如果在底背离过程中成交量逐渐萎缩，当底背离完成后成交量再次放大，该形态的看涨信号会更加可靠。

买点85　ROC线与ROCMA线在零轴附近金叉：金叉时买入

● 技术特征

1. 当ROC线自下向上突破ROCMA线时，就形成了ROC指标的金叉形态。

2. 当ROC指标的金叉形态出现在 –20到20之间的区域时，说明股价正处于上涨行情的初期，并且短期内的上涨速度越来越快。这是未来股价会持续上涨的信号。

ROC线与ROCMA线在零轴附近金叉的形态如图23-6所示。

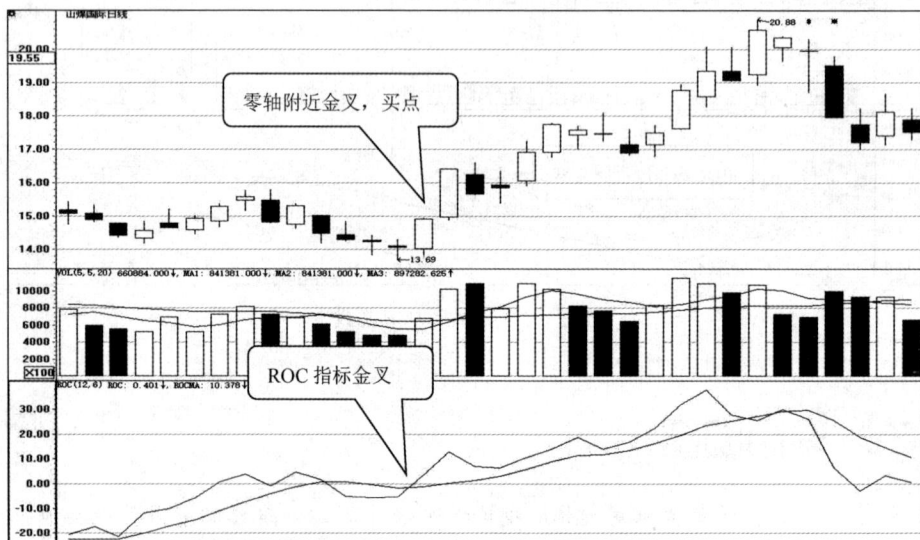

图23-6　ROC线与ROCMA线在零轴附近金叉

● 买点出击

当ROC指标的金叉完成时，投资者可以积极买入股票。

● 经典案例

如图 23-7 所示，2023 年 7 月上旬至中旬，安阳钢铁（600569）持续震荡，其 ROC 指标的两条指标线也在零轴附近徘徊。

7 月 24 日，ROC 指标的两条指标线在零轴附近区域完成金叉形态。这样的形态说明市场上的上涨动能正在加强，股价有见底反弹的趋势。此外，因为这时 ROC 线还处于低位，说明未来股价将有较大的上涨空间。该形态完成后，投资者可以积极买入股票。

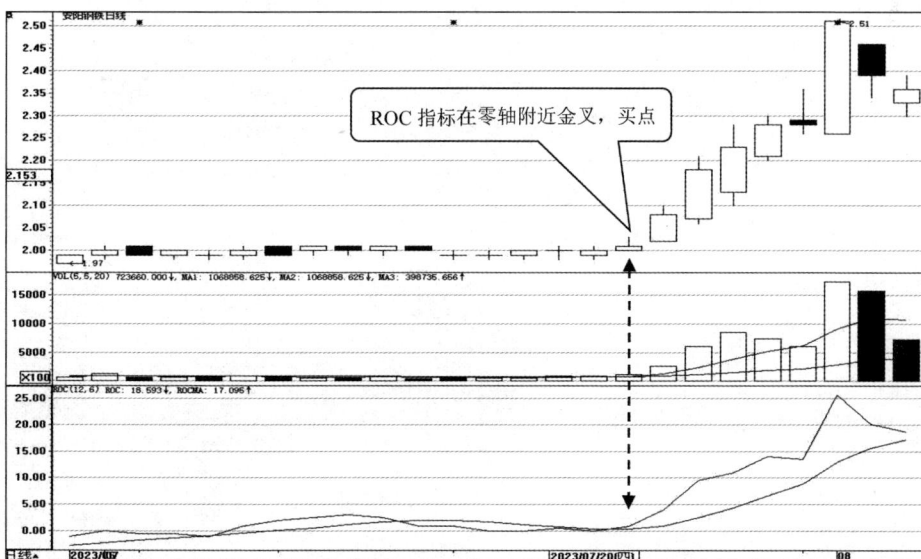

图 23-7　安阳钢铁日 K 线

🍀 实战提高

1. 如果 ROC 指标金叉出现在 -20 以下区域，说明股价的上涨趋势还没有形成，此时投资者介入的风险较大。如果 ROC 指标金叉出现在 20 以上区域，则说明股价已经有了较大幅度的上涨，未来继续上涨的空间会比较有限。

2．如果 ROC 线和 ROCMA 线反复纠缠，连续形成金叉形态，则不能作为有效的看涨信号。

3．ROC 指标金叉出现的位置越接近零轴，看涨信号就越强。

4．如果 ROC 指标金叉出现的同时成交量大幅放大，就验证了市场上多方力量持续增强的信号。此时该形态的看涨信号会更加可靠。

买点 86　ROC 线先于股价完成突破：完成突破时买入

● 技术特征

1. 当股价受到前期高点的压制，在前期高点下方持续整理时，ROC 线先于股价上涨，突破了前期与股价几乎同一时间形成的高点。

2. 这样的形态出现时，投资者可以将 ROC 线看作先行指标。一旦 ROC 线突破前期高点，就可以确定未来股价也会随之突破。

ROC 线先于股价完成突破的形态如图 23-8 所示。

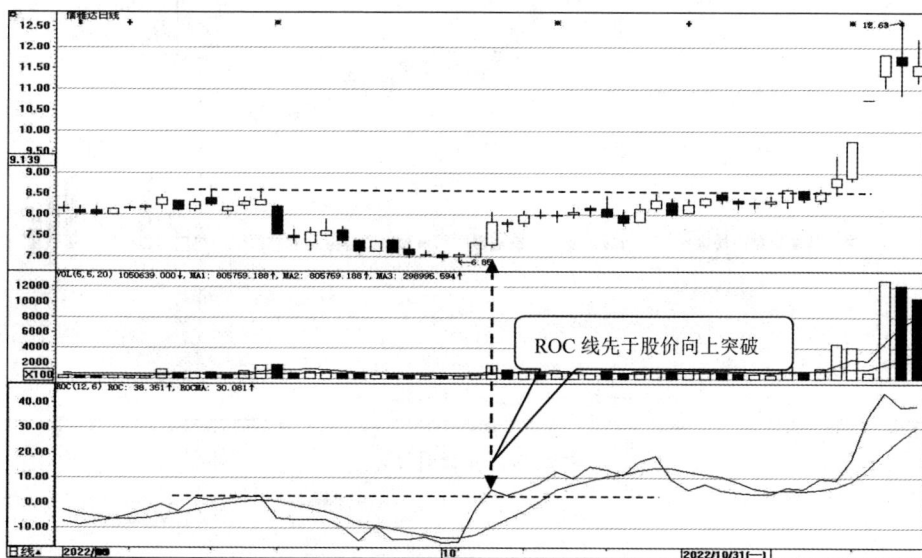

图 23-8　ROC 线先于股价完成突破

● 买点出击

ROC 线突破前期高点，预示着股价也会突破与 ROC 线几乎同一时间形成的前期高点。这是未来股价会持续上涨的标志，此时投资者可以积极买入股票。

● 经典案例

如图23-9所示，2022年9月至10月中旬，克劳斯（600579）在经过一波下跌走势后反弹向上，形成阶段高点。与此几乎同一时间，ROC线形成了阶段高点。ROC线两次在阶段高点处受阻，显示该位置具有较大的阻力作用。10月17日，ROC线向上突破了前期高点，预示着股价可能同步突破，投资者可以积极买入股票。

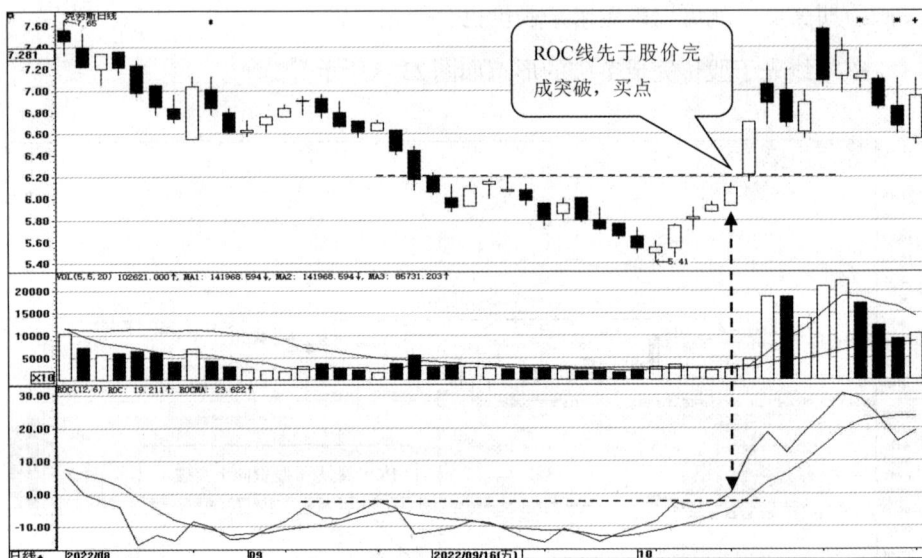

图23-9　克劳斯日K线

🍀 实战提高

1. 如果投资者倾向于谨慎操作，可以在ROC线向上突破时先买入部分股票，等股价真正完成突破后再加仓。

2. ROC线突破的前期高点与股价的前期高点须几乎在同一时间形成。

3. 如果ROCMA线同时突破前期高点，该形态的看涨信号更加强烈。

4. 股价和ROC线在前期高点下方整理的时间越长，突破后上涨空间越大。

第 24 章

TAPI 指标的买点

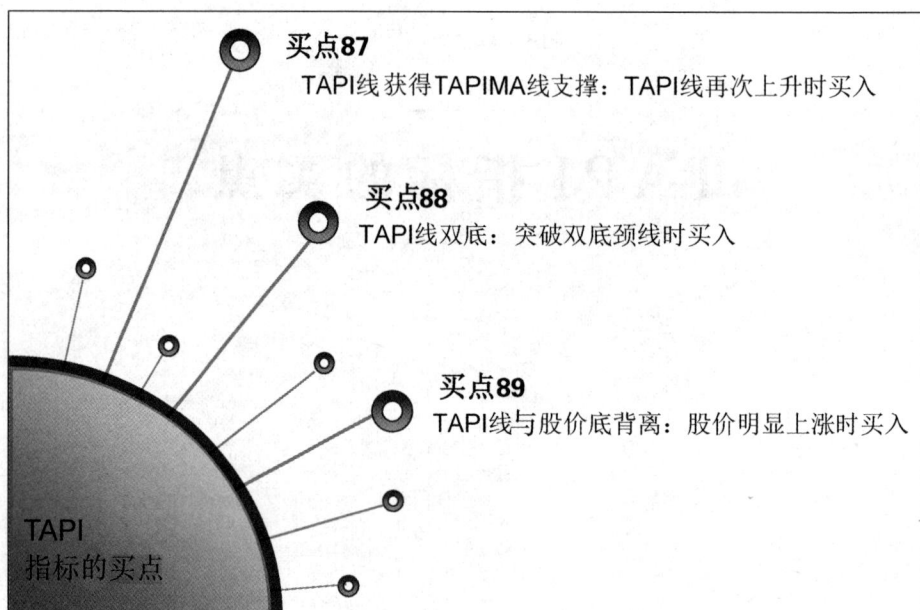

买点87
TAPI线获得TAPIMA线支撑：TAPI线再次上升时买入

买点88
TAPI线双底：突破双底颈线时买入

买点89
TAPI线与股价底背离：股价明显上涨时买入

TAPI
指标的买点

指标概览

TAPI 即指数点成交值指标。该指标包括两条指标线，分别是波动较快的
TAPI 线和波动较慢的 TAPIMA 线（见图 24-1）。

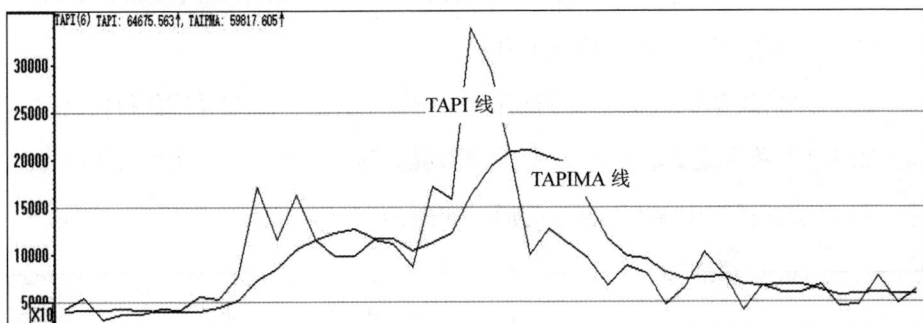

图 24-1　TAPI 指标

该指标中的 TAPI 线统计的是每点指数所对应的个股成交量数值。其计算
公式为：股票当日总成交额 ÷ 股票对应的指数点位 = 当日该股的 TAPI 指标
值。如浦发银行（600000）为上海证券交易所股票，其对应的指数为上证指
数。用该股的某日总成交额除以上证指数的收盘点位，就可以得到当日该股
的 TAPI 指标值。

该指标中的 TAPIMA 线是 TAPI 线的移动平均线，可以用来作为判断 TAPI
线走向的辅助指标。

买点87　TAPI线获得TAPIMA线支撑：TAPI线再次上升时买入

● 技术特征

1. 当TAPIMA线持续上涨时，TAPI线小幅回调到TAPIMA线附近，没有向下跌破，而是获得支撑后再次上升。

2. 当TAPI线在TAPIMA线附近获得支撑时，说明短期缩量整理的行情已经结束，未来股价将在成交量和大盘的配合下持续上涨。因此这是看涨买入信号。

TAPI线获得TAPIMA线支撑的形态如图24-2所示。

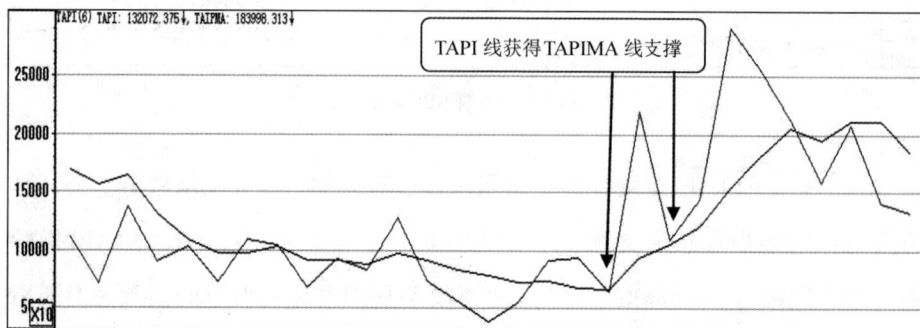

图24-2　TAPI线获得TAPIMA线支撑

● 买点出击

TAPI线在TAPIMA线附近获得支撑再次上升，说明短期内的上涨行情已经开始。此时投资者可以积极买入股票。

● 经典案例

如图24-3所示，从2022年11月中旬开始，中国联通（600050）股价见底反弹，同时其TAPIMA线也持续上升。11月18日和25日，TAPI线连续两次下跌到TAPIMA线位置都获得支撑上升。这说明短期的缩量整理行情结束，

股价将继续放量上涨。TAPI 线获得支撑后再次上涨时，就是投资者短线买入
股票的时机。

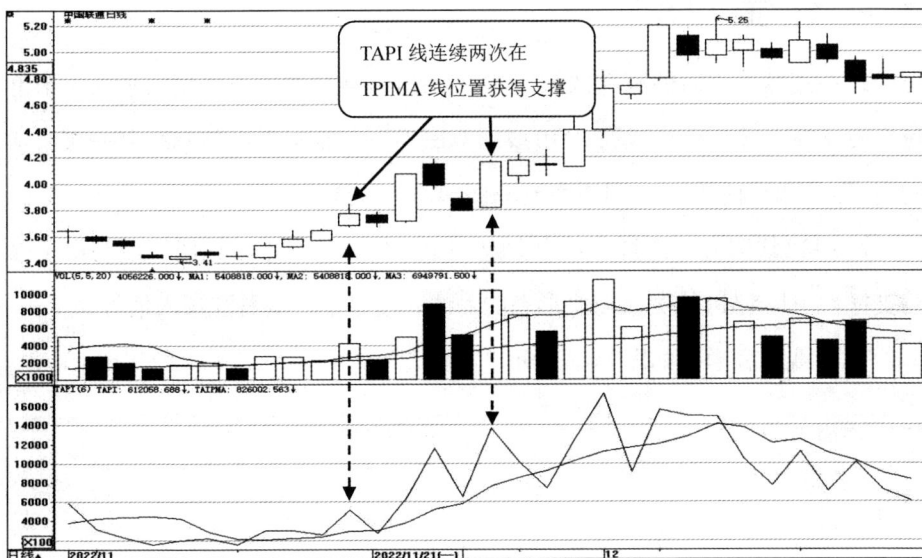

图 24-3　中国联通日 K 线

🍀 实战提高

1．TAPI 指标发出的是短线操作信号，投资者的交易周期应该控制在一周
以内。

2．有时 TAPI 线会连续多次在 TAPIMA 线位置获得支撑，获得支撑的次数
越多，股价上涨行情持续的时间就会越长。

3．投资者一定要等到 TAPI 线获得支撑上升后再买入股票。

4．有时 TAPI 线可能会短暂跌破 TAPIMA 线，只要跌破的幅度不大且持续
时间不超过一个交易日，该买入信号就依然有效。

买点88　TAPI线双底：突破双底颈线时买入

● 技术特征

1. 在连续下跌后的底部区域，如果TAPI线连续两次下跌到几乎同一个价位获得支撑上升，就形成了TAPI线的双底形态。投资者以指标线第一次回调的高点为基础画水平线，可以得到双底形态的颈线。

2. TAPI线双底形态说明结合大盘和个股的成交量看，该股下跌获得了强劲支撑。一旦TAPI线突破双底形态的颈线，就是强烈的看涨买入信号。

TAPI线双底形态如图24-4所示。

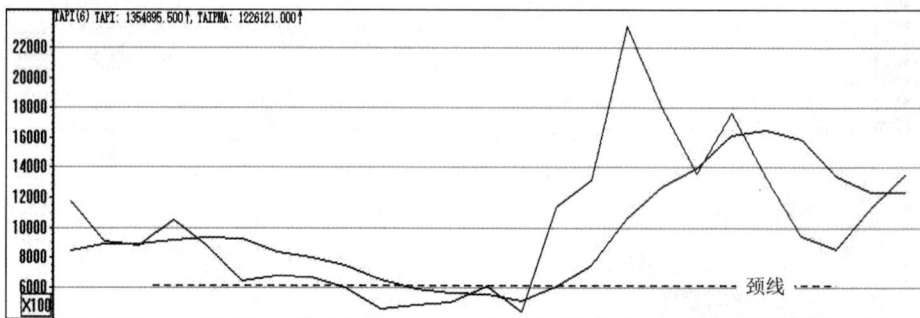

图24-4　TAPI线双底

● 买点出击

TAPI线向上突破双底形态的颈线，标志着上涨行情开始。此时投资者可以积极买入股票。

● 经典案例

如图24-5所示，2022年12月下旬，光电股份（600184）的股价下跌到低位后开始横盘整理。在股价横盘整理过程中，其TAPI线也在低位形成了双底形态。双底形态说明股价下跌后获得较强支撑。从K线图上可以看到，股价下跌到低位后也形成了几乎同样的双底形态，这是对股价见底信号的验证。

2022 年 12 月 29 日，TAPI 线突破双底形态的颈线，同时 K 线形成低位倒锤子线。这说明上涨行情已经开始，此时投资者可以积极买入股票。

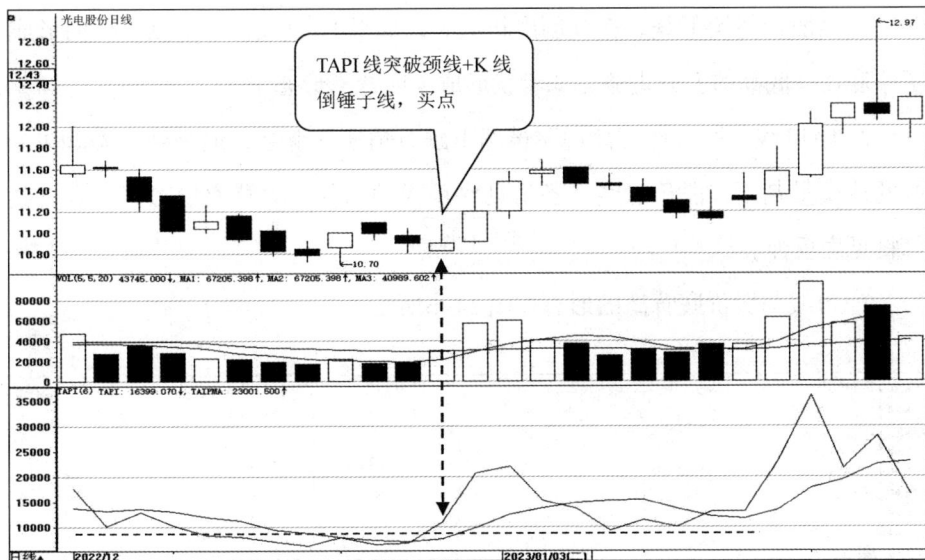

图 24-5　光电股份日 K 线

实战提高

1．TAPI 指标仅统计股票成交额和大盘指数，不考虑股票价格变化的影响。因此个别股票可能会有股价变动与 TAPI 指标变动不一致的情况。投资者在使用 TAPI 指标预判后市时，应该注意多结合股价的时机走向。

2．与双底形态类似的还有三重底、头肩底等。当 TAPI 指标形成类似的形态时，也是有效的看涨买入信号。

3．双底形态持续的时间越长，一旦 TAPI 线突破颈线，股价的上涨空间也就越大。

买点89　TAPI线与股价底背离：股价明显上涨时买入

● 技术特征

1. 当股价持续下跌、连续创出新低时，如果TAPI线没有下跌，反而形成了一底比一底高的上升走势，二者就形成了底背离形态。

2. TAPI线与股价底背离说明虽然下跌行情还在继续，但是结合大盘和个股的成交量判断，股价已经具备了见底反弹的条件。底背离形态完成后，股价将见底反弹。

TAPI线与股价底背离的形态如图24-6所示。

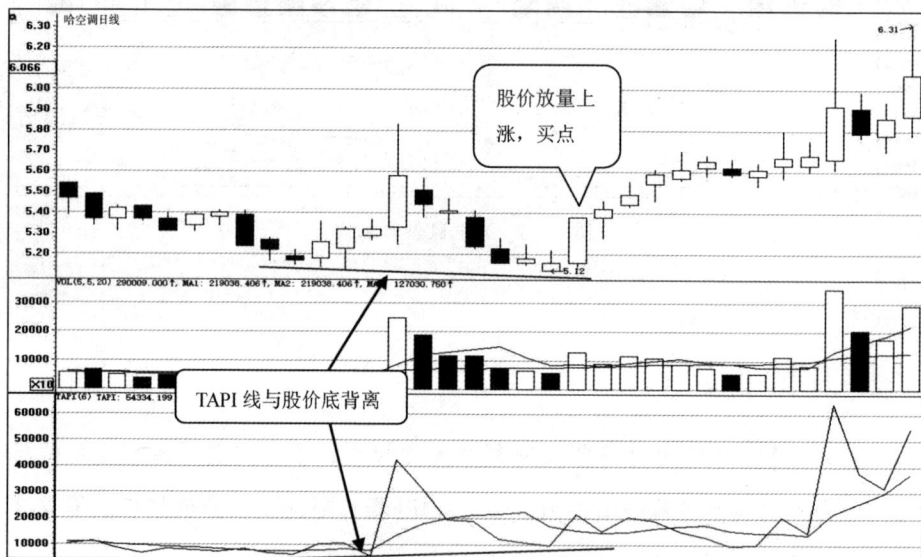

图24-6　TAPI线与股价底背离

● 买点出击

TPAI线与股价的底背离形态完成后，当股价放量上涨时，投资者可以积极买入股票。

● **经典案例**

如图 24-7 所示，2022 年 9 月下旬至 10 月下旬，西藏珠峰（600338）经过持续下跌后，股价连创新低，但 TAPI 线持续上涨，二者形成了底背离形态。这样的形态说明虽然股价持续下跌，但是已经具备了见底反弹的条件。

11 月 1 日，该股股价放量上涨，结束了持续下跌的行情。这标志着底背离形态结束和市场的反转，此时投资者可以积极买入股票。

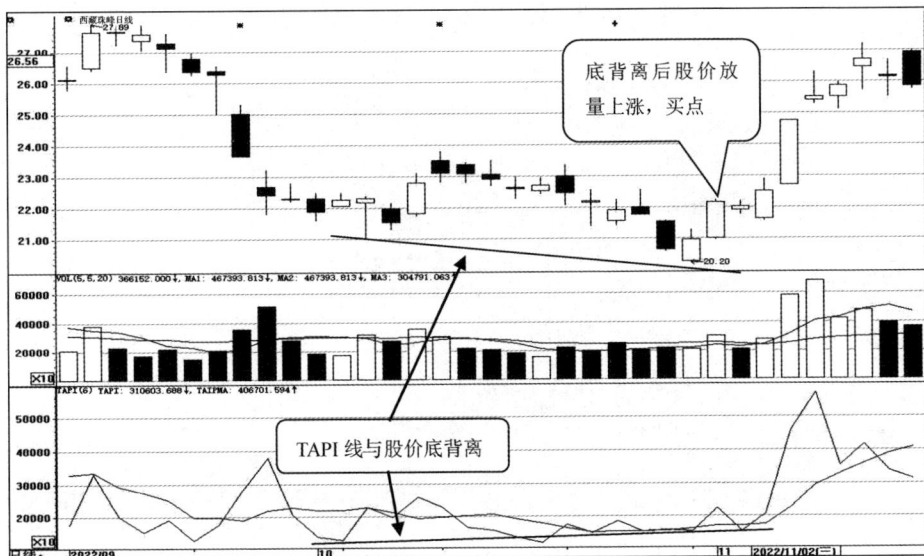

图 24-7　西藏珠峰日 K 线

实战提高

1. 底背离持续的时间越长，背离的次数越多，背离完成后股价的上涨空间也就越大。

2. TAPI 线与股价底背离形态完成的信号比较模糊，投资者可以结合 K 线走势和 TAPI 线的走势综合做出判断。

3. TAPI 指标本身是一个短线指标，但是当 TAPI 线与股价形成底背离后，可以预示一段比较长期的上涨行情。

第 25 章

——

宝塔线指标的买点

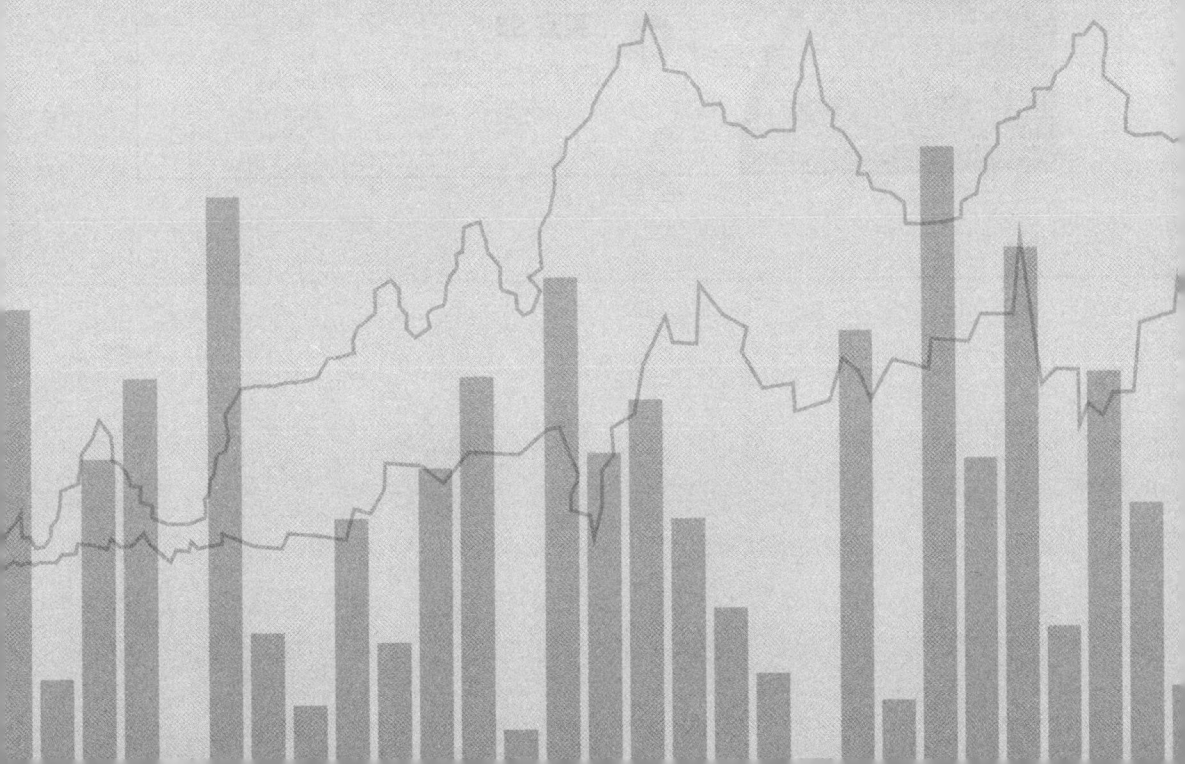

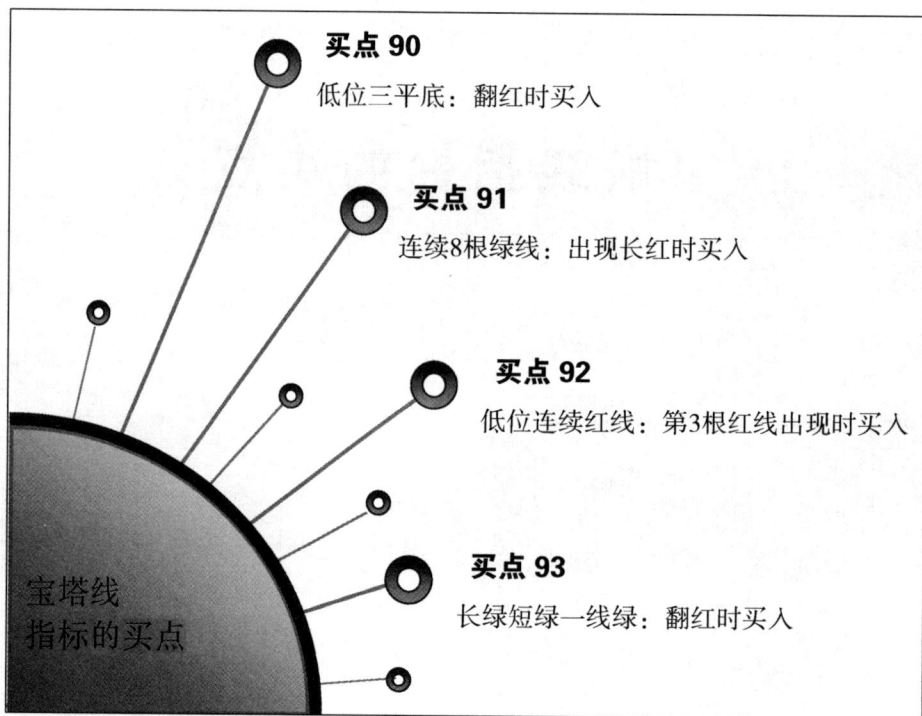

买点 90

低位三平底：翻红时买入

买点 91

连续8根绿线：出现长红时买入

买点 92

低位连续红线：第3根红线出现时买入

宝塔线
指标的买点

买点 93

长绿短绿一线绿：翻红时买入

指标概览

宝塔线指标是以不同颜色的柱线来区分股价涨跌的一种图表型指标，其形态与K线有些相似（见图25-1）。

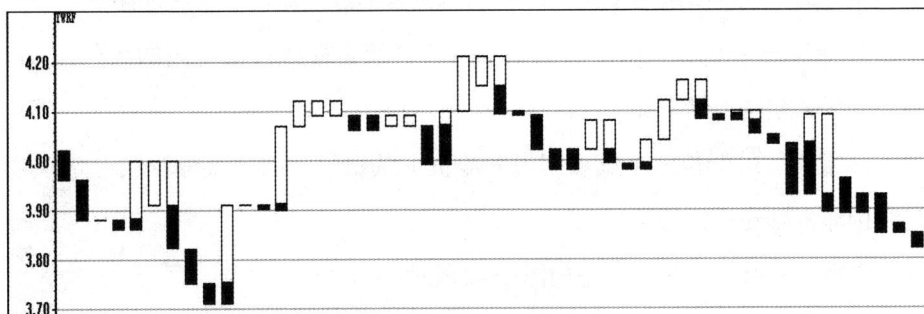

图 25-1　宝塔线指标

宝塔线指标将股价多空之间的争斗过程和力量的转变表现在图表中，包括三类柱线。

第一类是红色（空心）柱线。这类柱线显示市场上的多方强势，正在将股价向上拉升。红色柱线越长，说明多方力量越强。

第二类是绿色（实心）柱线。这类柱线显示市场上的空方强势，正在持续打压股价。绿色柱线越长，说明空方力量越强。

第三类是上方红色、下方绿色的柱线。这类柱线表示市场上的多空力量正在持续僵持。

投资者通过宝塔线指标中红绿柱线的变化，可以判断未来股价的涨跌趋势，并选择适当的买卖时机。

买点90 低位三平底：翻红时买入

● 技术特征

1. 在下跌一段时间之后的低价区域，当宝塔线指标形成连续三根最低价基本相等的绿色柱线或者上红下绿柱线时，就形成了低位三平底形态。

2. 低位三平底形态中，前两根宝塔线必须是柱线逐渐变短的绿色柱线，最后一根必须是上红下绿的柱线。

3. 宝塔线的低位三平底形态说明股价下跌一段时间后获得较强支撑。这是股价即将见底反弹的信号。

宝塔线的低位三平底形态如图25-2所示。

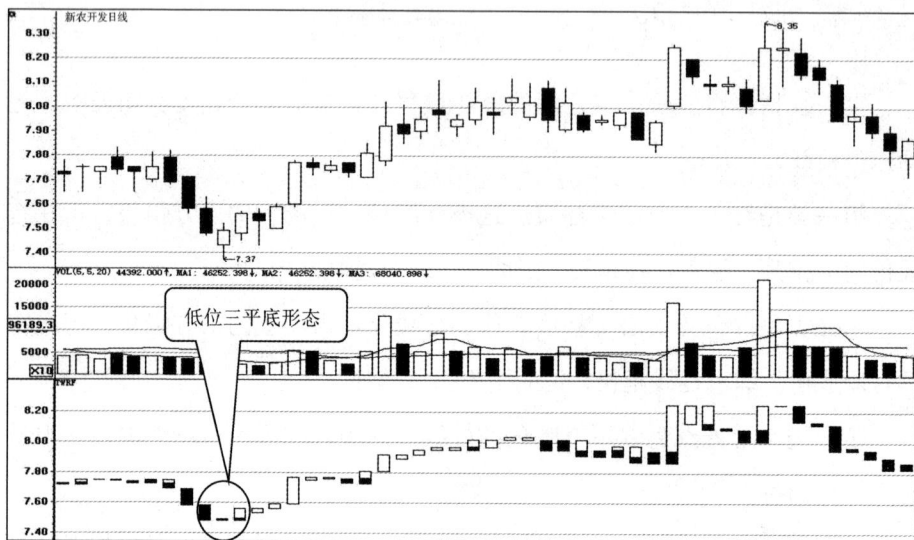

图25-2 宝塔线的低位三平底

● 买点出击

低位三平底形态完成后，当宝塔线形成红色柱线时，就形成了三平底翻红的形态。这标志着股价已经见底反弹，此时投资者可以积极买入股票。

● 经典案例

如图 25-3 所示，2023 年 4 月下旬，健康元（600380）股价经过持续下跌行情后，其宝塔线指标在低位形成了连续三根低点基本相等的柱线。其中前两根为逐渐变短的绿色柱线，最后一根为上红下绿的柱线。这样的形态说明股价下跌获得支撑，未来将见底反弹。

三平底完成后，4 月 27 日，宝塔线形成了红色柱线。这说明上涨行情已经开始，此时投资者可以积极买入股票。

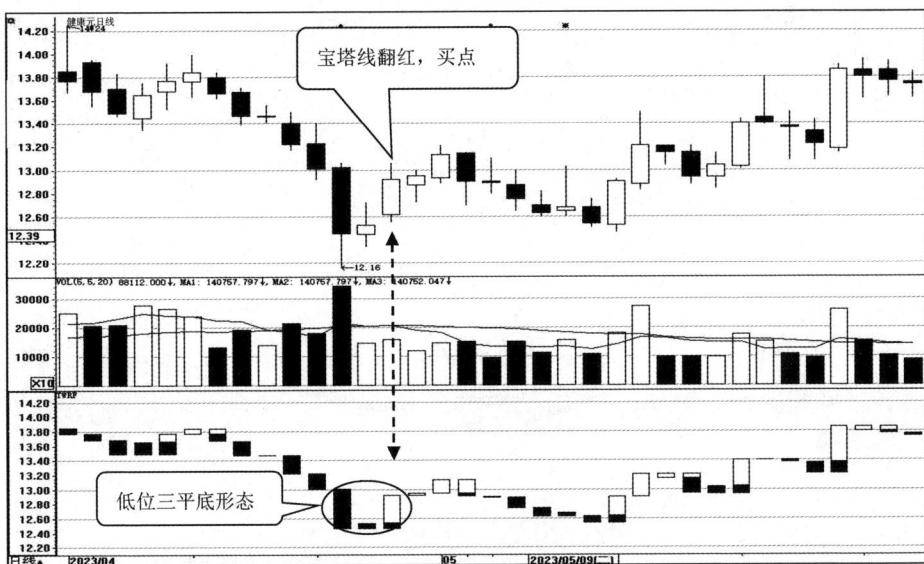

图 25-3　健康元日 K 线

🍀 实战提高

1. 如果低位三平底完成后的一个交易日，宝塔线不能形成红色柱线，则该形态不是有效的看涨信号。

2. 在 K 线图中，与宝塔线三平底对应的往往是启明星形态或者其变形。

3. 在三平底形态中，前边逐渐变短的绿色柱线可能有多根。只要这些柱线的最低价基本相同，且宝塔线最终能成功翻红，则该形态的看涨信号会更加可靠。

4. 如果三平底形态中前边的绿线出现时成交量萎缩，后边上红下绿的柱线出现时成交量大幅放大，就验证了空方力量萎缩、多方力量增强的信号。此时该形态的看涨信号会更加强烈。

买点91　连续8根绿线：出现长红时买入

● 技术特征

1. 当宝塔线形成连续8根或以上的绿色柱线时，说明市场处于持续下跌过程中，股价受到空方的强势打压。不过，这种强势下跌行情可能难以持续太长时间。

2. 未来一旦空方力量有所减弱，多方力量开始增强，股价即将见底反弹。

宝塔线形成连续8根绿线的形态如图25-4所示。

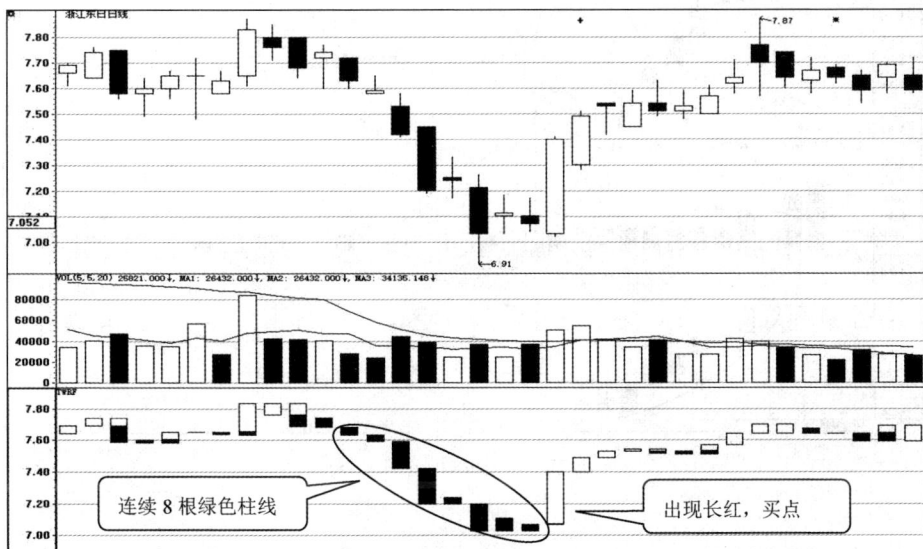

图25-4　宝塔线形成连续8根绿线

● 买点出击

连续8根绿色柱线完成后，当宝塔线指标形成较长的红色柱线时，投资者可以积极买入股票。

● 经典案例

如图25-5所示，2023年6月，长江投资（600119）股价持续下跌，其宝塔线指标形成了连续8根绿色柱线。这说明市场上的空方力量极度强势，不过这种强势行情可能难以持续，未来股价即将见底反弹。

6月30日，经过一段时间底部整理后，宝塔线形成了一根较长的红色柱线，这是股价开始上涨的信号。看到这个信号，投资者可以积极买入股票。

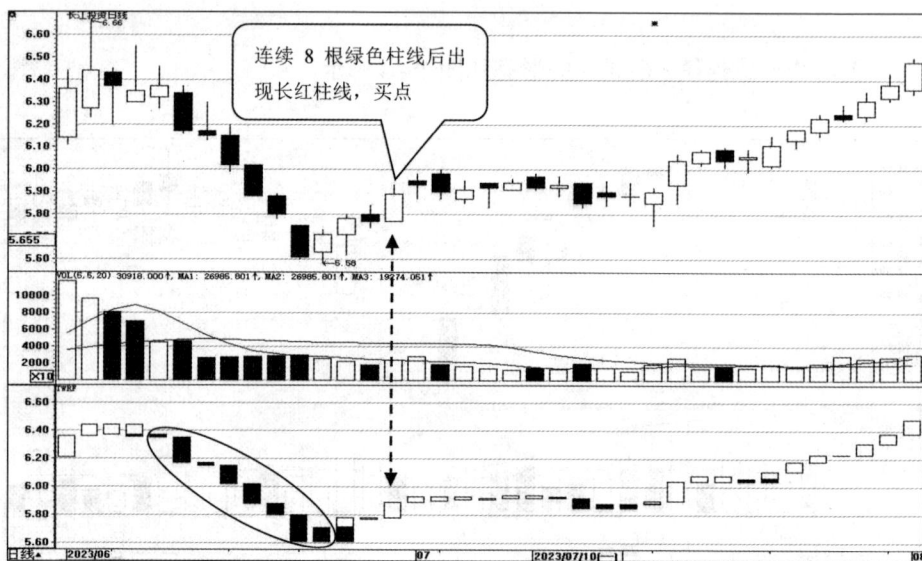

图25-5　长江投资日K线

🍀 实战提高

1. 宝塔线连续8根绿色柱线形成后，空方力量可能依然会十分强势，市场需要一段时间来消化下跌动能。因此，当宝塔线刚形成红色柱线但红色柱线不长时，投资者应该先谨慎观望。

2．宝塔线连续出现的绿色柱线越多，说明股价的下跌行情越强势。未来股价见底反弹时，其上涨空间也就越大。

3．在连续多根宝塔线中，如果后几根宝塔线的长度逐渐变短，说明市场上的空方力量越来越弱，此时该形态的看涨信号会更加可靠。

买点92　低位连续红线：第3根红线出现时买入

● **技术特征**

1. 在股价持续下跌一段时间后的底部区域，宝塔线指标形成连续3根或以上红色柱线。

2. 这样的形态说明随着股价连续上涨，市场上的多方力量已经积累到了一定程度，未来股价将在多方的拉升下持续上涨。这是十分强烈的看涨买入信号。

宝塔线在低位形成连续红线的形态如图25-6所示。

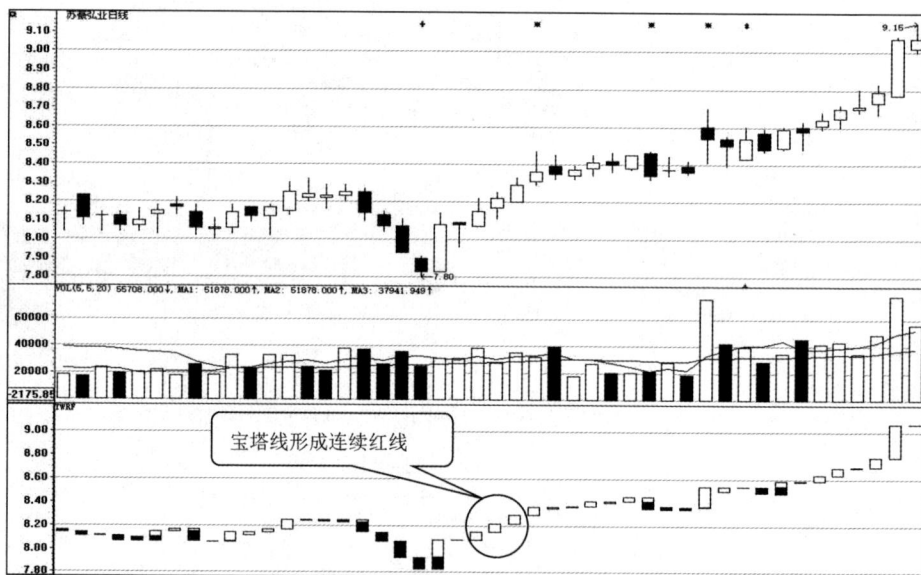

图25-6　宝塔线在低位形成连续红线

● **买点出击**

当宝塔线的红色柱线积累到3根的时候，说明市场上的多方力量已经足够强势。此时投资者可以积极买入股票。

● 经典案例

如图 25-7 所示，青山纸业（600103）经过持续下跌后，股价见底反弹。在反弹过程中，宝塔线形成了连续多根红色柱线，说明股价持续上涨，多方能量快速聚集。当宝塔线出现连续 3 根红色柱线时，说明多方力量已经积累了足够的动能，上涨行情可以确定。第 3 根红色柱线完成时，投资者可以买入。

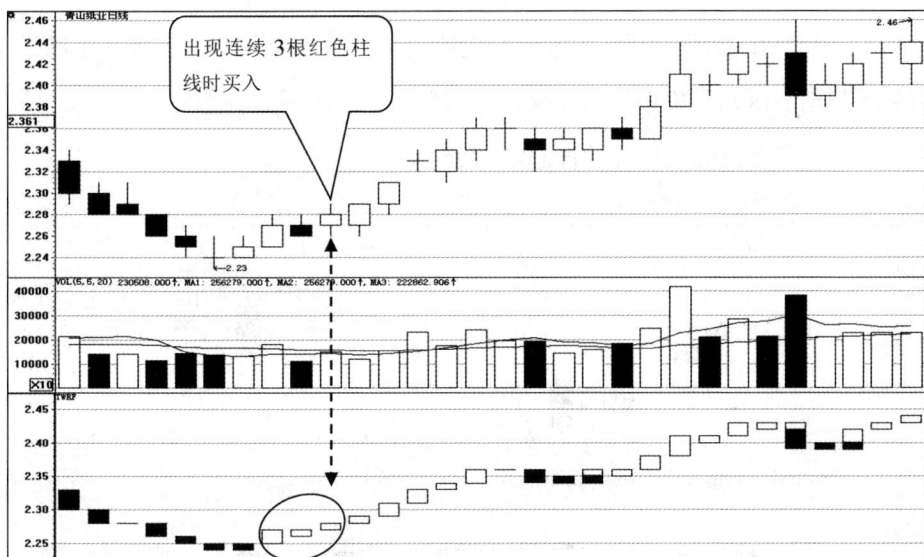

图 25-7 青山纸业日 K 线

实战提高

1. 如果底部的 3 根红色柱线逐渐变长，说明多方力量越来越强，此时该形态的看涨信号会更加强烈。

2. 如果 3 根宝塔线形成过程中成交量依次放大，说明多方力量逐渐增强，此时该形态的看涨信号会更加强烈。

3. 类似的形态只有出现在股价下跌一段时间之后的底部才是有效的看涨信号。当出现在上涨行情中时，股价继续上涨的空间可能比较有限。

买点93　长绿短绿一线绿：翻红时买入

● 技术特征

1. 在股价持续下跌行情的底部区域，出现连续3~5根绿色宝塔线，且宝塔线的长度越来越短，最后变成一字形的柱线，这样的形态被称为长绿短绿一线绿。

2. 宝塔线的长绿短绿一线绿形态说明股价下跌后获得较强支撑，下跌动能越来越弱。这是股价即将见底反弹的信号。

宝塔线长绿短绿一线绿的形态如图25-8所示。

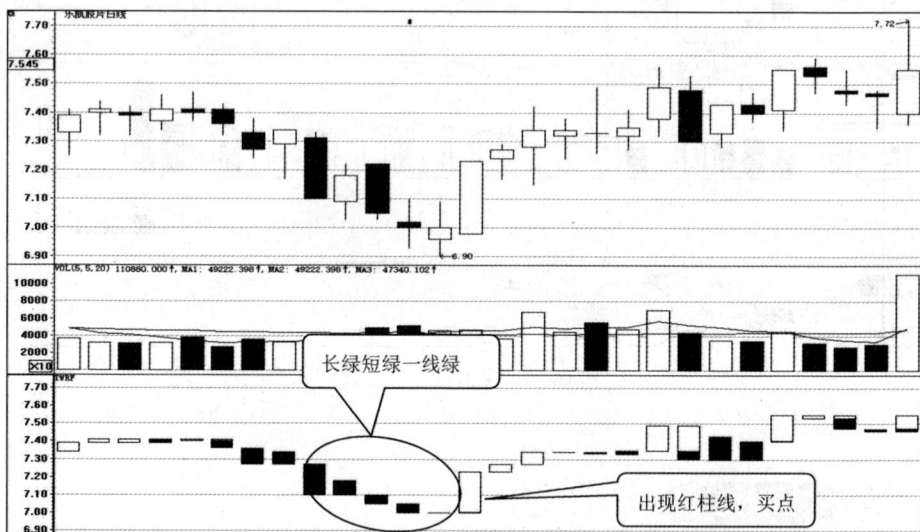

图25-8　宝塔线长绿短绿一线绿

● 买点出击

该形态完成后，当宝塔线形成红色柱线时，说明上涨行情已经开始。此时投资者可以积极买入股票。

● 经典案例

　　如图 25-9 所示，廊坊发展（600149）股价持续下跌过程中，宝塔线指标的柱线逐渐变短，形成了长绿短绿一线绿的形态。这样的形态说明股价下跌获得较强支撑，是看涨买入信号。

　　2023 年 6 月 27 日，股价见底反弹后，其宝塔线由绿转红，且红色占绝大部分，同时成交量大幅放大。这是上涨行情已经开始的信号，此时投资者可以积极买入股票。

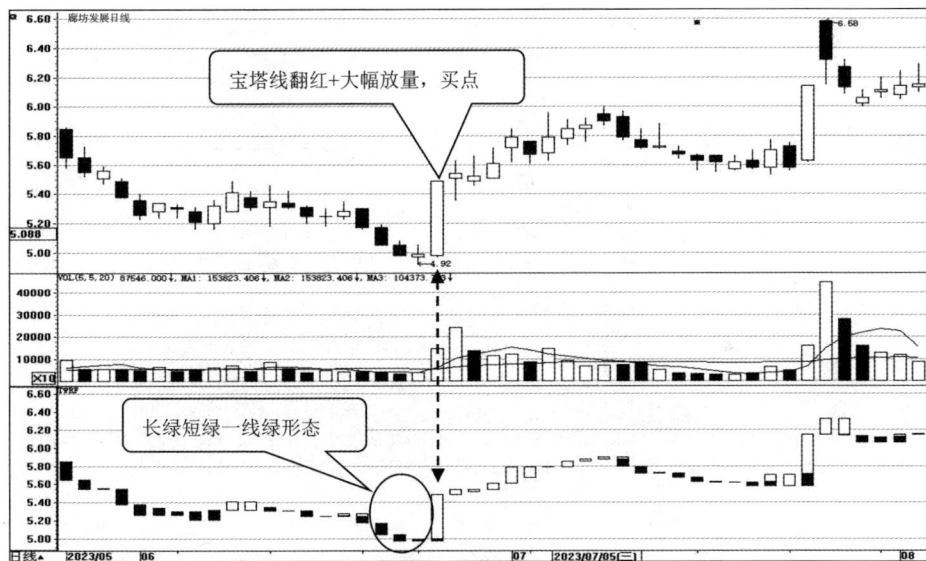

图 25-9　廊坊发展日 K 线

🍀 实战提高

　　1. 当长绿短绿一线绿形态出现时，如果成交量持续萎缩，说明市场上的卖方力量越来越弱。此时该形态的看涨信号会更加可靠。

　　2. 该形态完成后，股价可能马上反弹，也可能会整理一段时间后再反弹，投资者需要等到红色柱线出现时再买入股票。

3．如果在长绿短绿一线绿形态的尾端，宝塔线逐渐演变为低位三平底形态，则该形态的看涨信号会更加强烈。

4．底部一字形柱线出现的数量越多，说明下方的支撑力量越强，未来股价的上涨空间也就越大。

第 26 章

分水岭指标的买点

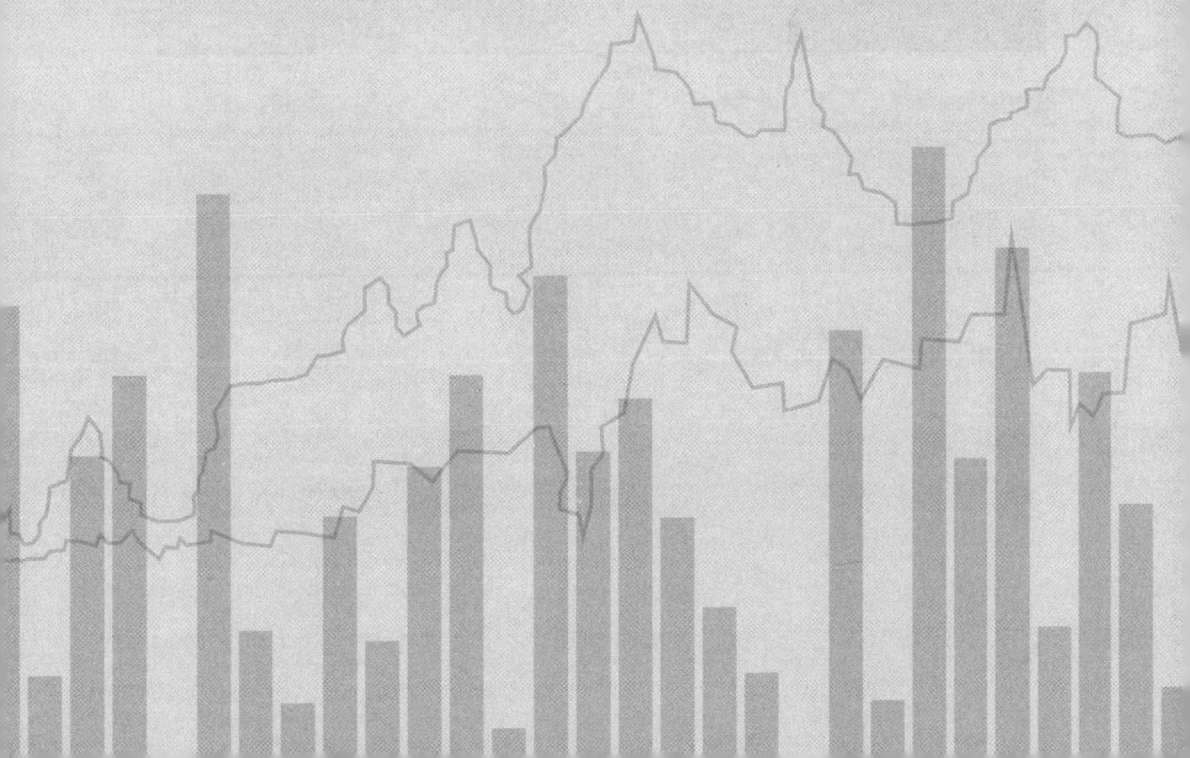

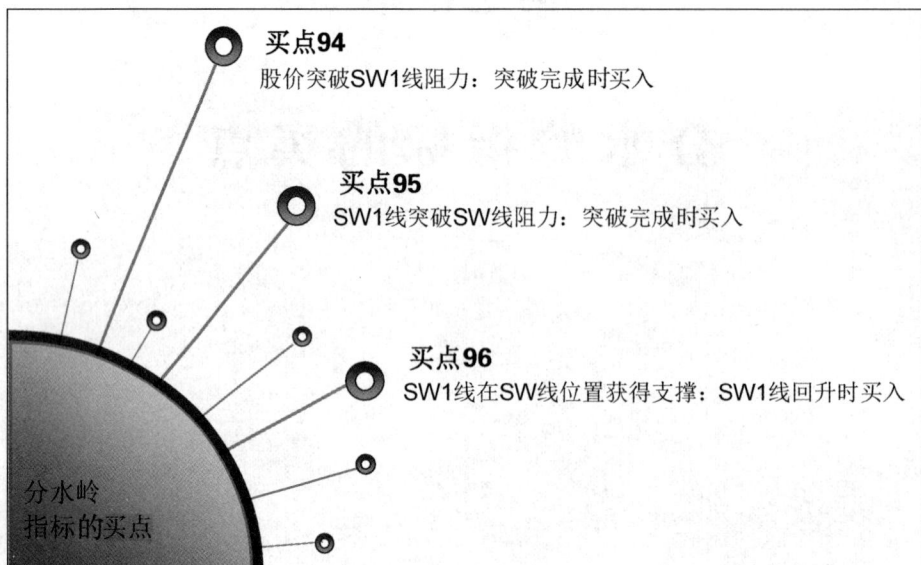

买点94
股价突破SW1线阻力：突破完成时买入

买点95
SW1线突破SW线阻力：突破完成时买入

买点96
SW1线在SW线位置获得支撑：SW1线回升时买入

分水岭
指标的买点

指标概览

分水岭指标是依附在 K 线附近的主图指标。该指标由两条指标线组成，分别是波动十分频繁的 SW1 线，以及波动十分缓慢的 SW 线（见图 26-1）。

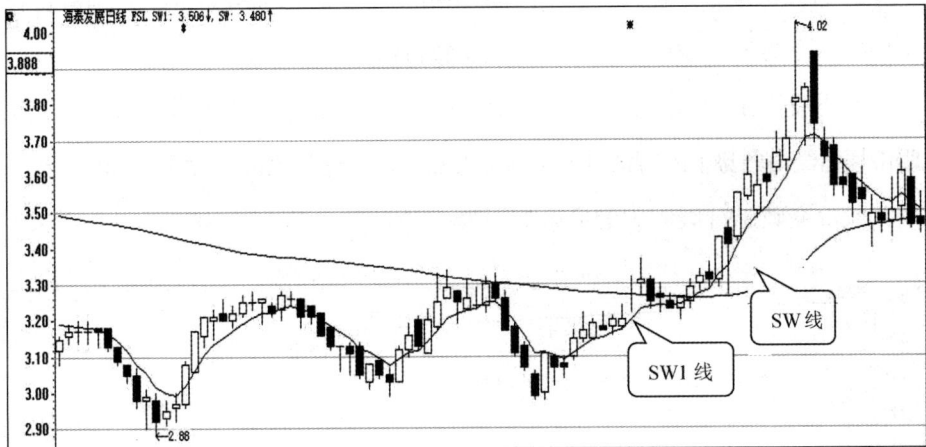

图 26-1　分水岭指标

分水岭指标中，SW1 线几乎和股价同涨同跌，反映股价的运行趋势。而 SW 线的波动则十分缓慢，是强势和弱势的分水岭。当 SW1 线位于 SW 线上方时，说明股价处于强势行情中。当 SW1 线位于 SW 线下方时，说明股价处于弱势行情中。

买点94 股价突破SW1线阻力：突破完成时买入

● 技术特征

1. SW1线可以被当作一条短期的移动平均线。

2. 当股价位于SW1线上方时，说明市场处于短期强势行情中；当股价位于SW1线下方时，说明市场处于短期弱势行情中。

3. 当股价在SW1线下方运行一段时间后，一旦能够向上突破SW1线，就说明市场已经由弱势下跌行情进入了强势上涨行情。这是股价将持续上涨的信号。

股价突破SW1线阻力的形态如图26-2所示。

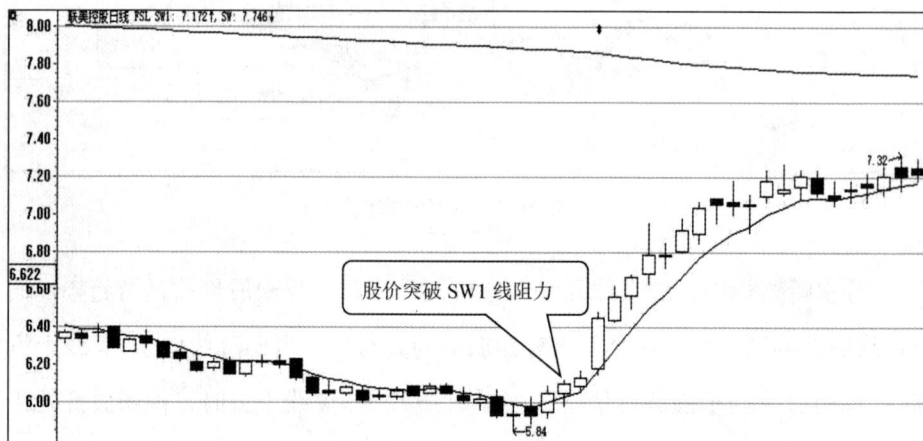

图26-2 股价突破SW1线阻力

● 买点出击

当股价完成对SW1线的突破时，投资者可以积极买入股票。

● 经典案例

如图26-3所示，东安动力（600178）股价持续下跌，一直受到分水岭指标中SW1线的阻力，在SW1线下方运行。

2023年6月13日，股价见底反弹，同时放量突破了SW1线的阻力。这说明短期内股价已经由下跌趋势进入上涨趋势。此时投资者可以积极买入股票。

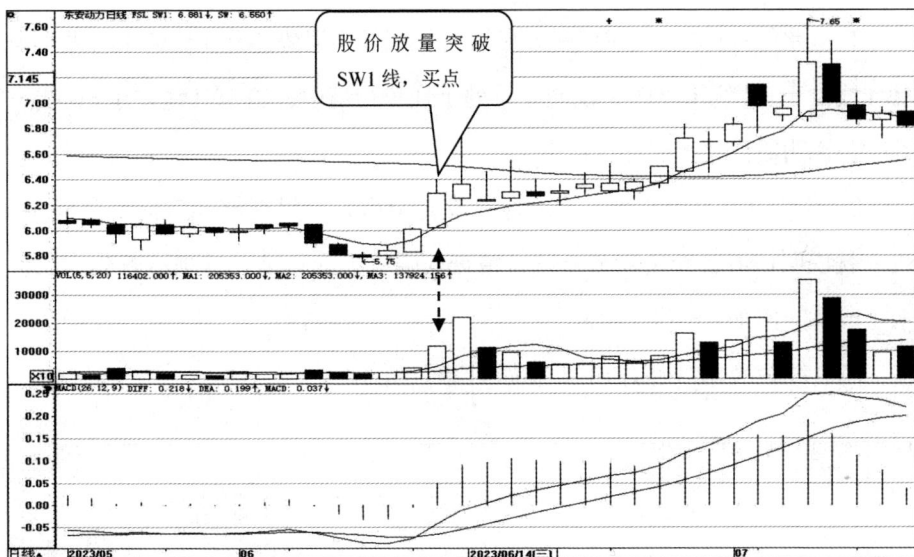

图 26-3　东安动力日 K 线

实战提高

1．该形态只适合作为短线买入股票的信号。

2．股价突破SW1线后无法在上方站稳，很快跌回SW1线下方，这时投资者应该尽快将手中的股票卖出。

3．当股价在盘中突破SW1线，但收盘价无法突破SW1线时，该形态仍然不能被当作有效的看涨信号。

4．股价突破SW1线时，如果成交量持续放大，说明股价上涨得到多方力量支持。此时该形态的看涨信号会更加可靠。

买点95　SW1线突破SW线阻力：突破完成时买入

● 技术特征

1. 分水岭指标中的SW线是判断股价长期处于强势还是弱势的中界限。当SW1线位于SW线上方时，说明股价处于强势行情中；当SW1线位于SW线下方时，说明股价处于弱势行情中。

2. 当SW1线在SW线下方运行一段时间后，如果能够强势向上突破SW线，就说明该股已经由弱势下跌行情进入强势上涨行情。这预示着股价在未来一段时间内都会持续上涨。

SW1线突破SW线阻力的形态如图26-4所示。

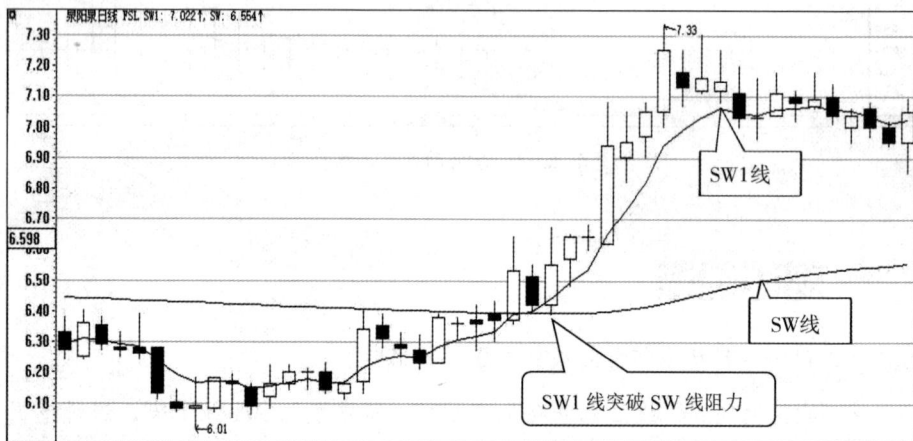

图26-4　SW1线突破SW线阻力

● 买点出击

当SW1线完成对SW线的突破时，投资者可以积极买入股票。突破完成后，SW1线可能会小幅回抽，但回抽往往不跌破SW线就会获得支撑再次向上。这次回抽是对之前突破形态的确认。当回抽获得支撑时，是投资者加仓买入股票的机会。

● 经典案例

如图 26-5 所示，2022 年 12 月至 2023 年 1 月，有研新材（600206）的 SW1 线一直位于 SW 线下方，说明空方整体占优势。2023 年 2 月 1 日，SW1 线完成了对 SW 线的放量突破。这说明该股已经由持续的下跌行情进入上涨行情，这是未来股价会持续上涨的信号。当突破形态完成时，投资者可以积极买入股票。

3 月 6 日，SW1 线经过回抽后，在 SW 线位置获得支撑再次上涨。此时是投资者加仓买入股票的机会。

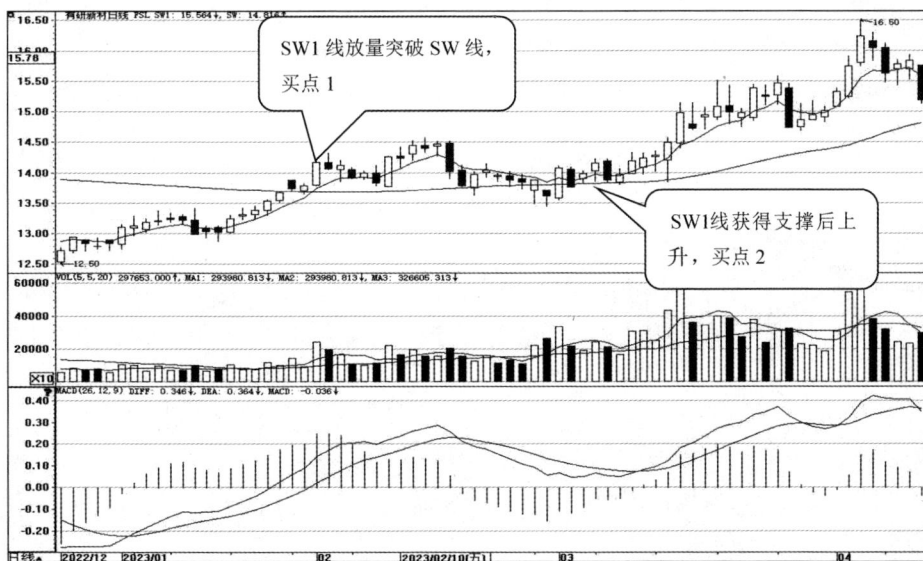

图 26-5　有研新材日 K 线

实战提高

1. SW1 线突破 SW 线后，可能会回抽，也可能不会。当 SW1 线不回抽时，该形态就没有第二个买点出现。

2．当 SW1 线突破 SW 线时，股价也会在前后几个交易日内突破 SW 线。投资者可以将股价对 SW 线的突破作为辅助判断依据。

3．如果之前 SW1 线曾经上涨到 SW 线附近遇到阻力，就说明 SW 线是 SW1 线上涨的重要阻力。之后 SW1 线的突破形态完成时，其看涨信号会更加强烈。

4．如果 SW1 线向上突破的同时成交量大幅放大，说明市场上的多方力量持续增强。此时该形态的看涨信号会更加可靠。

买点 96　SW1 线在 SW 线位置获得支撑：SW1 线回升时买入

● **技术特征**

1. SW1 线在 SW 线上方出现回调，当回调到 SW 线位置时，获得支撑再次上升。

2. 当 SW1 线在 SW 线上方向 SW 线靠拢时，说明股价在持续的上涨行情中遇到阻力，出现了回调。一旦 SW1 线获得支撑后上升，就说明回调行情已经结束，未来股价仍将持续上涨。

SW1 线在 SW 线位置获得支撑的形态如图 26-6 所示。

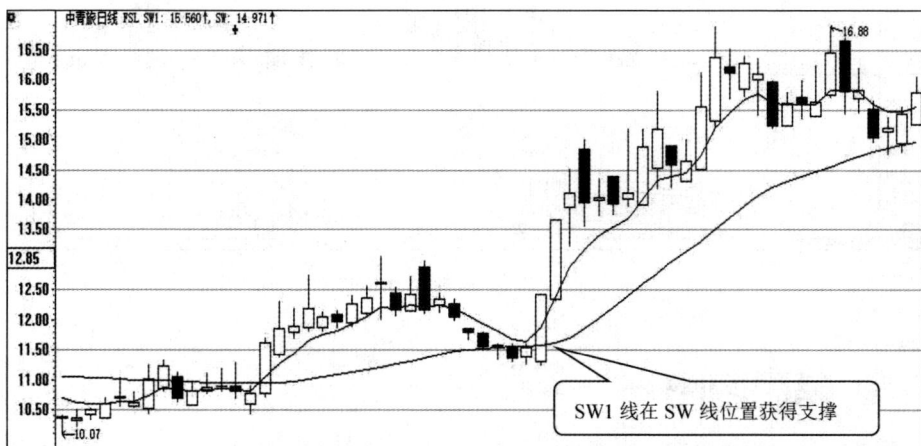

图 26-6　SW1 线在 SW 线位置获得支撑

● **买点出击**

当 SW1 线在 SW 线位置获得支撑后再次上升时，投资者可以积极买入股票。

● 经典案例

如图26-7所示，2023年6月上中旬，广西能源（600310）的SW1线在SW线上方，并逐渐向SW线靠拢。这说明股价上涨遇到了较强阻力，进入回调整理行情。6月21日，SW1线在SW线位置获得支撑后开始上升，这是回调整理行情结束的标志，未来股价将会继续上涨行情，投资者可以买入。

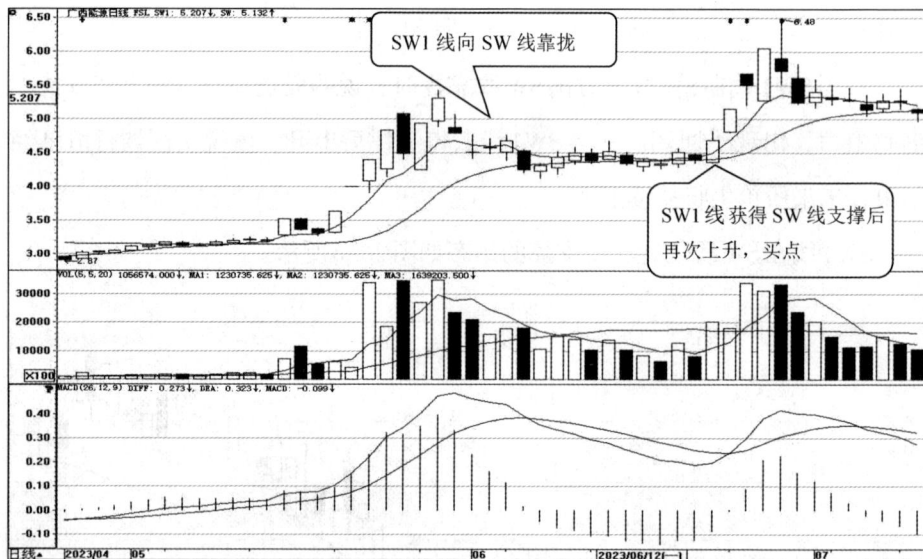

图26-7 广西能源日K线

🍀 实战提高

1. 投资者一定要等到SW1线获得支撑开始上升后再买入股票。

2. 当SW1线在SW线附近获得支撑时，股价可能已经跌破了SW线，这并不影响投资者按照此形态释放的信号做出判断。

3. SW1线可能会短暂地跌破SW线，只要跌破的持续时间不超过1个交易日且跌破的幅度不深，投资者就可以认为该位置的支撑有效。

4. SW线形成对SW1线的支撑后，SW1线再次下跌到SW线获得支撑上涨的概率更大。

第 27 章

——

散户线指标的买点

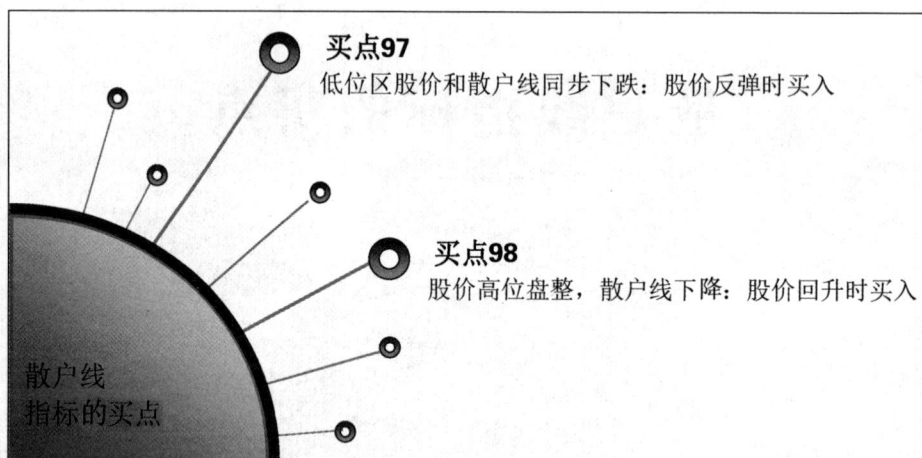

买点97
低位区股价和散户线同步下跌：股价反弹时买入

买点98
股价高位盘整，散户线下降：股价回升时买入

散户线
指标的买点

指标概览

散户线指标只有一条指标线，即SHX线（见图27-1）。

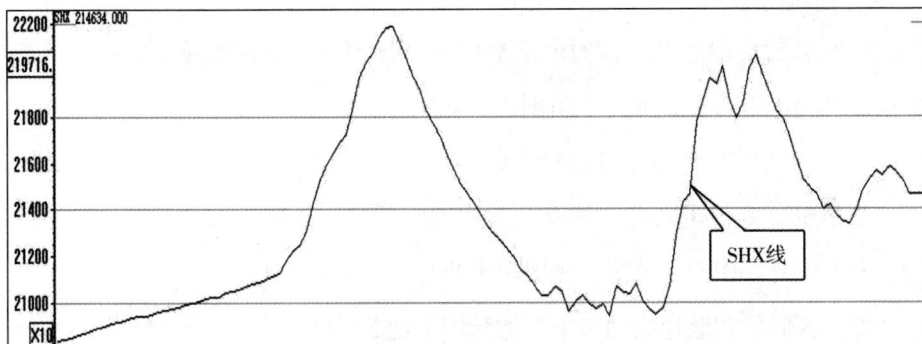

图 27-1　散户线指标

散户线指标反映了市场上散户的持股数量。散户线指标值较大时，说明散户持有的股票数量较多。股票主要集中在散户手中，难以有强势行情。散户线指标值较小时，则说明散户手中的股票较少。股票主要集中在主力手中，可能会在主力的推动下大幅上涨。

买点97　低位区股价和散户线同步下跌：股价反弹时买入

● 技术特征

1. 在股价持续下跌一段时间之后的底部区域，当股价持续下跌时，散户线指标也同步下跌，二者均不断创出新低。

2. 这样的形态说明随着股价下跌，持有该股的散户投资者越来越少，而主力则借机以低价买入股票建仓。等主力在低位买入足够多的股票后，会将股价向上拉升。因此，该形态是股价即将见底反弹的信号。

低位区股价和散户线同步下跌的形态如图27-2所示。

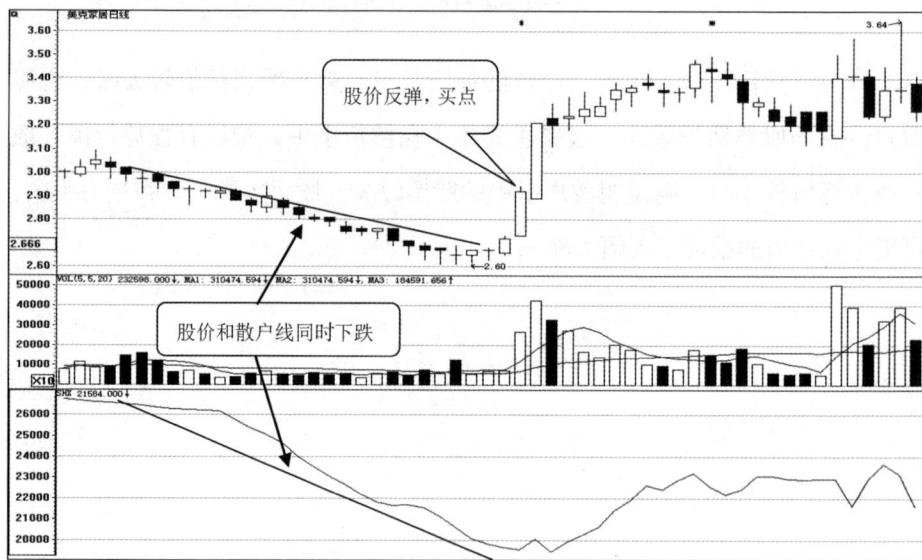

图 27-2　低位区股价和散户线同步下跌

● 买点出击

当持续下跌的形态完成、股价开始上涨时，说明主力已经开始将股价向上拉升。此时投资者可以积极买入股票。

● 经典案例

如图 27-3 所示，在一段持续下跌行情之后的底部区域，华夏幸福（600340）股价持续下跌，其散户线也同步下跌。这样的形态说明随着股价下跌，散户投资者持有该股的数量越来越少，有主力在底部逐渐建仓买入股票。

2023 年 1 月 20 日，该股股价放量快速上涨，结束下跌行情。这说明主力已经在低位吸纳了足够多的筹码，开始将股价向上拉升。此时投资者可以积极买入股票。

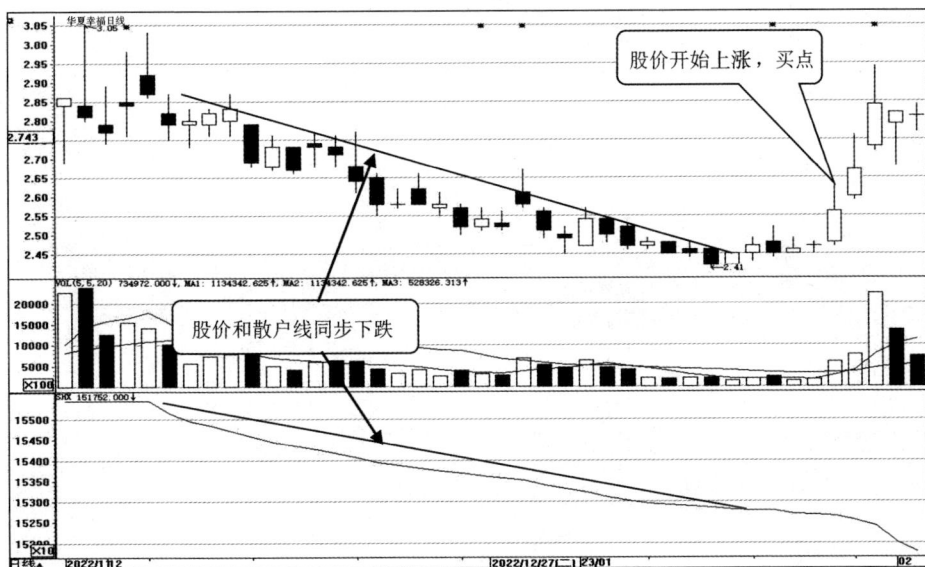

图 27-3　华夏幸福日 K 线

💐 实战提高

1．散户线是一个长线指标，适合投资者在进行几个月至一年的跟庄操作时使用。

2．当股价在底部区域持续横盘整理时，如果散户线下降，同样可以说明有主力在底部吸货建仓，这同样是看涨买入信号。

3．如果股价和散户线同步下跌的同时，股票的成交量十分活跃，就验证了主力在底部建仓的信号。此时，该形态的看涨信号会更加强烈。

买点98　股价高位盘整，散户线下降：股价回升时买入

● **技术特征**

1. 当股价经过一段持续上涨行情后回调或者横盘整理时，散户线指标出现了见顶回调的走势。

2. 该形态说明经过一段上涨行情，追高买入的散户过多，主力担心继续拉升股价会遇到抛盘压力，于是操纵股价缓慢下跌或横盘整理，进行洗盘。

3. 当散户线下降时，说明已经有散户开始卖出股票，市场筹码得到巩固。一旦主力洗盘的目标完成，会将股价继续向上拉升。

股价高位盘整，散户线下降的形态如图27-4所示。

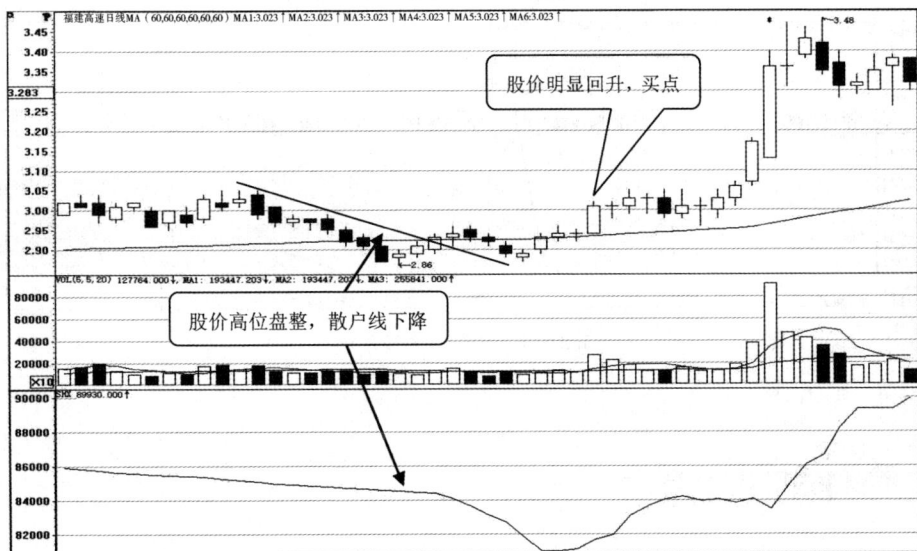

图27-4　股价高位盘整，散户线下降

● **买点出击**

当股价结束盘整、再次上涨时，说明主力结束洗盘，开始将股价继续向上拉升。此时投资者可以积极买入股票。

● 经典案例

如图27-5所示，2023年3月下旬至4月上旬，楚天高速（600035）股价经过一段时间的上涨后回调整理。几乎同时，其散户线指标也连续下降。这说明主力拉升股价一段时间后，认为跟风的散户太多，正在进行洗盘操作。洗盘完成后，股价再次上涨。这是主力继续将股价向上拉升的标志，投资者可以买入。

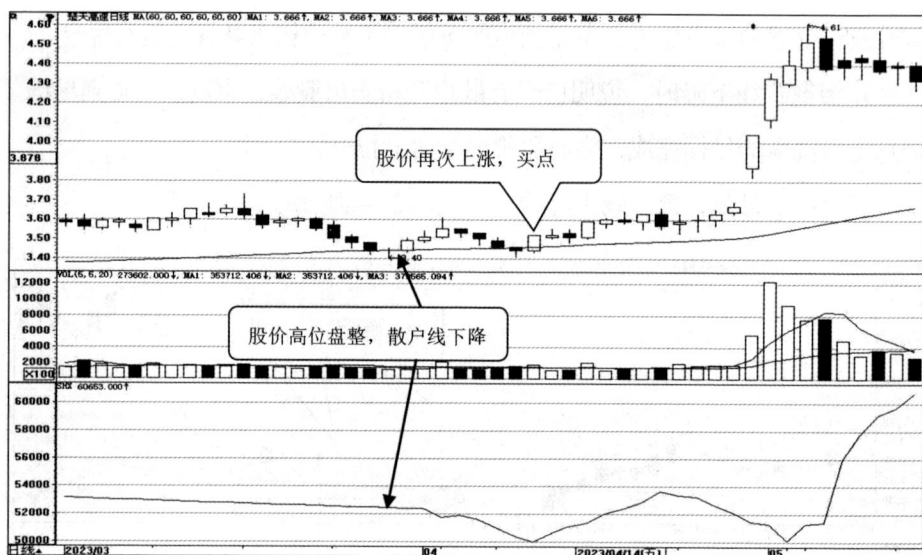

图27-5　楚天高速日K线

实战提高

1．投资者可将股价突破调整之前的高点作为主力继续拉升股价的标志。

2．散户线的下降一般会滞后于股价的调整，这是因为当调整开始一段时间后，才会有散户看空后市，大量卖出股票。

3．在股价盘整行情的尾端，如果成交量萎缩，说明已经很少有投资者再卖出股票。此时主力洗盘的目的达成，股价马上就会见底反弹。

第 28 章

主力进出指标的买点

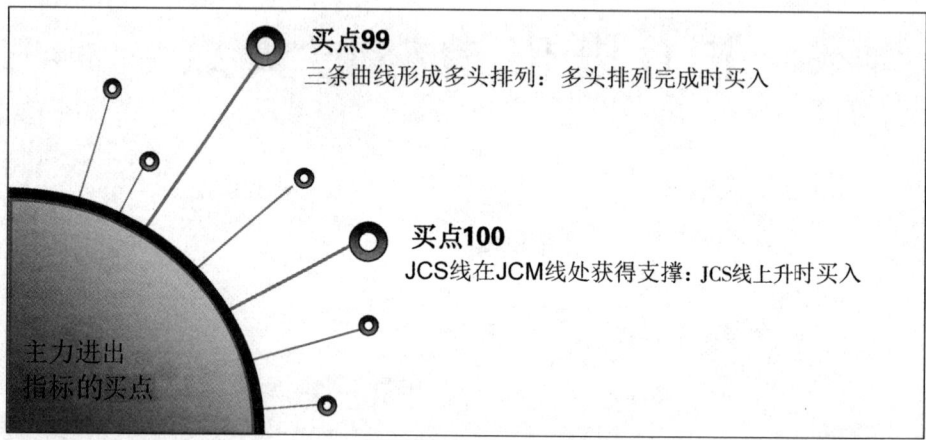

买点99
三条曲线形成多头排列：多头排列完成时买入

买点100
JCS线在JCM线处获得支撑：JCS线上升时买入

主力进出
指标的买点

指标概览

主力进出指标包括三条曲线，按照波动频率由快到慢分别是 JCS 线、JCM 线和 JCL 线（见图 28-1）。

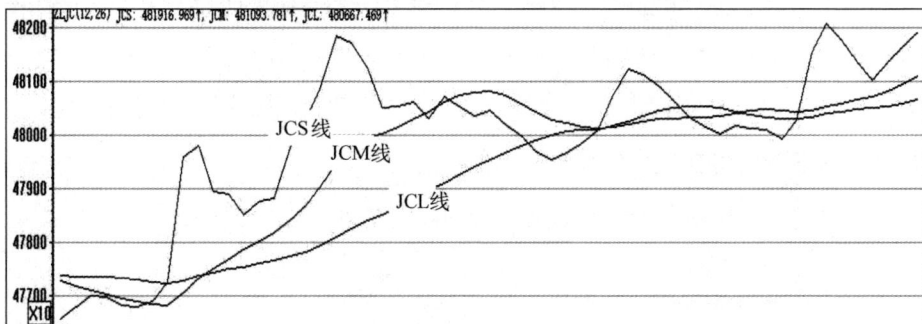

图 28-1　主力进出指标

主力进出指标中的 JCS 线通过统计股价和成交量的变化，来表示主力在较短时间内的运行轨迹。JCM 线和 JCL 线则分别为 JCS 线中期和长期的移动平均线，可以分别用来表示主力在中期和长期内的运行轨迹。

买点99 三条曲线形成多头排列：多头排列完成时买入

● 技术特征

1. 主力进出指标的JCS线持续上升，连续向上突破JCM线和JCL线，JCM线也突破JCL线，三条曲线形成多头排列并持续向上发散。

2. 当主力进出指标的三条曲线形成多头排列时，说明主力开始持续拉升股价。未来股价将在主力的拉升下持续上涨。

主力进出指标三条曲线形成多头排列的形态如图28-2所示。

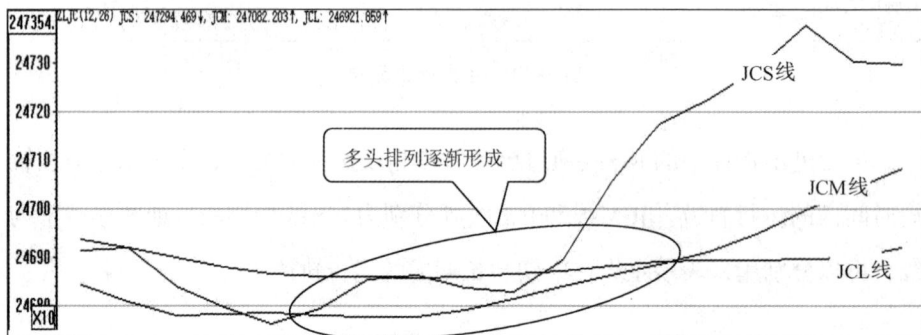

图28-2　主力进出指标三条曲线形成多头排列

● 买点出击

三条曲线的多头排列最终形成，说明主力拉升的行情已经开始，此时投资者可以积极买入股票。

● 经典案例

如图28-3所示，2022年10月，中国医药（600056）股价在低位横盘整理过程中，其主力进出指标的JCS线连续突破JCM线和JCL线。随后在2022年10

月27日，其JCM线也向上突破JCL线，此时三条曲线完成了多头排列形态。

这样的形态说明主力经过一段时间调整后，开始将股价持续向上拉升。多头排列完成时，投资者可以积极买入股票。

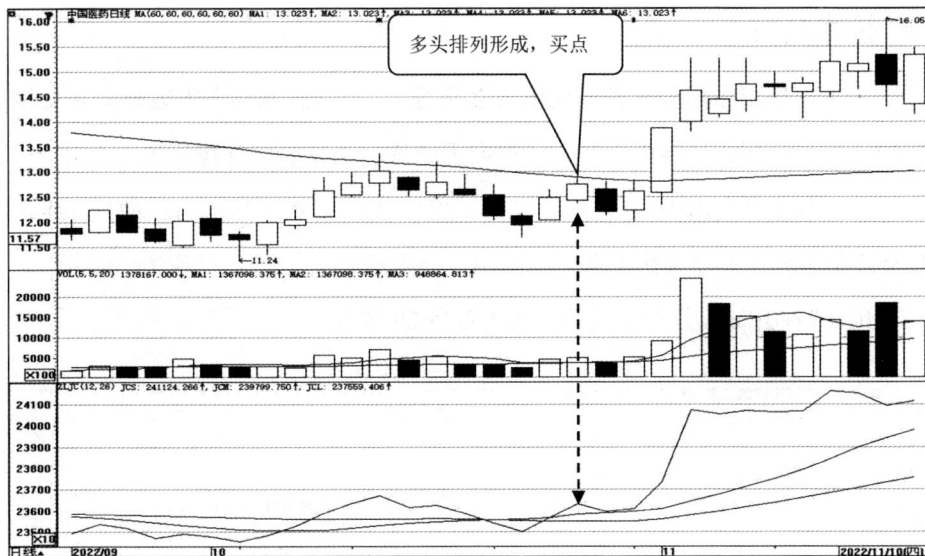

图28-3　中国医药日K线

实战提高

1．多头排列形成得越坚决，且三条曲线没有过多纠缠，该形态的看涨信号就越强。

2．当多头排列出现在一段持续下跌行情之后的底部区域时，说明主力刚刚开始将股价向上拉升，未来股价的上涨空间较大。

3．当多头排列出现在一段上涨行情过程中时，说明此前主力已经拉升股价上涨一段时间，此时是经过调整再次向上拉升股价。这样未来股价的上涨空间可能会比较有限。

4．多头排列完成后，如果三条曲线快速发散开，说明主力十分强势，此时投资者可以适当加仓买入股票。

买点100　JCS线在JCM线处获得支撑：JCS线上升时买入

● 技术特征

1. 主力进出指标的三条曲线形成多头排列后，JCS线自上方逐渐向JCM线靠拢，当下跌到JCM线附近时，没有向下跌破，而是获得支撑后再次上升。

2. 这样的形态说明主力拉升股价一段时间后遇到较强阻力；而JCS线在JCM线附近获得支撑再次上涨，则说明主力继续将股价向上拉升。

JCS线在JCM线处获得支撑的形态如图28-4所示。

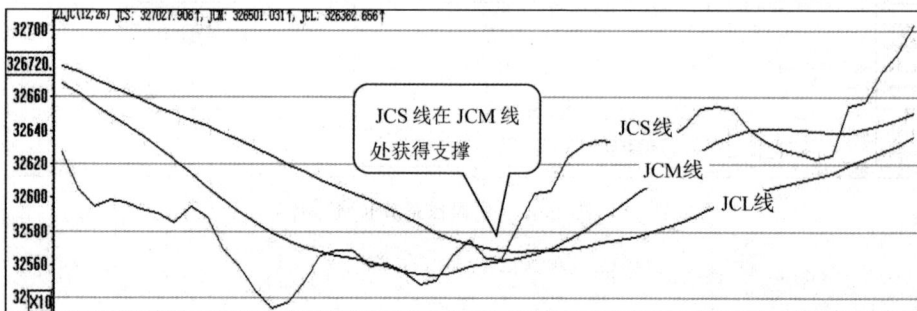

图28-4　JCS线在JCM线处获得支撑

● 买点出击

当JCS线获得支撑后再次上涨时，投资者可以积极买入股票。

● 经典案例

如图28-5所示，2022年10月底，林海股份（600099）股价在震荡行情中其主力进出指标的JCS线在上方逐渐向JCM线靠拢。

2022年11月1日，JCS线在JCM线处获得支撑，开始继续上升。这样的形态说明主力拉升股价一段时间后，股价上涨遇到一定阻力。主力经过调整后消化了上方的阻力，继续将股价向上拉升。当 JCS 线获得支撑后再次上升时，投资者可以积极买入股票。

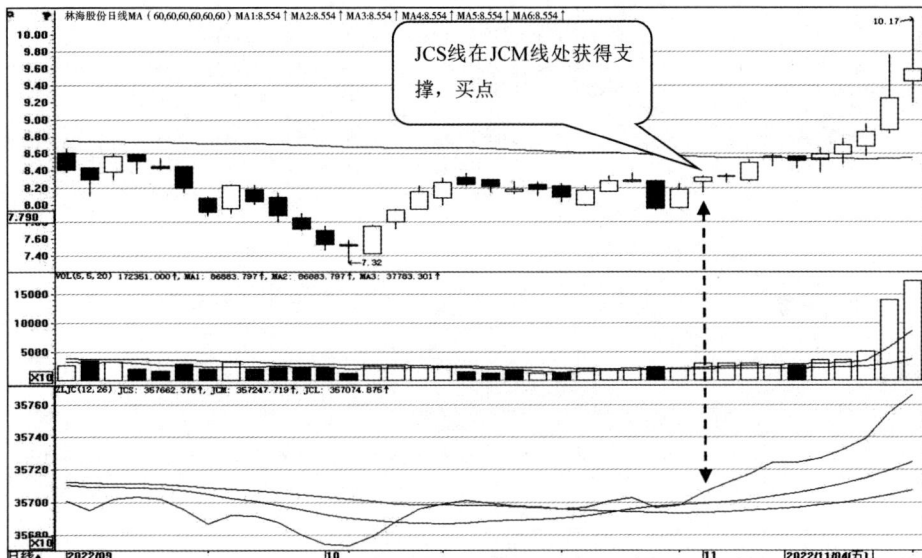

图 28-5　林海股份日 K 线

💠 **实战提高**

1. 当 JCS 线在 JCM 线处获得支撑时，只有 JCM 线在 JCL 线上方才是有效的看涨信号。

2. 有时 JCS 线可能会短暂地跌破 JCM 线，只要不跌破 JCL 线，该形态的看涨信号就依然有效。

3. 只有 JCS 线再次上升时，才是有效的看涨买入信号。

第 29 章

主力买卖指标的买点

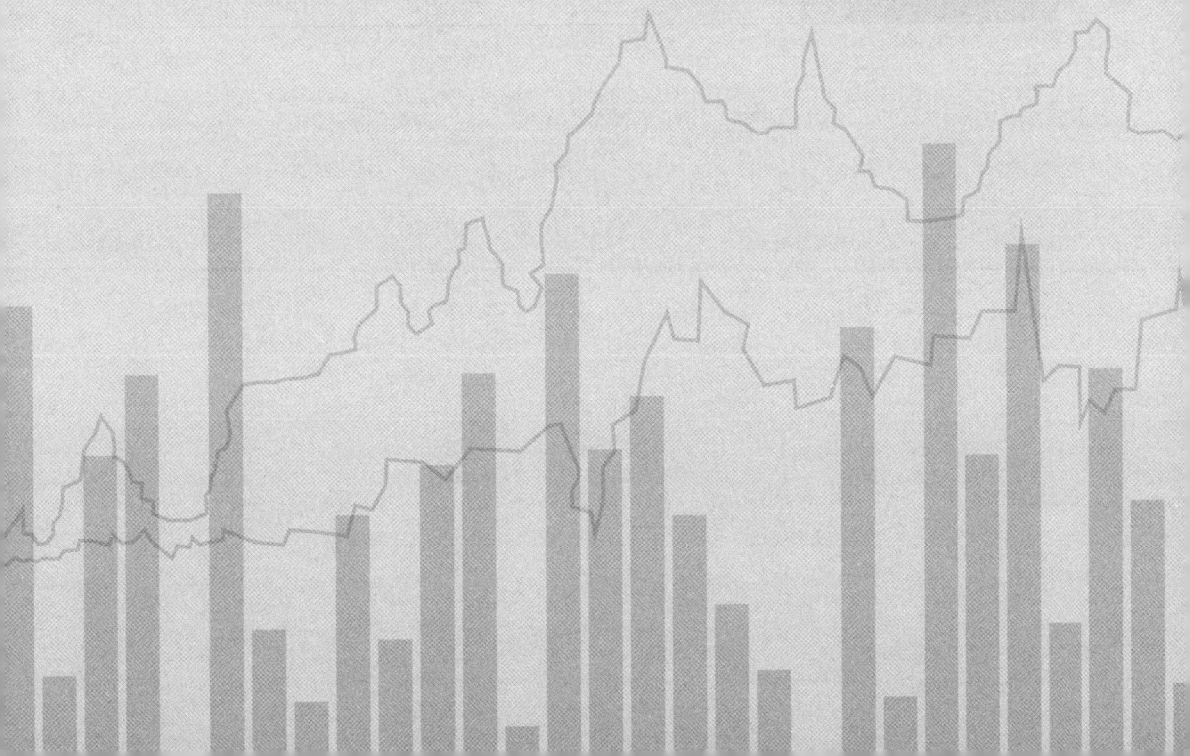

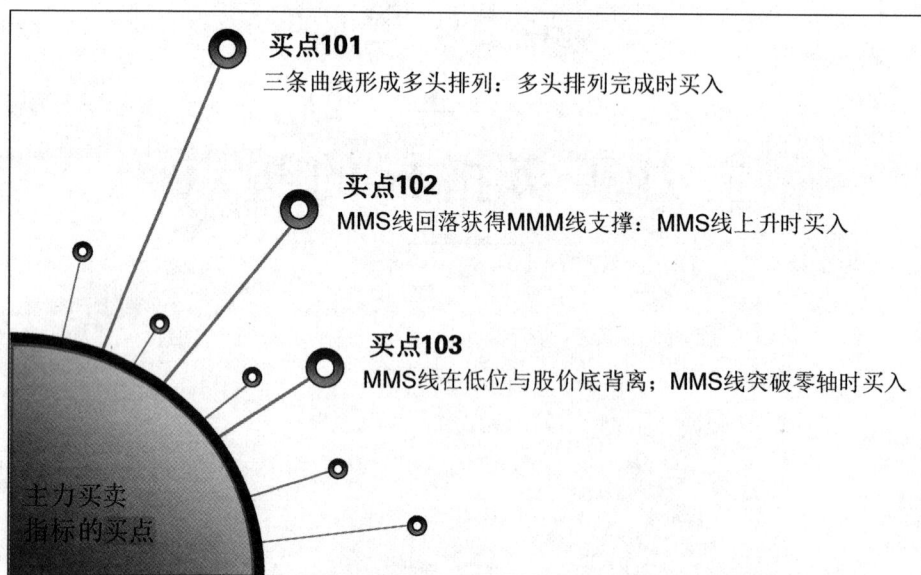

买点101
三条曲线形成多头排列：多头排列完成时买入

买点102
MMS线回落获得MMM线支撑：MMS线上升时买入

买点103
MMS线在低位与股价底背离；MMS线突破零轴时买入

主力买卖
指标的买点

指标概览

主力买卖指标由三条曲线组成，按照波动频率的快慢分别是MMS线、MMM线和MML线（见图29-1）。

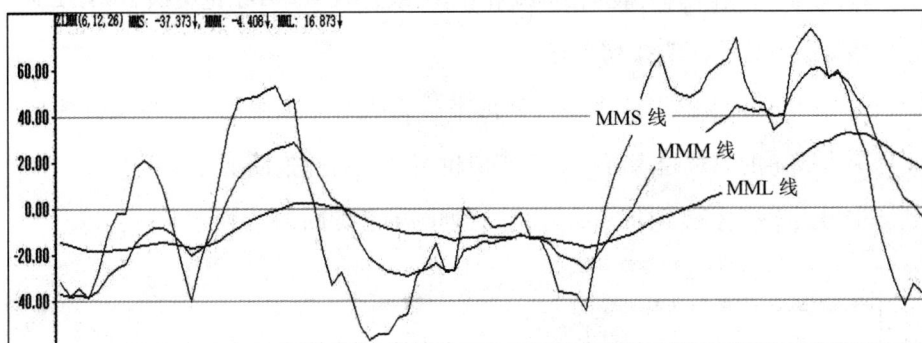

图 29-1　主力买卖指标

主力买卖指标的三条曲线分别统计市场上短期、中期和长期内主力买卖股票的力量强弱。曲线在零轴上方时，说明主力正在买入股票，且曲线位置越高，说明主力买入力量越强。曲线在零轴下方时，说明主力正在卖出股票，且曲线位置越低，说明主力卖出的力量越强。

买点101　三条曲线形成多头排列：多头排列完成时买入

● 技术特征

1. 当MMS线向上突破MMM线和MML线，且MMM线也突破MML线时，三条曲线就形成了多头排列形态。

2. 主力买卖指标形成多头排列形态，说明主力正在集中力量买入股票，而且买入股票的力量越来越强。未来股价将在主力的推动下持续上涨。

主力买卖指标三条曲线形成多头排列的形态如图29-2所示。

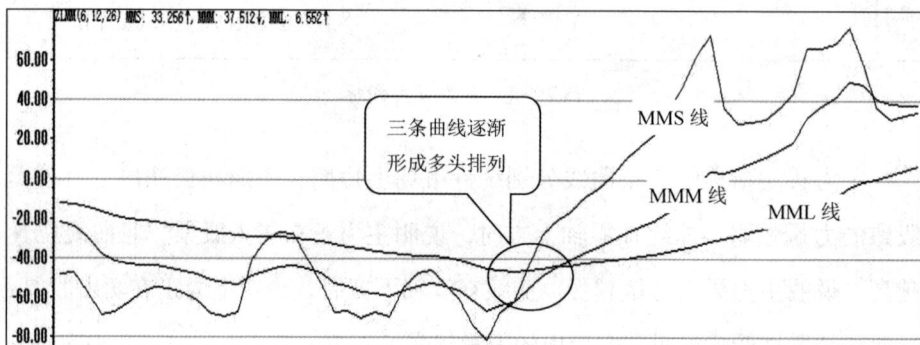

图29-2　主力买卖指标三条曲线形成多头排列

● 买点出击

当多头排列完成时，投资者可以积极买入股票。

● 经典案例

如图29-3所示，2023年6月底，浙江东方（600120）股价在底部整理过程中，其主力买卖指标的MMS线先后突破MMM线和MML线。随后在2023年7月3日，MMM线也突破了MML线。此时主力买卖指标的多头排列形成。

这样的形态说明经过底部的调整后，主力开始持续买入股票。未来股价将在主力的拉升下持续上涨。该形态完成时，投资者可以积极买入股票。

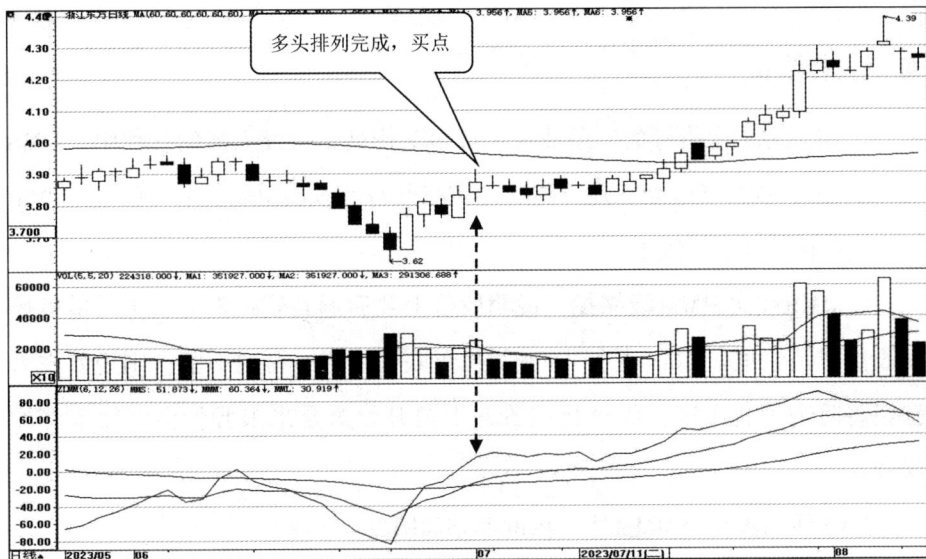

图 29-3　浙江东方日 K 线

实战提高

1．当该指标的三条曲线在零轴下方形成多头排列时，说明股价刚刚开始上涨，未来的上涨空间较大。

2．如果三条曲线在零轴上方的高位形成多头排列，则说明股价此前已经有了比较大的涨幅，未来的上涨空间可能会比较有限。

3．为了提高判断的准确率，投资者可以将主力买卖指标与主力进出指标结合起来分析。当两个指标同时形成多头排列时，其看涨信号会更加可靠。

4．多头排列形成得越坚决，该形态的看涨信号就越强。如果多头排列形成过程中三条曲线反复纠缠在一起，则说明主力拉升股价并不坚决，此时投资者应该保持谨慎。

买点102 MMS线回落获得MMM线支撑：MMS线上升时买入

● 技术特征

1. 在主力买卖指标的三条曲线形成多头排列、持续上涨的过程中，MMS线自上方向MMM线逐渐靠拢。随后，MMS线没有跌破MMM线，而是在MMM线附近获得支撑后继续上升。

2. MMS线向MMM线靠拢，说明股价上涨后遇到较强阻力，主力借机操纵股价回调整理。MMS线在MMM线位置获得支撑、再次上涨，则说明主力已经将阻力消化干净，继续将股价向上拉升。这是未来股价会继续上涨的信号。

MMS线回落获得MMM线支撑的形态如图29-4所示。

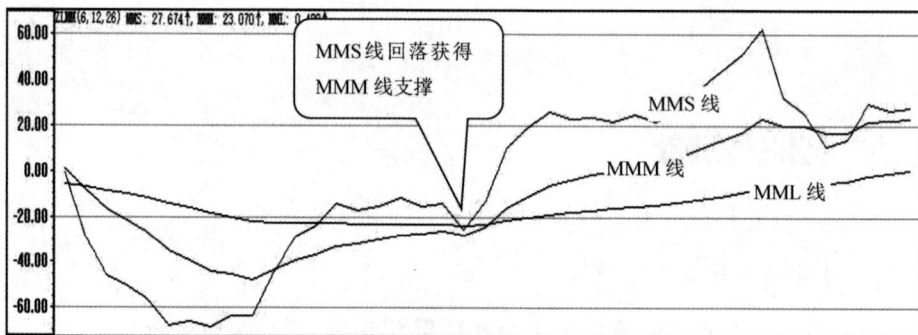

图29-4 MMS线回落获得MMM线支撑

● 买点出击

MMS线在MMM线位置获得支撑再次上升，说明主力已经开始将股价继续向上拉升，此时投资者可以积极买入股票。

● **经典案例**

如图 29-5 所示，2022 年 10 月中下旬，国网信通（600131）股价持续上涨，其 MMS 线在上方逐渐向 MMM 线靠拢，之后又在 MMM 线附近获得支撑后上升。这样的形态说明股价上涨后遇到较强阻力，主力借机操纵股价调整，之后将上方阻力消耗完毕后继续拉升股价。

10 月 26 日，当 MMS 线获得支撑继续上升时，投资者可以积极买入股票。

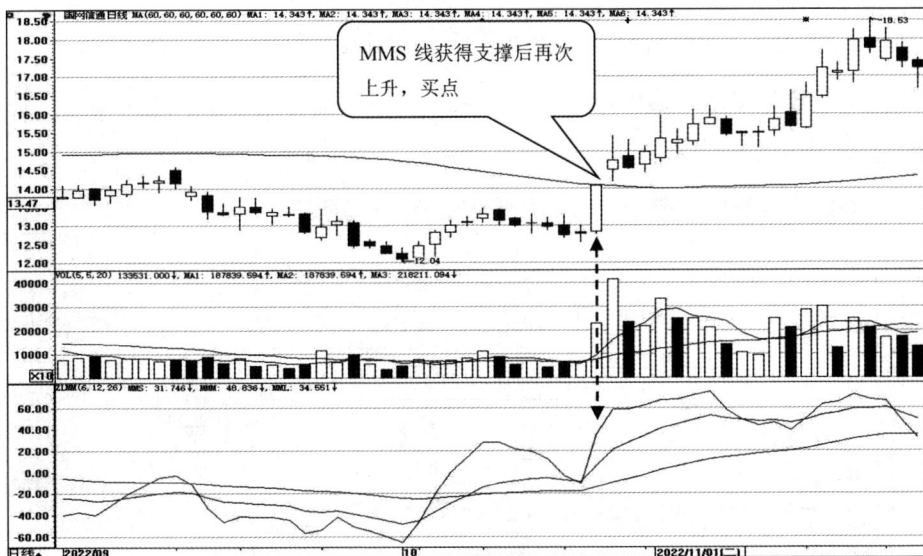

图 29-5　国网信通日 K 线

实战提高

1．有时 MMS 线可能短暂地跌破 MMM 线，但只要不跌破 MML 线，该形态的看涨信号就依然有效。

2．当 MMS 线在 MMM 线位置获得支撑时，MML 线必须在 MMM 线下方，否则该形态不能作为有效的看涨信号。

3．只有 MMS 线获得支撑、开始上升后，该形态的看涨信号才成立。

4．投资者可以将主力进出指标中类似的看涨信号作为判断参考。

买点103　MMS线在低位与股价底背离：MMS线突破零轴时买入

● **技术特征**

1. 当股价持续下跌、连续创出新低时，如果MMS线一直在零轴下方，且形成了一底比一底高的上升走势，二者就形成低位底背离形态。

2. MMS线在低位与股价底背离的形态说明虽然股价持续下跌，但是主力抛出股票的力度越来越小，并且有建仓买入的迹象。这是股价即将见底反弹的信号。

MMS线在低位与股价底背离的形态如图29-6所示。

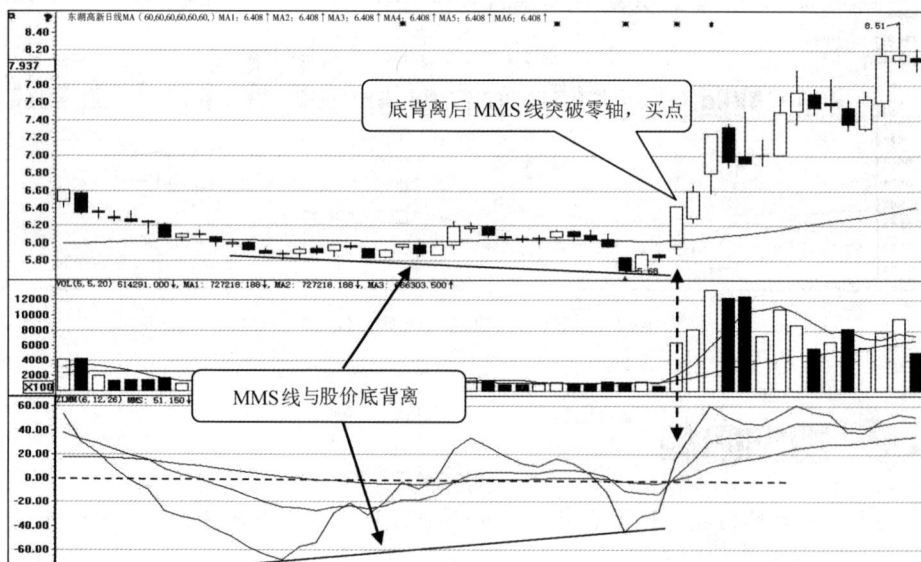

图29-6　MMS线在低位与股价底背离

● **买点出击**

底背离形态完成后，当MMS线向上突破零轴时，说明主力已经开始大量买入股票。此时投资者可以积极跟随主力一起买入。

● 经典案例

如图 29-7 所示，2022 年 9 月中旬至 10 月中旬，乐凯胶片（600135）的股价持续下跌，连续创出新低，其主力买卖指标的 MMS 线却持续上涨，二者形成了底背离形态。这样的形态说明在下跌过程中主力抛出股票的力量越来越弱，有在底部建仓买入的迹象，股价即将见底反弹。

10 月 14 日，该指标中的 MMS 线突破零轴，这标志着主力开始将股价向上拉升，此时投资者可以积极买入股票。

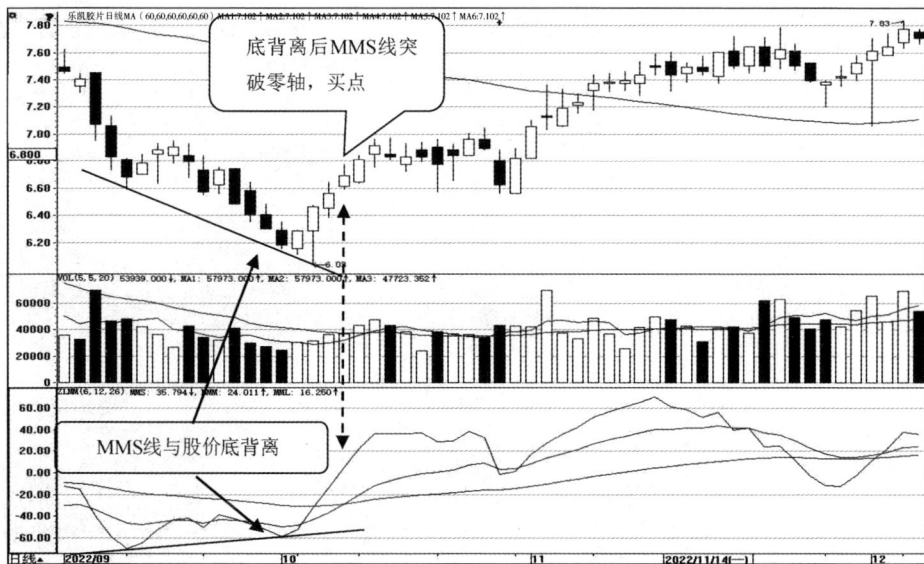

图 29-7　乐凯胶片日 K 线

实战提高

1. 底背离开始时 MMS 线的位置越低，未来股价的上涨空间也就越大。

2. 如果 MMS 线与股价底背离的同时，MMM 线也与股价形成了类似的底背离形态，则该形态的看涨信号会更加可靠。

3．如果MMS线突破零轴后无法在零轴上方站稳，很快就跌破零轴，说明主力可能还没有做好拉升的准备，此时投资者应该谨慎操作。

4．底背离完成后，如果成交量快速放大，就验证了主力在大力拉升股价的信号。此时该形态的看涨信号会更加强烈。